国家社会科学基金青年项目"社会责任视角下国家综合档案馆服务能力提升路径研究"（20CTQ035）阶段性研究成果。

国家综合档案馆责任伦理研究

曹玉 ■ 著

GUOJIA ZONGHE DANGANGUAN
ZEREN LUNLI YANJIU

中国社会科学出版社

图书在版编目（CIP）数据

国家综合档案馆责任伦理研究／曹玉著．—北京：中国社会科学出版社，2022.3

ISBN 978-7-5203-9553-3

Ⅰ.①国… Ⅱ.①曹… Ⅲ.①国家档案馆—档案管理学—研究 Ⅳ.①G278.1②G270

中国版本图书馆 CIP 数据核字（2022）第 018659 号

出 版 人	赵剑英
责任编辑	刘　艳
责任校对	陈　晨
责任印制	戴　宽

出　　版	中国社会科学出版社
社　　址	北京鼓楼西大街甲 158 号
邮　　编	100720
网　　址	http://www.csspw.cn
发 行 部	010-84083685
门 市 部	010-84029450
经　　销	新华书店及其他书店

印刷装订	北京明恒达印务有限公司
版　　次	2022 年 3 月第 1 版
印　　次	2022 年 3 月第 1 次印刷

开　　本	710×1000　1/16
印　　张	16.75
插　　页	2
字　　数	259 千字
定　　价	89.00 元

凡购买中国社会科学出版社图书，如有质量问题请与本社营销中心联系调换
电话：010-84083683

版权所有　侵权必究

序

随着博士们的专著陆续付梓，为书写序或许将成为导师的日常。当年梁任公为人作序，一时兴起无法收手，竟然写出了比原作还长的《清代学术概论》，令人望洋兴叹。但在我看来，这种喧宾夺主的做法，不应提倡。读者需要的是通过一个引子和过门，去看作者笔下的高潮。

曹玉博士认为，社会秩序是由伦理、道德和法律维系的。其中，伦理即人伦关系的道理，道德即主体的内在品性与修为，法律则是强制性的规定，三者因评价标准、理念来源、存在形式、表现形态、作用范围、作用机理的不同存在着差别。所谓内外有别，可能比较适合解释道德伦理与法律规范之间的这些不同与差异。而作为社会秩序组成部分的档案管理及其人员，必然受到伦理、道德和法律的影响和制约。其中，档案管理责任伦理既包括作为个体存在的档案工作者的主体责任，也包括以群体形式存在的国家综合档案馆的主体责任，是档案法治的重要补充和延伸。

随着党和国家机构改革的推进，全国多数档案局划归各级党委办公厅，多数国家综合档案馆调整为党委直属事业单位。在《中华人民共和国档案法》中，"局馆分离"之后的档案馆是"集中管理档案的文化事业机构，负责收集、整理、保管和提供利用各自分管范围内的档案"，也就是说，档案馆没有负责"档案事业的统筹规划和组织协调，建立统一制度，实行监督和指导"的义务。按照曹玉以及大多数档案界人士的理解，此后档案馆的工作目标是从保管到利用直到档案服务社会化等基本内容。如何适应这种新的角色，除了严格遵守法律规范之外，当然包括道德伦理的调整。而这些"内化"的事情又往往体现在档案馆的责任当中。因此，在关注档案法律规范贯彻落实的同时，关注档案馆的责任伦理研究就显得十分必要。

一直以来，作为档案职业主体的档案馆工作人员，有着自己的职业操守和梦想。比如：公众充分参与档案事业，热情高涨，参与效果良好；公众档案意识强烈，每个家庭建立了完善的家庭档案，档案馆成为人们悠闲猎奇、找寻记忆的理想去处，成为人们找回公开、公正与公平的最佳场所；档案资源得到充分开发利用，档案信息依法充分开放共享；档案信息化高度发达，智慧档案馆已然实现；档案工作者拥有崇高的社会地位，受到社会的充分尊重与高度认可；等等。这些都是档案职业发展的重要动力。在实现梦想的道路上，档案法治的建设和包括道德伦理在内的职业操守的完善是不可或缺的条件。换句话说，只有修身才可能治国平天下。

在马克斯·韦伯看来，将理想付诸实践时，唯一的做法是将伦理要求不折不扣地贯彻到底。关键在于你做出行动时，是无视现世，还是充分考虑"平常人身上平常的缺陷"，以及自己行为的可能后果，并为其承担责任。这就是责任伦理的态度。曹玉具体归纳为档案管理责任伦理的变化受到内部与外部等多元因素的影响，档案管理责任伦理的演进遵循历史、社会、管理自身的发展规律，国家综合档案馆社会职能的履行空间正在逐步拓展，档案管理责任伦理问题的关注度与重视度有待提升，档案管理与责任伦理的二重建构是最符合档案管理现状的方式，建立在社会公共利益与公共需求基础上的社会责任伦理，才是国家综合档案馆责任伦理实现的最高追求六个方面。在总结规律、反思现实的基础上，寻找适合现阶段档案管理伦理实现的发展道路，去迎接档案职业发展的高潮。

我有幸结识这些思想者，让我们与他们同行，不畏路漫漫其修远，去上下而求索吧！

辛丑年二月

前　言

2018年，随着党和国家机构改革的推进，全国多数档案局划归各级党委办公厅，多数国家综合档案馆调整为党委直属事业单位。对于国家综合档案馆而言，每一次机构改革都是一场全新的利益分配问题，由此引发新伦理关系。本次机构改革加深了国家综合档案馆为社会服务的指向，因此，国家综合档案馆在机构改革后应如何更好地履行事业单位的服务属性是亟待解决的问题。档案管理目标从保管到利用直到如今的提倡档案服务社会化，这样一种进步越来越向档案管理主体证明了全新的发展路径，也就是档案管理应该承担起为社会公众提供各种有价值的档案信息资源，并且尽可能地做到社会公平共享档案信息资源的责任。档案管理的社会实践活动价值构成档案管理伦理关系的实然结构，而受到传统管理思想的影响，档案管理更侧重于对应然形态的关注，往往忽视能够实现这种应然形态的实然结构。如此一来，是什么样的理论能够在档案管理由内部管理走向外部服务的转型过程中发挥引导作用？笔者认为，立足于现实的伦理思考才能促使档案管理主体认识到当代社会档案管理应该履行什么样的职责、完成什么样的使命，并且根据社会所赋予的责任与使命，有针对性地进行伦理道德的深度思考。

以档案服务社会化为管理目标，迫使原本封闭管理的档案管理模式被打破，"走出去"则意味着国家综合档案馆要与各类行为主体发生交际关系，换言之，档案管理主体经常要面对各种人际关系的处理，由此引发角色冲突、对象冲突、依据冲突以及价值观冲突，传统的档案管理规范伦理体系很难适应现代社会复杂的伦理关系。在此过程中，需考虑复杂关系背后的权力与利益矛盾,而这样的关系又需要伦理道德的约束与规范,马克斯·韦伯在其《以政治为业》的演讲中提出的责任伦理,这样一种"他者"思维正是现当代国家综合档案馆社会化服务急需的一种新思维。基于档案管理伦理理论认知的缺失,以及国家综合档案馆社会责任的履行需要,本书将从六个层面对国家综合档案馆责任伦理的理论形态、实践现状及其责任实现进行系统分析。

第一章 绪论:本书的研究起点

绪论部分主要是对文章选题的背景与动因、国内外研究现状、本书的理论与实践价值、研究方法与创新、研究的难点与不足以及全书逻辑结构的概述。档案管理伦理问题的研究,国内外还是存在一定差距的。在我国为数不多的档案伦理相关文献中,仅有几位学者对档案职业伦理道德发表了浅显的论述,还有少数学者对档案工作伦理、专门档案伦理、档案服务做了简要的表述,而对于档案信息伦理的研究,虽然数量上略显丰盛,实际内容却与信息伦理极为相似,并无档案管理特色。通过对文献的检索与统计分析,可以看出,目前我国档案管理伦理的研究内容存在单薄、研究深度尚浅、研究人员结构过简等问题。

相比之下,国外档案学者与档案工作者对伦理问题颇为重视,不仅体现在发文数量与出版专著数量上,尤其体现在国外档案伦理研究的内容上。即包括个人档案与专门档案利用伦理问题、档案具体工作伦理、档案职业伦理、档案信息伦理,特别还注重对档案伦理准则的编制与实际应用效果的反馈,而且国外档案界已将研究视域定位在社会正义层面,对伦理与法律、档案伦理国际化也有所提及。然而,虽然国外档案界对档案管理社会正义层面的伦理问题研究起步早、发展快,且早已意识到了权力与利益的关系问题,将伦理与正义定位成档案管理伦理研究的视角、注重实证研究、完善档案工作伦理准则,而且研究结构比较完整、合作意识较强。但是在国外档案界关于伦理道德的声音也是此起彼伏,争议不断,尤其是对理论层面的研究过少。与其说国外档案界注重伦理道德的研究,倒不如说他们更关注权力与利益的平衡关系。文献资料的检索与整理是本书研究的第一步,正是这样的结果激发了笔者对档案管理责任伦理相关问题研究的激情。

第二章　机理：档案管理责任伦理的存在及其价值形态

档案管理责任伦理的内涵与外延是全书的基础内容，笔者通过以下三方面展开论述：

首先，相关概念的界定与辨析。伦理，即人伦关系的道理，道德即主体的内在品性与修为，法律则是强制性的规定，三者之间既有区别，又有联系。区别在于三者的评价标准、理念来源、存在形式、表现形态、作用范围、作用机理都有着细微的差别，而联系在于三者通过不同的形式作用于主体，起到行为约束的作用，共同维系人与人之间的伦理关系，维护社会秩序。档案管理伦理的存在正是为了弥补法律规范的不足，档案管理伦理是各主体之间围绕档案这一客体资源进行各项活动时产生的关系问题，宏观意义上的档案管理伦理又包括档案管理规范伦理、档案管理责任伦理与档案职业伦理三大类。其中，档案管理责任伦理既包括作为个体存在的档案工作者的主体责任，也包括以群体形式存在的国家综合档案馆的主体责任，后者则是本书的研究对象。

其次，档案管理伦理的理论形态与实践形态。关于伦理学的理论形态，学界普遍认可的三分法，即目的论、义务论、美德论。目的论也叫作结果论，以行为的结果为道德判断前提，只关心某一行为所能产生的结果是好是坏。与之相反，不以行为结果为判断标准的义务论也被称为非结果论，从行为本身结构入手考虑行为自身的善与恶。美德论讲求的是主体的内在品质与德性。三种理论又有诸多分支理论，且在实践中各有利弊，褒贬不一。档案管理将规范伦理中的积极价值应用到具体实践中，体现社会正义与主体间相互信任的伦理追求，主动自觉地履行各主体的社会责任与义务，并且能够尊重由于文化相对主义所引起的伦理差异。

最后，档案管理伦理的价值维度。档案管理伦理的价值维度包括自然维度和历史维度以及社会维度。即作为自然物而存在的档案资源具有内在价值的自然维度；作为历史性的档案管理活动从古至今从未改变其活动于社会各界的性质，因此具有历史维度的普遍价值；作为一项社会管理活动，档案管理目的由古代的保管发展到了近代的利用再到现代的服务，在逐渐接近服务的过程中，体现社会维度的道德价值便愈发凸显。档案管理的价值实践就是要通过对善的行为选择进行价值判断，而在进行价值判断时，又要考虑主体的道德动机与价值冲突、道德行为与价值实现、道德理性与价值评价这三组关系。

第三章 轨迹：档案管理责任伦理的历史演进与发展规律

伦理体现为一种动态性的价值关系。档案管理是一项历史性与社会性的实践活动，以档案管理活动为轴心形成的各种伦理关系也具有历史性与社会性的发展特征，不同时期的档案管理活动其道德意志也不同。因此，笔者分别对神权时代的档案管理伦理、王权时代的档案管理伦理以及民主时代的档案管理伦理进行历史演进阶段的分析。三个阶段分别对应于奴隶社会，封建社会与半殖民地半封建社会前期，半殖民地半封建社会中后期与社会主义过渡期、社会主义初级阶段，并且不同阶段会依据当时的时代背景具有不同的伦理表现与伦理特征。档案作为国家统治阶级维权的工具，其管理伦理道德不过是君主帝王的道德意志体现，到了法治阶段才有了初具规模的管理伦理规范体系。直到历史发展到现当代提倡以德治为主的时代，档案管理才体现出带有社会层面的伦理味道，但仍然只是起步阶段。

档案管理作为具有实体管理与资源管理双重任务的实践活动，随着历史朝代的演进经历过兴盛与衰落，又因与党和国家政府机关的密切关系而带有政治色彩，其中能够影响档案管理伦理关系发生改变的因素既有外在的也有内在的。纵观社会与档案管理的发展历史，外部因素来源于社会动荡、社会制度、经济发展、文化环境、科技进步、国际合作，随着外部因素的多元化，档案管理伦理关系也愈加复杂多样。内在因素主要来自档案所有权的归属矛盾、档案管理意识的改变、档案管理模式的变迁、档案馆生存地位所受到的挑战，档案管理内部的矛盾关系与管理理念，对主体的道德观有直接的影响，因此，内部的矛盾因素才是档案管理伦理变化的根本原因。

通过对档案管理伦理发展变化的阶段性划分以及影响这一系列转变

的内外因素的分析，笔者从中发现了档案管理伦理演进的一般性管理规律与档案管理伦理的特殊性演进规律。一般性规律是指符合社会整体发展趋势的规律，表现为由人治到法治再到德治的规范管理伦理规律、从行政管理到公共管理再到公共服务的责任伦理规律。档案管理伦理的特殊发展规律表现为以客体资源为主的文档一体化到文书档案分化再到文档一体化、图情档一体化的管理伦理规律，以及以档案管理主体行为为主的封闭管理到被动利用再到主动服务的职业伦理规律。

第四章 实然：国家综合档案馆责任伦理现状与困境反思

关于档案管理伦理实然状态的分析，笔者通过选取合适的目标人群进行问卷调查，结合调查与访问的结果，对现阶段档案管理主体伦理、档案管理伦理客体、档案管理环境伦理中存在的伦理问题进行深入揭示，在此基础上，进行管理主体行为的原因动机与行为动机的道德反思。

档案管理伦理关系反映的是档案管理主体与社会各种类型的主体之间的复杂关系，其中，档案管理主体扮演着多重角色。值得欣慰的是，调查结果显示档案管理主体普遍能认识到自身所扮演的为社会公众提供档案信息资源的服务者角色，既是社会重要活动的参与者、企事业单位的工作人员，也是普通社会成员的一分子。档案管理的主要服务对象现阶段仍然是党和政府机关，以及企事业单位，最终将实现为社会公众服务。此外，还有其他类型的主体以辅助者的身份与档案管理主体产生直接或间接的关系。由主体角色定位可以看出，现当代社会个体扮演角色之多，也就意味着责任与义务的增多，其追求权力与利益的动机就越明显，而由于权力与利益分配不均引起的道德冲突也随之增多。

随着时代的发展与技术的进步，档案管理的客体资源除传统背景下的实体档案外增添了各种不同类型、不同载体的信息资源，增加了对档案资源的分布与占有情况的难度。有限的档案资源难以满足社会公众差异化的档案诉求，由于权力的控制与资源的限制，档案资源也无法真正实现社会公平共享。面对权力的压制与社会责任的双重压力，档案管理主体在资源的系统化开发与层次性建设方面困难重重，于是出现了一些急功近利的功利主义倾向以及道德异化的档案服务现象。档案管理的外部环境，如社会环境、人文环境、信息环境、国际环境等对档案管理内部管理环境、制度环境、技术环境带来一定的冲击与挑战。

虽然说导致档案管理道德困境的因素有权力的控制、资源的限制、环境的影响，但是无论如何档案管理与档案的社会化服务始终是建立在人伦关系基础上的，正确处理人与人之间的关系才是解决道德难题的实质。因此，从主体道德入手的客观反思有助于档案管理主体清醒地认识到自身的责任与使命，找出不足继而提高道德素养。就个体道德而言，目前较为严重的现象体现在档案管理主体的"不作为"与"乱作为"引起的道德失范，社会公众利用档案维权的目的大于其获取档案知识的目的，档案管理主体间合作机制的缺失。就群体道德而言，档案馆的社会功能较弱，档案管理的法治滞后、德治尚浅。而主体的管理行为、利用行为、交际行为均受到各种行为背后原因动机与道德动机的支配，因此，行为动机也是非常关键的、值得主体进行客观反思的因素之一。

第五章 应然：国家综合档案馆责任伦理认知及其关系梳理

在了解了档案管理伦理相关的基础理论知识与发展演进规律后，对现阶段档案管理伦理的实然形态有了系统性的认识，接下来就要结合理论与实际探寻出适合当代档案管理发展的伦理理念及其实现方式。档案管理责任伦理理念作为观念意识形态的升华，应由档案管理伦理原则、档案管理伦理观、档案管理合目的性与合规律性的统一三个部分构成。其中，伦理原则用来指导行为主体在道德问题面前能够做出理性的道德判断，采取适合的道德行为，具体到现当代的档案管理，维护正义是首要原则、人本主义是基本原则、义利合一是普遍原则、公平服务是最高原则。档案管理伦理观是关于档案管理所遇到伦理问题的态度、观点与看法，树立积极的伦理观应从认识主体自为存在与自由选择的关系、主观信念与良心的一致性、道德需求与利益的存在关系三个方面着手。合目的与合规律则体现在个体价值选择与职业认知规律相统一、组织价值选择与历史发展规律相统一、公共价值选择与社会发展规律相统一三个层次。

就国家综合档案馆的社会性与服务性而言，无论个体道德还是群体道德都应该建立在某种信念基础上，仅仅以规范伦理作为现代档案管理伦理理念的起点显然是不够的，因此，基于社会层面的责任伦理才是档案管理伦理道德思想体系构建的最终出路。责任伦理从来都不是人为构建的，从古至今责任都是自然存在的道德思想，只是等待着社会主体自觉地去认识并履行，档案管理责任伦理以多种不同的责任类型存在于档案管理主体的道德行为意识中。从社会层面可区分为政治责任、法律责任与道德责任，履行责任的个体既有内责也有外责，责任群体既要对内负责，还要对外负责。新时期的责任伦理呈现出普遍性、前瞻性、阶段性、自律性的特征。

档案管理伦理的实现需要借助外部控制与内部控制双向协调的管理模式。其中，内部控制是核心和基础，具有专业性，外部控制起到辅助作用，带有社会意义的客观监督性质。管理特有的伦理属性是对群体道德的约束，伦理作为一种特殊的管理方式能够有效地规范个体道德，二者的最终目的都是协调人际关系，规范档案管理秩序，因此具有相同的价值指向。并且档案管理主体道德存在着向档案管理伦理发展的趋势，档案管理伦理与主体的自我管理也具有趋同性，因此，管理与伦理的协调同构是现阶段档案管理伦理实现的最佳方式。

基于责任伦理理念、存在类型与特点出发，档案管理主体的社会责任履行也必须要处理好系统内部的协作关系，档案管理系统内部的伦理关系包括国家综合档案馆与专业档案馆、机关及企事业单位档案室、私人档案馆等其他类型档案馆以及档案学会之间的关系协调，以及2018年机构改革后国家综合档案馆与已归属党委的档案行政部门之间的关系。然而，除系统内部关系外，国家综合档案馆还需处理好系统外部不同主体之间的交互性责任关系，如档案部门与其他党政机关的价值关系、与相关部门之间的博弈关系、与文件形成者的对话关系、与普通利用者之间的服务关系、与特殊利用者之间的扶持关系、与档案服务企业之间的伙伴关系、与大众传媒之间的合作关系、与大数据管理部门之间的竞争关系、与监督主体之间的配合关系，等等。

第六章　策略：国家综合档案馆责任伦理的实现维度与监督

本部分运用问卷调查法，先后进行了两次调研，梳理现阶段国家综合档案馆的内部责任与外部责任，责任的明晰有助于档案管理主体进行自我定位，提高责任意识，以"利他"思维开展各项档案工作，为社会提供专业化服务的同时，也能够提升国家综合档案馆的社会认可度，提升档案管理主体的社会价值。国家综合档案馆的底线责任、文化责任、道德责任的责任内容与责任范围逐层递进、层层相扣，其中底线责任是国家综合档案馆应守护的责任，文化责任是应发展的责任，道德责任是应追求的责任。三者之间同样存在责任交叉，交叉的内容便是伦理之美，伦理意识要求国家综合档案馆在责任履行的过程中充分体现人文关怀，把人作为责任履行的核心要素，这里指的人既包括责任伦理主体，也包括责任伦理客体。底线责任与其他两层责任存在资源需求与任务目标之间的矛盾关系；文化责任既以底线责任的深度履行为基础，又在责任目标上追求道德责任之美；道德责任则是底线责任与文化责任履行的理想形态。

此外，国家综合档案馆责任伦理的实现要树立与责任伦理相匹配的责任伦理意识，包括责任主体的自律意识、档案管理主体的职业伦理意识、社会主体的档案伦理意识。完善档案管理责任伦理机制的运行则要选择以制度、规范等为载体的"他运行"方式，以形成良性的责任伦理秩序，良性的责任伦理秩序是指在档案管理活动中达到的和谐伦理秩序。良性伦理秩序能够有效地控制由角色冲突与权力冲突引起的道德困境，促使各主体做到各司其职、各尽其责，对人对己对社会负责，最终实现档案服务社会化的终极善。与此同时，还需要打破传统固化监督模式，开辟全新的动态化的监督机制，实现监督主体多元化、监督方式多样化、监督内容多变化，以此促进国家综合档案馆能够在复杂多变的社会环境中更好地履行事业单位的社会责任。

第七章　结论：全书的总结与展望

本书以国家综合档案馆责任伦理存在的理论基础为出发点，分析了伦理、道德、法律等概念之间的关系，由管理伦理、行政伦理导出档案管理伦理的相关概念，并对档案管理伦理的理论形态与表现形态做了详细的描述。在揭示了档案管理伦理历史阶段性发展规律后，对当前档案管理伦理现状进行调查问卷分析，也对主体的道德行为进行全面反思，并指出了档案管理伦理观的一系列道德原则、价值观等伦理理念，最终找出适合现阶段档案管理伦理实现的出路，即档案管理的社会责任伦理。笔者在本书结尾，提出了文章的六大主要观点：第一，档案管理责任伦理的变化受到内部与外部等多元因素的影响；第二，档案管理责任伦理的演进遵循历史、社会、管理自身的发展规律；第三，国家综合档案馆社会职能的履行空间正在逐步拓展；第四，档案管理责任伦理问题的关注度与重视度有待提升；第五，档案管理与责任伦理的二重建构是最符合档案管理现状的方式；第六，建立在社会公共利益与公共需求基础上的社会责任伦理，才是国家综合档案馆责任伦理实现的最高追求。

  本书在理论研究与实践论证方面尚存在诸多不足之处，将会在随后的学术科研过程中不断地充实、改进、完善。

目 录

第一章 绪论 (1)
第一节 研究背景与动因 (1)
  一 档案管理伦理的历史意义 (1)
  二 档案管理活动的现实需要 (2)
  三 档案管理伦理研究的不足 (3)
第二节 国内外研究现状 (4)
  一 国内研究现状 (4)
  二 国外研究现状 (16)
第三节 研究方法 (30)
第四节 本书价值与特色 (31)
  一 理论价值 (31)
  二 实践价值 (31)
  三 本书特色 (32)
第五节 本书逻辑结构 (33)

第二章 档案管理责任伦理的存在及其价值形态 (35)
第一节 概念界定 (36)
  一 伦理与道德 (36)
  二 管理伦理 (41)
  三 档案管理伦理 (43)
  四 档案管理责任伦理 (44)

第二节　档案责任管理伦理的价值形态…………………………(44)
　　　　一　理论形态………………………………………………(45)
　　　　二　实践形态………………………………………………(50)
　　第三节　档案管理责任伦理的价值认知与价值实践……………(54)
　　　　一　价值认知：档案责任管理伦理的价值维度……………(54)
　　　　二　价值实践：档案管理责任伦理的价值判断……………(58)
　　第四节　本章小结…………………………………………………(62)

第三章　档案管理责任伦理的历史演进与发展规律………………(63)
　　第一节　档案责任管理伦理的历史演进…………………………(64)
　　　　一　神权时代的档案管理责任伦理………………………(64)
　　　　二　王权时代的档案管理责任伦理………………………(65)
　　　　三　民主时代的档案管理责任伦理………………………(67)
　　第二节　档案管理责任伦理转变的影响因素……………………(72)
　　　　一　外在因素………………………………………………(72)
　　　　二　内在因素………………………………………………(77)
　　第三节　档案管理责任伦理的演进规律…………………………(81)
　　　　一　一般性规律……………………………………………(81)
　　　　二　特殊性规律……………………………………………(85)
　　第四节　本章小结…………………………………………………(90)

第四章　国家综合档案馆责任伦理现状与困境反思………………(91)
　　第一节　档案管理责任伦理认知度的调查………………………(92)
　　　　一　档案管理伦理认知调查………………………………(92)
　　　　二　档案管理责任伦理认知调查…………………………(97)
　　第二节　档案管理责任主客体伦理现状…………………………(98)
　　　　一　主客体角色定位………………………………………(99)
　　　　二　主客体间的道德纠纷…………………………………(103)
　　第三节　档案管理客体资源现状…………………………………(106)

一　档案资源的开发 ……………………………………………（106）
　　二　档案资源的服务 ……………………………………………（109）
　第四节　档案管理环境伦理现状 ……………………………………（112）
　　一　外部环境 ……………………………………………………（112）
　　二　内部环境 ……………………………………………………（116）
　第五节　档案管理责任伦理现状反思 ………………………………（120）
　　一　个体道德反思 ………………………………………………（120）
　　二　群体道德反思 ………………………………………………（124）
　　三　行为动机反思 ………………………………………………（126）
　第六节　本章小结 ……………………………………………………（129）

第五章　国家综合档案馆责任伦理认知及其关系梳理 ……………（131）
　第一节　档案管理责任伦理理念的确立 ……………………………（132）
　　一　档案管理责任伦理原则 ……………………………………（132）
　　二　档案管理责任伦理观 ………………………………………（136）
　　三　合目的与合规律相统一 ……………………………………（139）
　第二节　档案管理行为选择中的责任伦理 …………………………（143）
　　一　责任伦理的存在 ……………………………………………（144）
　　二　责任伦理的类型 ……………………………………………（145）
　　三　责任伦理的特点 ……………………………………………（147）
　第三节　档案管理与责任伦理双向协调同构 ………………………（148）
　　一　二者同构的必要性 …………………………………………（148）
　　二　二者同构的可行性 …………………………………………（151）
　　三　二者同构的价值导向 ………………………………………（153）
　第四节　档案管理责任伦理关系 ……………………………………（156）
　　一　档案管理系统内部的协作关系 ……………………………（157）
　　二　国家综合档案馆与档案学会之间的协调关系 ……………（158）
　　三　国家综合档案馆与党政机关之间的价值关系 ……………（159）
　　四　国家综合档案馆与相关部门之间的博弈关系 ……………（160）

五　国家综合档案馆与档案服务企业之间的伙伴关系 ……… (161)
　　六　国家综合档案馆与文件形成者之间的对话关系 ………… (162)
　　七　国家综合档案馆与普通利用者之间的服务关系 ………… (163)
　　八　国家综合档案馆与特殊利用者之间的扶持关系 ………… (163)
　　九　国家综合档案馆与媒体之间的合作关系 ………………… (164)
　　十　国家综合档案馆与其他主体之间的共生关系 …………… (165)
　第五节　本章小结 ……………………………………………… (167)

第六章　国家综合档案馆责任伦理的实现维度与监督 ………… (169)
　第一节　责任的"广"度 ………………………………………… (170)
　　一　责任与社会责任 …………………………………………… (171)
　　二　责任类型 …………………………………………………… (172)
　　三　内部责任 …………………………………………………… (175)
　　四　外部责任 …………………………………………………… (178)
　第二节　责任的"适"度 ………………………………………… (184)
　　一　责任适度的内涵与价值 …………………………………… (186)
　　二　底线责任 …………………………………………………… (188)
　　三　文化责任 …………………………………………………… (191)
　　四　道德责任 …………………………………………………… (194)
　第三节　责任伦理的实现策略 …………………………………… (197)
　　一　强化档案管理责任伦理意识 ……………………………… (197)
　　二　运行档案管理责任伦理机制 ……………………………… (201)
　　三　形成良性档案管理伦理秩序 ……………………………… (203)
　第四节　责任伦理监督机制 ……………………………………… (206)
　　一　监督与责任监督 …………………………………………… (209)
　　二　责任监督的必要性 ………………………………………… (211)
　　三　责任监督主体及其监督方式 ……………………………… (213)
　　四　责任监督实现途径 ………………………………………… (219)
　第五节　本章小结 ……………………………………………… (223)

第七章　结论 …………………………………………（225）

参考文献 ……………………………………………（229）

后　记 ………………………………………………（243）

第一章　绪论

有两种东西，我对它们的思考越是深沉和持久，它们在我心灵中唤起的赞叹和敬畏就会越来越历久弥新，一是我们头顶浩瀚灿烂的星空，一是我们心中崇高的道德法则。他们向我印证，上帝在我头顶，亦在我心中。①

——伊曼努尔·康德

第一节　研究背景与动因

社会档案意识的不断强化与提升，致使我国国家综合档案馆档案管理中的伦理问题日渐突出，原有相关主体之间的关系需要及时进行调整。为此，本书拟通过档案管理伦理的历史演进，根据实际工作的调查，结合现有研究成果，厘清档案管理工作中的新老伦理问题，探讨档案管理伦理现象的逻辑根源，力求为档案管理提出可资参考的解决思路。

一　档案管理伦理的历史意义

纵观档案管理的发展历程，档案管理主体的专业素养、道德水平与社会档案意识均不断提升，但相较于社会进步与经济发展的速度还是略显滞后。"德行"，即理智与道德，理智的德行可以在学习与成长经历中习得，而道德的德行则得益于习惯。因此，对于档案管理而言，理智德

---

① ［德］伊曼努尔·康德：《实践理性批判》，韩水法译，商务印书馆2009年版，第177页。

行的进步始终落后于道德德行的需求。中国传统伦理价值观的基础可以用两个字来形容，即"仁"和"礼"，其中"仁"是个体内在的道德修为，而"礼"体现于外在的约束与制约，实现道德德行的方式需借助理性控制非理性，"礼"的作用便是通过塑造一种善的习惯促使个体的理性思维处于积极向上的状态，自觉遵守道德规范，实现"仁"的目的，进而保证个体的行为趋于善。柏拉图把灵魂分为理性与非理性两部分，非理性又分为生长的与嗜欲的，其中能够维持档案管理持续发展的，可视为生长的部分，如相对于档案管理整体而言的档案客体资源，相对于档案管理主体而言的人自身的生存与发展要素，而嗜欲的部分则随着社会变迁而不断变化以满足欲望，如档案客体资源的开发与服务，档案管理各主体间的互利关系，档案管理宏观与微观环境的可适应性等。在实现客体与主体欲望满足过程中，正当的被认为善的行为亦可在某种程度上视为是理性的，档案管理工作明显是一种"义"大于"利"的服务性工作，在这样的工作关系中，理性与非理性的冲突很容易出现道德上的问题，在道德德行的极端冲突之间寻觅一条中庸之道，以实现档案管理工作最大的善。

二 档案管理活动的现实需要

档案管理呈现的伦理问题有历史遗留的，也有环境变化与社会档案意识变化所引发的新问题。从管理范畴讲，本书立足于国家综合档案馆，书中所指的档案管理主要包括两个方面，即档案行政管理与档案业务管理。从伦理范畴讲，本书从客体伦理与主体伦理两个层面展开分析。实践作为创造价值的活动具有的是一个"应然"的结构。首先，哪些客体资源能够满足利用者的现实与潜在需求？有限的客体资源能否在公众诉求与差异化需求之间达成平衡？档案客体资源的开发措施与手段是否符合客观规律与规定？其次，档案服务与共享过程中出现了前所未有的权利冲突，档案管理主体处于十分尴尬的位置，一方面迫于硬性规定的制约，另一方面为实现社会平等共享的牵制，面对争端敢怒而不敢言。再次，信息时代档案信息的传输打破了时空界限，人对自我权利的保护意识增强，复杂多样的道德问题并非法律所能解决，也无明确的标准，不同个体的价值观决定了其道德准则。最后，理性与责任是现阶段档案管理不可忽视的两大议题，档案工作的服务性质决定了其对社会负有的责任与义务，建立一种基于社会层面的伦理机制，协调各方伦理关系，维持良好的伦理秩序，用理性的力量控制非理性的冲动与嗜欲，形成良性的习惯，规范档案管理工作，尽可能地避免不必要的道德纠纷是极为迫切的。我国档案管理悠久历史所积淀的道德资源有助于档案管理主体在不同的工作环节中找出起到支点作用的"中庸"之道，处理好各主体间的职、权、责、利等关系。

三 档案管理伦理研究的不足

笔者通过对档案管理伦理研究现有成果的分析，认识到伦理问题并没有得到国内档案工作者与学者的重视，为数不多的研究成果内容相对零散，研究深度尚浅，且没有形成档案管理伦理问题研究团队。档案管理作为一门源于实践的学科，各工作环节与工作流程以及相关主体已稳定，伦理问题早已显露在档案管理活动中，只是需要档案从业者去发现，用伦理的视角解决当代档案管理问题。鉴于理论与实践很难实现统一，档案学者与档案工作者的理论研究也是南辕北辙，致使档案管理伦理问题的研究很难落到实处，或是停留于实践的表层，或是简单理论的抽象。对于档案管理伦理问题的研究而言，其研究范围之广似乎更容易做到，而研究内容之深却是任重道远。此外，档案界至今没有个人或团队能够在档案管理伦理问题方面进行持续性研究，且研究者集中在高校，结构单一，所提炼出的问题不具代表性。无论是从档案管理角度还是从伦理角度而言，该问题的研究始终应立足于实践，即便在较少的研究人员中，尚且存在研究行为的道德失范，其研究成果的可利用性可想而知。

然而国外档案界关于档案管理伦理问题的研究起步早，虽然关于此问题的研究散见于各领域学者的论文中，但是从档案学者与档案工作者所研究的论著来看，研究主题明确，研究范围广，案例丰富，对国内档案管理伦理问题的研究具有一定的参考价值。事实上，档案专业在国外同样是一个边缘学科,档案管理伦理问题也是相对小众的方向,特别是当今大数据时代的到来,越来越多的档案人注重对信息资源、电子记录的探索,忽略了对档案基础理论的研究。不可否认,档案信息量的增大与载体形式的多样化引发了较过去更为复杂多变的道德难题,可以说,越是信息时代,档案界越是应该提高对伦理问题的重视。对于我国档案界而言,档案学者与档案实践工作者应加强国际对话,汲取国外档案实践的理论与精华,结合我国档案实践现状,共同建立有助于档案事业可持续发展的环境。

第二节　国内外研究现状

一　国内研究现状

本书以"中国知网"为检索平台,主要选用的数据库有两个:《中国学术期刊网络出版总库》以及《中国优秀博硕士学位论文全文数据库》(检索结果见表1-1)。

表1-1　　　　《中国学术期刊网络出版总库》检索结果

检索词	检索结果（篇）（主题检索）	检索词	检索结果（篇）（主题检索）	检索词	检索结果（篇）（主题检索）	检索词	检索结果（篇）（主题检索）
管理规范	42382	管理规范+档案	1864	档案+规范	20606	档案管理+规范	6372
管理道德	516	管理道德+档案	9	档案+道德	3372	档案管理+道德	795（有效770）
管理伦理	1018	管理伦理+档案	11	档案+伦理	281	档案管理+伦理	94（重复53）
行政伦理	2472			信息伦理	1902	档案信息+伦理	90

注:检索时间:2021年3月21日。

(一)"档案管理+道德"期刊文献检索结果统计

《中国学术期刊网络出版总库》所检索出的"档案管理+道德"有效文献共770篇,年代与数量分布详见图1-1,期刊与数量分布详见图1-2。

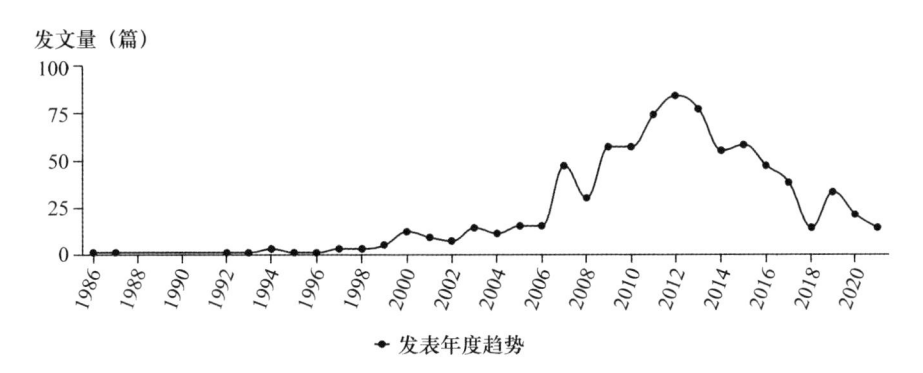

图1-1 以"档案管理+道德"为主题的文献年代与数量分布

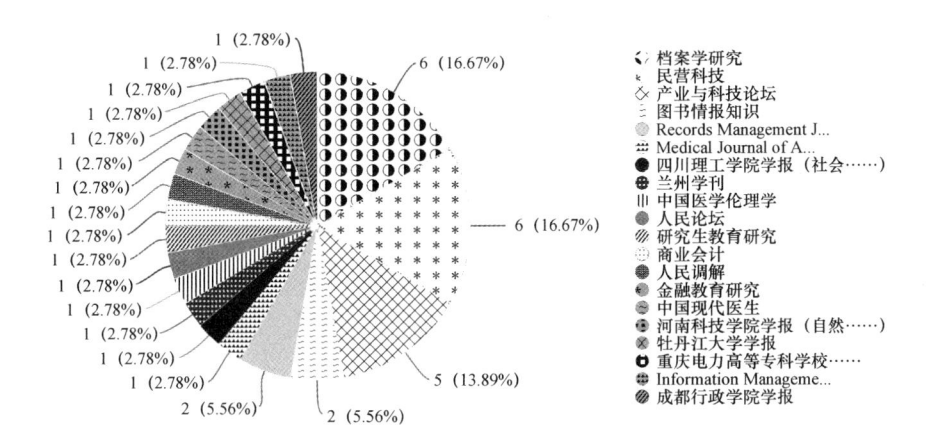

图1-2 以"档案管理+道德"为主题的文献期刊与数量分布(前20)

邹家炜于1981年发表在《档案学通讯》第4期的《继承革命先辈的精神遗产》[①]一文,从文化遗产的道德层面进行的论述,也是第一篇

---

① 邹家炜:《继承革命先辈的精神遗产》,《档案学通讯》1981年第4期。

与档案管理道德问题相关的文献。真正意义上的档案管理道德问题源于1988年《湖南档案》第2期《浅谈档案工作人员职业道德》[①]一文，作者不详，篇幅较短，仅谈到了档案职业道德原则与规范两个问题。进入21世纪后，发文数量较20世纪逐渐增加，2007年之后，逐渐有学者开始关注档案管理的道德问题。

从期刊分布来看，770篇有效文献中《档案学研究》发文量6篇，《图书情报知识》发文量2篇，多数文献为非档案界专家与学者所写，发表于非档案学领域期刊。据笔者初步统计，770篇文献中50篇发表于档案核心期刊，96篇发表于档案非核心期刊，另有624篇发表在其他期刊。档案类期刊的发文量合计146篇，仅占总比例的23.4%，由此可见，档案类期刊并非档案管理道德问题的主要发文处，其原因可归结为两个方面。首先，学者对于档案管理道德问题的研究深度尚浅，研究内容陈旧，达不到档案核心期刊的审稿要求。其次，根据已检索出文献的作者机构来看，研究档案管理道德问题的学者既有来自党政机关、事业单位及国有企业的档案管理人员，也有来自从事医护行业、计算机行业、地质研究行业等的档案管理人员。正因为档案的重要性得到了各行业的认可以及社会档案意识的提高，促使2007年以后发文数量逐渐增加，于2012年出现一波研究高潮，这对档案管理道德问题的研究非常有利。因此档案界应以此为契机加强对道德问题的研究，从专业角度剖析档案管理过程中存在的道德问题，并提出处理方案。

（二）"档案管理+伦理"期刊文献检索结果统计

《中国学术期刊网络出版总库》所检索出的"档案管理+伦理"文献共53篇，年代与数量分布详情见图1-3，期刊与数量分布详见图1-4。

94篇文章中，有41篇与"档案管理道德"检索结果相重，为了准确说明档案管理伦理问题，笔者并没有将这41篇文章剔除。观察图1-3，可以明显发现2011年以及2014年虽然文献数量均为10篇，但对于总量仅为94篇的检索结果而言十分突出。其中2011年的10篇文

[①] 匿名：《浅谈档案工作人员职业道德》，《湖南档案》1988年第2期。

章中有4篇关于档案信息伦理问题，3篇医学伦理；档案伦理研究综述、人事档案与职业伦理各1篇。2014年的10篇文章中有4篇是档案信息伦理，4篇关于医院伦理委员会开展的档案工作，另外2篇关于职业伦理与人事档案。可以说，2011年与2014年档案伦理问题研究文献的突增与医院伦理委员会的工作息息相关，另一个原因是档案信息化建设背景下的伦理问题引起了学者的关注。2014年后出现了回落的现象，2018年跌落谷底，而后再次回暖，据知网可视化数据，预测档案管理伦理主题研究2021年成果为8篇。

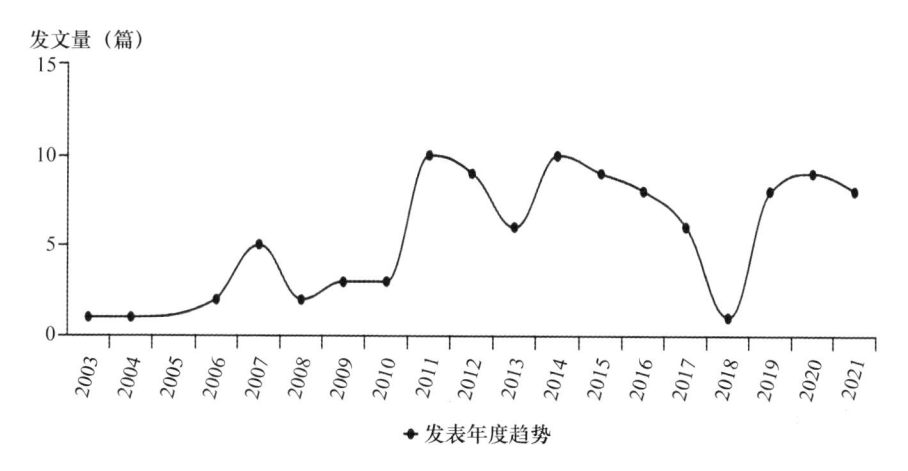

图1-3 以"档案管理+伦理"为主题的文献年代与数量分布

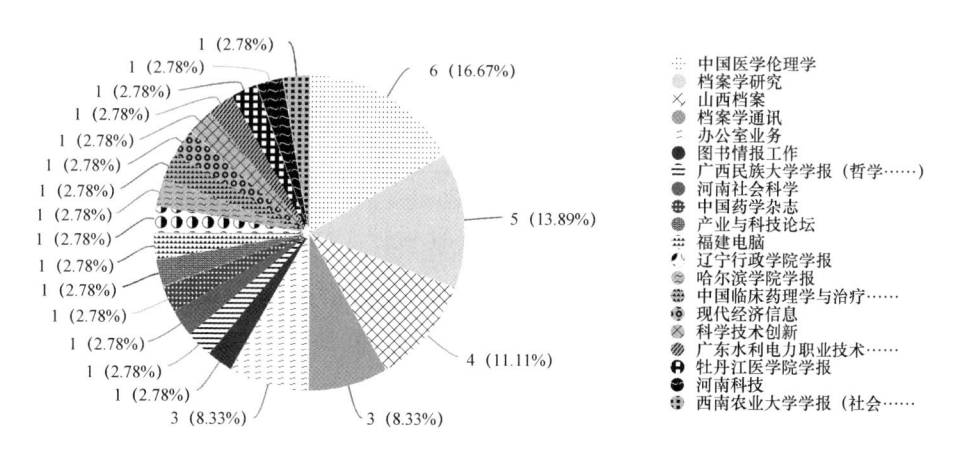

图1-4 以"档案管理+伦理"为主题的文献期刊与数量分布

通过图1-4可以看出，与图1-2类似，发表于档案类期刊也并非发表档案管理伦理文献的主要来源，其中《档案学研究》与《档案学通讯》相对较多，分别为5篇和3篇。档案管理伦理文章散见于各类期刊，尤其是在医学类杂志发文相对较多。《档案学研究》与《档案学通讯》较为关注档案学理论研究成果，而实际上，档案管理伦理问题的实践意义更为突出，因此，由各省档案局主办的档案学专业期刊可适当增加档案伦理相关实践问题的研究专栏，可为该主题研究提供话语平台。

(三) 博硕学位论文检索结果分析

笔者以与期刊数据库同样的检索词对硕博论文数据库进行检索（检索结果见表1-2）。值得一提的是，以"档案管理+伦理"为主题检索出的学位论文有19篇，其中9篇与以"档案管理+道德"为检索词的检索结果重复。"档案信息+伦理"15篇，其中6篇与"档案管理+伦理"检索结果重复。

表1-2　　　《中国博硕学位论文全文数据库》检索结果

检索词	检索结果（主题检索）	检索词	检索结果（主题检索）	检索词	检索结果（主题检索）	检索词	检索结果（主题检索）
管理规范	862	管理规范+档案	55	档案+规范	1465	档案管理+规范	597
管理道德	76	管理伦理+档案	0	档案+道德	315	档案管理+道德	38（博士2篇）
管理伦理	211	管理道德+档案	0	档案+伦理	94	档案管理+伦理	19（重复9）
行政伦理	946			信息伦理	245	档案信息+伦理	15（重复6）

注：检索时间：2021年3月21日。

学位论文关于档案管理伦理问题的系统性研究始于2006年，安徽大学余然硕士将其研究视角定位于社会转型期，以此研究档案信息伦理建设问题，而后也有多位硕士研究生关注档案信息伦理问题。2010年安徽大学童兰玲硕士从档案职业角度出发，系统深入地研究了我国档案职业群体的特性构成、社会根基、形成规律、构建路径等问题。另有山东大学、上海大学、黑龙江大学等单位（研究机构分布如图1-5所示）硕士研究生从实践案例角度或社会记忆角度，抑或是档案智慧服务角度进行主题研究，并在其论文中谈及档案时代背景下的档案伦理相关问题。

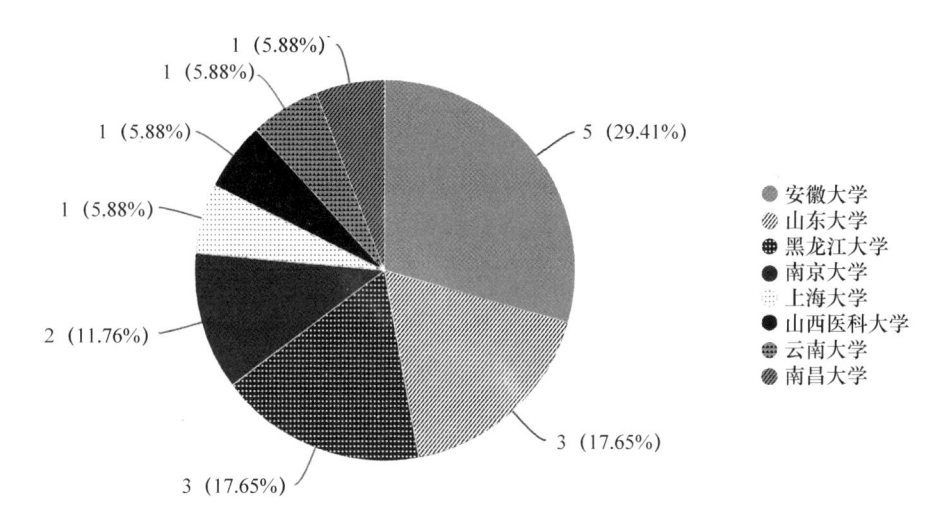

图1-5 档案管理伦理相关学位论文研究机构分布图

从已检索结果来看，档案管理道德/伦理与档案信息伦理的问题散见于关于档案职业、档案管理、档案信息等主题研究中，目前仍缺少相对具体而全面系统的档案伦理相关研究成果。此外，从学科专业来看，除档案学专业硕士外，也有来自马克思主义、工商管理、专门史、公共管理、工程等专业硕士的研究成果，这一现象得益于学科的交叉融合，其他领域学生对档案管理道德问题进行兴趣性的研究，也提醒了作为档案专业的学生应加强对伦理的探索，以专业化的视角解读档案管理伦理问题。

（四）国内研究内容分析

从现有研究成果来看，我国档案学者对档案管理伦理问题的研究规模虽然并不十分引人注目，但是就现有成果的研究内容广度而言却颇为全面。其中包括关于档案宏观管理层面的伦理问题研究，关于档案微观操作方面的伦理问题研究，以档案职业为出发点的档案管理主体职业道德素养问题的研究，立足于企业档案室对专门档案的管理伦理问题的研究，基于档案内容层面的信息伦理研究，关于档案服务社会化层面的伦理问题研究，以及其他相关伦理问题的研究等。

档案管理伦理，即关于档案宏观管理层面伦理问题的研究。从已检索出的文献来看，系统性研究档案管理伦理的文献为数甚少，傅登舟发表于2003年《档案学研究》第1期的《档案管理伦理剖析》是目前唯一一篇对档案管理伦理问题进行直观分析的文章。他认为："从主体性看，档案管理伦理包括档案管理人员的个体伦理和档案管理组织的群体伦理。档案管理伦理应该是整个档案管理的价值观念体系，它包括如下若干层次：即人员的个人道德、档案管理的职业道德、档案管理机构的组织伦理及档案管理过程中的政策伦理等方面。"[1] 如傅登舟所言，档案管理伦理基于宏观视角探讨如何解决档案管理道德难题，涉及档案管理工作的各个环节以及档案工作者与社会各界的联系问题，也包括档案管理工作内部协调与沟通问题。

档案工作伦理，即关于档案微观操作层面具体工作问题的研究。除档案信息与服务伦理外，学者研究较集中的专项档案工作包括档案文献编纂与档案立法两个方面。褚巍伟、葛鸽分析了档案文献编纂过程中伦理问题产生的原因，"主观原因包括档案文献工作者学术道德与职业道德的缺失；档案文献工作者角色转变的不清晰。客观原因包括法律规范的不足；档案文献编纂相关业务标准与行为规范的变化；网络工具的不稳定性与不安全性"[2]。同时，他们建议应从完善道德规范与法律规范、构建信息污染指标体系、开发与管理新型编纂工具、关注用户反馈等对策上解决问题。陈忠海的《论立法原则的伦理精神》一文从伦理的角度

---

[1] 傅登舟：《档案管理伦理剖析》，《档案学研究》2003年第1期。
[2] 褚巍伟、葛鸽：《档案文献编纂中信息伦理建设问题的思考》，《兰台世界》2013年第5期。

诠释了档案立法原则，他认为档案立法过程中的"立法原则伦理基础：理性，即合理性以及主客观的一致性。立法原则伦理价值：正义与利益，正义即平等与自由；价值利益蕴含在科学原则中。立法原则的异化与归同，其价值受环境与时代的影响由人类理性异化为立法者的意志，同时在制定法律时使自己的主权意志顺应民众意愿和社会需求进而实现归同"①。

档案职业伦理，即关于档案管理主体应遵循的职业道德准则与其应具有职业道德素养问题的研究。档案学者对档案职业伦理问题的研究实际上是对档案职业道德的研究，这类文章相对较多，其中3篇是硕士论文在论述档案职业问题中所提及的道德问题。蒋冠、洪海指出："档案职业的基本伦理原则：第一，保真求实原则。第二，主动服务原则。第三，尊重权益原则。"② 麻纯新认为："档案馆职业伦理基本原则是外在职业伦理规范与内在职业伦理价值观相结合的产物。其一，维护档案安全与完整原则。其二，提供利用服务原则。"③ 在档案职业道德问题上，陈祖芬认为："违反档案职业道德的行为包括两大方面：即按照档案从业人员职责规定应该做的事，从业人员没有做到，或者按照档案从业人员职责规定不该做的事，从业人员却做了。"④ 周林兴认为："主要问题有三：主体不明，职业伦理意识淡薄；缺乏公平，制度难以体现宗旨；道德缺失开始在档案工作服务中出现。"⑤ 张建梅认为："档案从业者的职业伦理问题：隐私权受侵；利用者'歧视'；档案信息产权受侵；档案信息的失真和泄露。"⑥ 陈祖芬从情景、价值、原则、忠诚四个方面对档案职业伦理问题的成因做了详细的解析，并总结了档案职业伦理的八大构成要素，"职业理想、职业纪律、职业义务、职业良心、职业荣誉、职业信誉、职业态度、职业技能"⑦。关于档案职业伦理问题的讨论，长

---

① 陈忠海：《论档案立法原则的伦理精神》，《档案学通讯》2008年第3期。
② 蒋冠、洪海：《档案职业伦理刍议》，《山西档案》2007年第2期。
③ 麻纯新：《加强档案馆职业伦理建设》，《中国档案》2009年第9期。
④ 陈祖芬：《档案职业伦理问题研究》，《档案管理》2007年第5期。
⑤ 周林兴：《对档案馆员职业伦理建设的思考》，《兰台世界》2012年第1期。
⑥ 张建梅：《基于信息伦理视域的档案从业者职业素质培养》，《档案学研究》2011年第1期。
⑦ 陈祖芬：《档案职业伦理问题研究》，《档案管理》2007年第5期。

春理工大学马克思主义学院硕士任洁纂写的《高校档案管理人员职业道德建设研究》一文值得引起注意，这是一篇非档案专业学生对档案职业的理解，同时基于哲学视角分析了马列主义幸福观、列宁的按劳分配，以及中国四代领导人的以人民利益为重的职业观对档案职业道德的作用。①

专门档案管理伦理，即档案室在围绕专门类型档案管理过程中形成的相关伦理问题的研究。专门档案管理伦理问题从研究范围上包括：人事档案管理现状、问题与出路；大学生就业档案管理；谱牒档案作为伦理官僚制的凭证及其管理现状；高校档案管理；医院档案管理。此外，有两篇硕士论文谈及信用档案管理问题，另有两篇论述企业档案管理。从所检索的文章期刊分布可以看出，医院档案伦理问题文章较多，其应归功于医院伦理委员会。一方面该委员会对医院档案伦理的贡献在于其严格的档案审查，对医院所形成档案的内容、要求、方法、实体管理、信息管理、保管期限做出明确规定并定期审查。另一方面，该委员会对审查项目档案资料也进行规范化的处理，对审查项目档案的归档范围、归档要求、整理方法做出了明确的规定。② 建立伦理委员会是解决档案管理伦理问题的重要途径，档案部门可以参照学习成功经验，有效解决档案管理伦理问题。

档案信息伦理，即基于档案内容层面的伦理问题的研究。从期刊与博硕学位论文统计情况均可以看出，档案信息伦理问题的研究是档案管理伦理研究的主要方面。马仁杰、张浩认为："档案信息伦理是指档案信息活动过程或档案信息行为所涉及的道德关系和人类档案信息活动中所应该遵循的行为准则。"③ 张照余、蒋卫荣将现阶段档案信息伦理研究内容总结为四个方面："信息公开与档案公平利用伦理问题；个人信息

---

① 任洁：《高校档案管理人员职业道德建设研究》，硕士学位论文，长春理工大学，2012年。
② 邰翀、李红英：《伦理委员会审查项目档案资料规范化管理探讨》，《中国医学伦理学》2012年第4期。
③ 马仁杰、张浩：《论社会转型期档案信息化与档案信息伦理建设》，《安徽大学学报》（哲学社会科学版）2011年第1期。

管理与利用的伦理问题；隐私权和知情权的伦理问题；档案知识产权保护的伦理问题。"① 马仁杰、汪向东、杨晓晴认为："现阶段档案信息伦理失范现象表现在信息污染、档案信息更易失真与泄露、档案信息分配两极分化。其原因可归结为：内因：价值标准的转变；规范体系的缺失。外因：网络伦理对现有伦理的冲击与挑战；计算机系统的不安全性带来的风险；政策法律的漏洞。"② 事实上，我国学者关于档案信息伦理问题的研究可归结为对含义、特征、内容、表现形式、困境、问题与解决措施几个方面，涉及隐私权、知识产权、真实性、保密性等信息伦理问题，其解决之道从法律法规体系、标准规范、道德教育、伦理宣传、信息技术的研发等几个着眼点入手，最终回归到了信息伦理问题上。

档案服务伦理，即关于综合档案馆面向社会服务层面的各种伦理关系问题的研究。关于档案服务伦理问题的研究多涵盖在档案信息伦理中，从档案信息服务于社会的角度影射档案服务伦理问题。李财富、杨晓晴通过其合作论文《档案服务社会化的伦理解读》，以档案服务为切入点，透视了现当代档案服务的伦理问题。"档案服务伦理便是档案机构为满足档案信息用户需求，在开展各种档案服务活动时所反映出来的善恶价值取向，以及应该遵循的原则规范、心理意识和行为活动的总和。档案服务伦理从产生起就包含着一种内在的矛盾，即档案从业者与档案信息用户之间的利益存在既统一又对立的关系。"③ 两位学者还指出，档案服务社会化具有开放、自由、灵活、方便、平等、以人为本的伦理优势，但也存在着档案信息安全、档案公平存取、档案信息公开与公平利用、档案信息知识产权保护等问题。他们认为档案服务社会化的伦理方向应为诚信服务、公平服务、满足档案用户需求、实现档案资源共享。

相关伦理问题。与档案管理伦理相关的包括行政伦理、管理伦理、信息伦理三个领域。

---

① 张照余、蒋卫荣：《档案信息化过程中的信息伦理研究》，《浙江档案》2006年第4期。
② 马仁杰、汪向东、杨晓晴：《关于档案信息伦理建设若干问题的思考》，《档案学通讯》2008年第1期。
③ 李财富、杨晓晴：《档案服务社会化的伦理解读》，《档案学通讯》2010年第1期。

首先，以主题检索方式检索出关于行政伦理相关期刊文献2472篇，学位论文946篇，进一步缩小范围至关键词检索结果分别为893篇、624篇，缩小至题名检索数量分别为1830篇、344篇。从研究内容上看，行政伦理问题涉及古今中外各个方面，其中不乏对典型人物的伦理思想分析、案例分析、问题与对策探讨、国际间的行政伦理比较等，更有系统性研究行政伦理内涵与性质的文献。学位论文的主要研究视角定位于公务员与制度建设两个方面，也涉及其他方面如传统伦理思想、政府组织、企业部门、人物思想研究等。

其次，从管理伦理相关文献研究内容来看，有学者针对"管理伦理"这一概念进行深入细致的解读；对古今中外管理者、管理著作、管理经验的详细分析；对管理伦理的缺失与实现对策的探讨；对管理趋势全球化发展的伦理解读；从人性、哲学等角度进行管理伦理构建。就研究领域而言，管理学者及各行各业从业者均认识到了伦理的重要性，其研究领域既有关于国家层面的党政机关的公共管理伦理；也有能够反映社会发展的不同类型企业的管理伦理以及市场管理伦理；还有能够反映民生建设的科、教、文、卫等事业单位的管理伦理等。

最后，信息伦理的研究范围既涵盖特定主题的研究，如信息传播、信息服务、信息决策等，也涉及宏观的伦理研究，如责任伦理、伦理与法律及政策的比较、中外信息伦理比较、伦理教育、网络伦理、全球化伦理等，同时也有关于信息伦理学的研究。另外，信息伦理研究内容全面深入，包括信息伦理定义、特征、本质、原则、兴起与发展、层次；信息伦理问题、对策、反思、底线伦理、社会功能；信息伦理的研究现状、进展、趋势、价值取向与责任要求等。

（五）国内研究现状评析

虽然我国档案界关于档案管理伦理问题的研究内容范围较广，但是在研究深度与研究人员两个层面仍存在一些问题，主要表现为以下三点：

研究深度尚浅。虽然有些论述道德问题的文献对档案管理伦理略有描述，但存在表面化和牵强附会的倾向，有关档案管理伦理问题的研究几乎很少提及。而档案信息伦理相关文章又仅仅是对信息或信息化建设的分析，很多内容回归到了信息伦理问题，与信息伦理学的主干内容如出一辙，并没有真正透视出档案信息的特殊性，更没能全面体现出档案信息伦理关系问题。对某一问题的研究深度体现在持续性与系统性上，只有先做到持之以恒才能全面分析内容，继而系统性地挖掘与问题相关的精髓理论与经验，最终结合成完美的研究成果，若是紧跟时尚之风，很容易导致研究的夭折。

研究内容文题不符。文题不符的现象主要有两个方面，其一，正文所述内容混乱，时而扣题，时而离题，导致整篇文章的思路显松散，令读者很难理清文章的逻辑思路。其二，题目所讲的"伦理"或"道德"在正文中较少体现，甚至从未出现，只是单纯为文章戴上了"伦理"或"道德"的光环，正文内容依然以研究管理问题或信息问题为主。其原因可能来自理论研究者的惯性思维模式，认为理论研究需要以哲学为基础，用哲学原理去揭示问题产生的根源就可以了，而受学科的局限性与知识储备量等因素的影响，出现了适得其反的效果。应用伦理学虽然是哲学的分支，但应用伦理学以解决道德难题为目标其重心依然落在"应用"上，在研究档案管理伦理问题上，以应用伦理学为主，以解决管理实践中的道德难题为任务，更不能仅仅为了耀眼的标题而忽视文章内容的创新。

研究人员结构过简。档案管理伦理问题虽然是一个长期存在的问题，但是却很少有人关注，至今没有形成一支专门的研究队伍。从研究人员分布来看，虽然有其他领域从业者对档案管理伦理有所提及，但所探讨的依然是各自领域的管理问题，专业化的档案管理伦理问题研究人员仍来自高校的师生，安徽大学马仁杰教授于2005年获批的国家社会科学基金项目"社会转型期档案信息化与档案信息伦理建设研究"曾对档案伦理问题有所推动，也在此项目的带动下，由安徽大学几位教授与学生组成了一支小的研究团队，很遗憾项目组缺少了持续性的研究，且该项目的研究重点是档案信息伦理，与档案管理伦理也并非同一概念。此外，研究人员结构的简单化还表现为合作性研究成果偏少，对于一个实践性较强的课题，学界与业界的合作研究能够使研究成果更加直观清晰，提升成果的可操作性。

二 国外研究现状

国外关于档案管理研究文献的检索，笔者分为两个阶段进行。第一阶段（2016年4月以前），经匹兹堡大学图书馆专业检索馆员对国外收录信息科学、社会科学较全数据库的推荐，笔者最终选取以下十个数据库进行期刊论文与学位论文及部分专著的统计分析。同时，笔者选用美国档案工作者协会网上书店、美国亚马逊网上书店以及美国国家档案馆网上书店，对档案管理伦理相关书籍进行统计分析。另有三本书籍为美国匹兹堡大学档案伦理学课程推荐阅读书目。第二阶段，在匹兹堡大学iSchool理查德·J.考克斯（Richard J. Cox）教授的建议下，笔者以"档案"（archives）并"伦理"（ethics）、"道德"（morality/Moral）、"法律"（legal issue）为检索词进行检索。为了提高查全率，针对不同数据库选择不同的检索方式（检索结果见表1-3）。

（一）期刊文献检索结果分析

由检索结果可见，有效期刊论文580篇，其中英文文献509篇（见表1-4），其他语种文献71篇（见图1-6）。由于语言的限制，笔者无法对其他语种文献做详细解读，因此本书仅对英文文献进行分析。另外由于国外对知识产权控制较为严格，一方面来自作者对其智力成果的控制，一方面来自各数据库的版权控制，致使很多文献无法下载，因此关于文献作者与研究机构的统计工作难以进行细致分析。从表象上看，国外档案学者及工作者对档案管理伦理问题的研究更加注重可操作性，论文作者来自档案界、历史学界、法律界、教育界、管理界、社会学界、政界等不同领域、不同行业。并且形成了初具规模的研究团队，独立作者发文的数量微乎其微，甚至个别论文作者达到十位之多。此外，单篇文献合作者并不仅仅是来自同一机构，在临时组成的合作团队中，有档案教育工作者、档案实践工作者、档案学会工作者、档案相关项目组成员，以及其他相关领域从业者。

第一章 绪论

表1-3 英文文献检索结果

数据库	检索方式	Archives + ethics		Archives + morality		Archives + moral		Archives + legal issue		
		学位论文/书（本）	期刊（篇）文献	学位论文/书（本）	期刊（篇）文献	学位论文/书（本）	期刊（篇）文献	学位论文/书（本）	期刊（篇）文献	
ProQuest Dissertations and Theses	主题检索	1								1
Library and Information Science Abstracts（LISA）	主题检索		67						4	72
Library, Information Science & Technology Abstracts（LISTA）	简单检索		11				1		8	32
Library Literature & Information Science（1983 - present）	全文检索	7	112	5	7	1	3	2	19	278
Library Literature & Information Science（1905 - 1983）	全文检索			5	35	5	95	2	7	9
JSTOR	摘要检索		17		8		30		365	420
Project MUSE	题名检索		2						2	2
Web of Science	题名检索		3				1			6
Historical Abstracts（excluding North America）	主题检索		13				9			22

续表

数据库	检索方式	Archives + ethics		Archives + morality		Archives + moral		Archives + legal issue	
		学位论文/书(本)	期刊文献(篇)	学位论文/书(本)	期刊文献(篇)	学位论文/书(本)	期刊文献(篇)	学位论文/书(本)	期刊文献(篇)
America: History and Life	主题检索	3	19						27
SAA Bookstore	简单检索	2						1	3
Amazon	简单检索	5							5
National Archives Books	关键词检索	22						2	24
Others		3					5		3
学位论文		3	书	58	期刊论文			843	904
有效学位论文		3	有效书	38	有效期刊论文			580	622

注：检索时间：2016年4月4日。

第一章　绪论

从年代分布上看,1865 年"A database on visible diurnal spring migration of birds (Central Europe: Lake Constance): Ecological Archives"一文为最早论述档案伦理的文章,该文章描述的是关于鸟类迁移的问题,与档案管理关联并不大。1967—1968 年两年内的三篇文章均是档案工作会议性文章,并非实质性的档案管理伦理问题研究。国外真正意义上的档案管理伦理的研究始于 1929 年哈伦(Harlan)和埃德加·R.(Edgar R.)发表的"Ethics Involved in the Handling of Personal Papers"[1]一文,这篇文章以档案馆保管私人档案为线索,结合案例分析,指出当时私人档案保管与利用的伦理问题,此文却引起了国外档案界对档案管理伦理相关问题的思考。19 世纪 80 年代后,社会档案意识的提高、档案开放范围与力度的加强,以及计算机与网络的普及将档案的开放与利用推向了一个新的高度,由此引发的伦理关系更加复杂多变,新问题也更加棘手,面对公民平等利用档案与人权的维护、社会正义与道德的权衡,国外档案界对档案管理相关伦理问题的呼声越来越高。1996 年的 14 篇文献与 1997 年的 21 篇文献印证了这一时期档案管理伦理问题研究的高潮,其中包括对政府档案、电子文件、档案职业、档案利用、档案开放、档案鉴定等具体工作,也有从文件形成者、历史学家的视角切入档案管理相关的伦理问题。进入 21 世纪后,档案管理伦理问题的发文数量不断攀升,2012 年更是高达 54 篇,其研究内容将前期所研究的档案各方面工作的伦理问题更加细化,甚至具体到某一特定环节,此外,还增加了对专门档案的研究。更值得肯定的是,现阶段国外档案界对档案管理伦理问题的研究不仅仅局限在档案管理视域下,而是从整个社会公平、公正、公开的视角展开论述,提升了"人权"的重要意义,将档案信息的安全利用与隐私保护放在了较为重要的位置,以案例分析、调查数据等形式将档案工作者的社会责任与伦理意识结合起来。

---

[1] Harlan, Edgar R., "Ethics Involved in the Handling of Personal Papers", *The Annals of Iowa*, Vol. 16, No. 8, Apr. 1929.

表 1-4　　　　　　　英文期刊文献检索结果统计

年份	数量（篇）	年份	数量（篇）	年份	数量（篇）	年份	数量（篇）
1865	1	1982	6	1994	10	2005	16
1967	1	1983	3	1995	9	2006	24
1968	2	1984	3	1996	14	2007	13
1929	1	1986	5	1997	21	2008	19
1939	1	1987	4	1998	4	2009	29
1959	1	1988	7	1999	7	2010	44
1971	1	1989	7	2000	16	2011	26
1972	1	1990	9	2001	12	2012	54
1974	1	1991	5	2002	22	2013	40
1980	2	1992	4	2003	14	2014	26
1981	3	1993	5	2004	16	2015	1

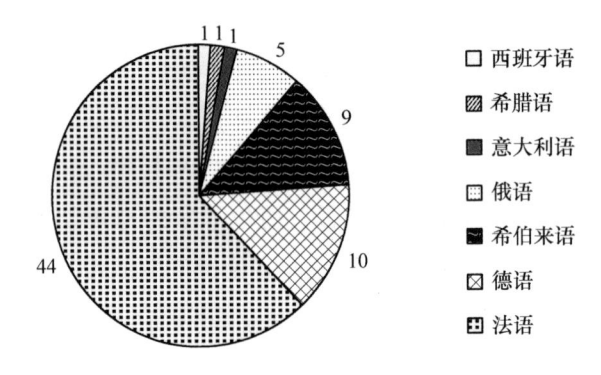

图 1-6　其他语种文献检索结果统计

（二）学位论文检索结果分析

学位论文的统计工作相对较难，一方面由于国外很多学者的学位论文并没有被收入数据库中，另一方面，国外档案学者的思维与视野较为开阔，选题往往偏重于应用，看似无关的题目或许内容中蕴含了部分档案管理伦理思想，因此，简单的检索统计工作很难将国外档案专业的硕博学位论文完全参透。所检索出的 3 篇档案管理伦理相关硕士学位论文均来自 America：History and Life 数据库（见表 1-5）。其中 1978 年的学位论文讲述的是通过一份关键的文件反映 1966—1977 年间美国天主教的道德生活；1989 年福特汉姆大学的肯尼思·约瑟夫·赞卡（Kenneth Joseph Zanca）通过教宗通谕和梵蒂冈二次会议文件对同性恋的评价映射社会正义与性伦理。这两篇论文只不过是通过文件揭示一种社会普遍的伦理关系，而 2006 年这篇学位论文阐述的是人在技术交流下的伦理问题，三篇论文是非直接论述档案管理伦理问题，因此不作为下文内容分析之用。

表 1-5　　　　　　　　　英文学位论文检索结果

年份	数量（篇）	题目
1978	1	Catholic Moral Life in America：A Critical Analysis of the Documents of the Catholic Bishops of the United States, 1966 to 1977
1989	1	Social Justice and Sexual Ethics：An Evaluation of Official Church Teachings on Homosexuality Using Principles of Social Justice Derived from the Papal Encyclicals and Documents of Vatican Ⅱ
2006	1	Ethics in Technical Communication：Historical Context for the Human Radiation Experiments

（三）相关图书检索结果分析

1941 年 *Care of Records in a National Emergency* 一书的问世，揭开了关于档案管理伦理问题研究的序幕。随后，1968 年出版的 *Business Archives*、1981 年出版的 *Special Issue on Legal Retrieval Systems*、1988 年出版的 *The Ethics of Archival Research* 与 *The Power of Ethical Management*，以及 1989 年出版的 *Archival Ethics*，均说明档案学者已将伦理意识运用到档案具体工作中。20 世纪 90 年代后，关于档案各环节工作相关伦理问题、专门档案的伦理问题、伦理与法律、伦理与社会正义、档案职业伦理、档案伦理准则均有所关注，特别是对伦理与隐私权、知识产权、版权等各项权力之间的关系进行了细致的分析，并且将档案管理伦理问题的研究视角放在了社会层面,从权利与义务出发对档案工作中的道德冲突予以阐释(检索结果见表1-6)。

表1-6 英文书目检索结果

年份	数量(篇)	年份	数量(篇)	年份	数量(篇)	年份	数量(篇)
1941	1	1990	2	1998	1	2008	2
1968	1	1992	2	2001	2	2009	3
1981	1	1993	4	2003	3	2010	2
1988	2	1994	2	2006	3	2011	2
1989	1	1995	1	2007	2	2012	1

总计:38

第二阶段(2016年4月以后),由于国外数据库版权与地域等原因,第一阶段所进行文献检索的数据库大多访问受限,基于此,2016年4月以后的外文文献笔者主要通过JSTOR与Springer两大数据库获取,其中Springer数据库检索结果29条,而JSTOR数据库检索结果则以人类学、国际关系、博物馆学等领域档案相关的主题问题研究文献居多。可见近5年,国外学者关于档案管理伦理的问题研究也并不多见,而近几年,相比论文,国外实践专家致力于人权问题的思考、离散档案管理、国际合作等领域的研究,这在国际档案大会、年会以及信息大会等国际高端会议上已成为热门话题,同时国外档案界也普遍关注由于技术引发的新伦理问题,如数据治理、区块链应用、网络伦理等问题。

(四)国外研究内容分析

国外档案界对档案管理伦理问题的研究不仅仅体现在广度上,更体现在其研究的深度与层次性上,其研究内容不仅包括微观层面上的具体工作,还包括宏观层面上的档案管理伦理与社会正义,具体体现在以下几个方面:

档案工作伦理。国外档案界对档案工作各环节伦理问题的研究全面且细化,在论述过程中,通过案例的分析更加直观、真实地描绘了档案各项工作存在的道德冲突。珍妮特·阿里斯·巴斯蒂安(Jeannette Allis Bastian)① 以美属维尔京群岛档案保管权为案例,在美国、丹麦及岛上居民均具有公约所赋予的档案保管权的前提下,如何协调三者之间的档案保管问题。他认为此类冲突已不是法律或国际档案理事会的规定所能解决的,应综合考虑档案的起源、保存条件与开放利用,以保护档案记录的价值,使之为构建社会记忆服务。贝基·诺顿·邓洛普(Becky Norton Dunlop)在其"Conservation Ethics"一文中提出五项美国档案保管伦理原则:努力控制预防污染,为档案保管提供有利环境;学会利用自然环境;自然资源需要保存在特定的场所;公共政策的制定需以科学为基点;动态性地拟定环境政策方可奏效。② 菲利普·M. 林斯利(Philip M. Linsley)与理查德·E. 斯莱克(Richard E. Slack)以北岩银行为例论述了档案危机管理伦理问题。③ 帕梅拉·英尼斯(Pamela Innes)从语言、数据、文本的选择与加工入手,分析了档案编研工作中权力冲突问题。④ 此外,关于档案修复、参考咨询、档案鉴定、档案服务、档案开放工作中的道德难题均有阐述。

档案职业伦理。理查德·J. 考克斯在其著作 *Archival Anxiety and the Vocational Calling*⑤ 中将档案焦虑与职业使命有机联系在一起,他认为这种焦虑反映出档案职业的社会性变化,提高了档案与记录管理的社会地位,并推动档案工作进入新的方向。他通过三个短论文讲述了档案的使命,其中包括失去提倡档案重要使命的机会以及他本人重新回到档案领

---

① Jeannette Allis Bastian, "A Question of Custody: The Colonial Archives of the United States Virgin Islands", *The American Archivist*, Vol. 64, No. 1, Apr. 2001.
② Becky Norton Dunlop, "Conservation Ethics", *Society*, Vol. 43, No. 3, Mar. 2006.
③ Philip M. Linsley, Richard E. Slack, "Crisis Management and an Ethic of Care: The Case of Northern Rock Bank", *Bus Ethics*, Vol. 113, No. 2, Mar. 2013.
④ Pamela Innes, "Ethical Problems in Archival Research: Beyond Accessibility", *Language & Communication*, Vol. 30, No. 3, Jul. 2010.
⑤ Richard J. Cox, *Archival Anxiety and the Vocational Calling*, Sacramento: Litwin Books, 2011.

域的情况,接着他提到现当代社会变化对档案职业的影响,继而他指出档案职业面临的诸多重要问题,他在书的末尾呼吁档案教育工作者对下一代档案人的教育应站在所有挑战、争论、矛盾的中心看问题。2003年,*Ethics and the Archival Profession: Introduction and Case Studies*[①]一书的问世,被认为是对1992年版档案工作者伦理准则的解释,该书作者凯伦·本尼迪克特(Karen Benedict)细致入微地分析了伦理与职业准则的区别,通过实践案例指出实践工作中各机构内部所面临的伦理问题。同时,她还提到档案的捐赠者很可能会触及法律问题(如隐私权、税费、知识产权),以及伦理问题(如开放、保密、真实性)。另外,她认为在实践领域,档案职业也会面临安置员工与财务预算相关的伦理问题,这关系到档案如何有效地保存。迈克尔·库克(Michael Cook)以人权为背景,以对档案工作者伦理准则的应用情况调查为基础,观测该准则的应用现状以及组织和个人分别拥有的权力,对记录与档案管理工作职业伦理进行了客观的分析。[②]

档案信息伦理。The Hastings Center 于2013年做的一份关于生物伦理学的报告中提到两个信息伦理问题[③],其一是关于未完全公开的信息被他人利用引起的道德纠纷,其二是关于慢性病电子记录共享引发的道德争议。他认为这类问题与信息的生成有关,还与信息的限制有关,应确保信息开放的同时对信息进行必要的控制,促进积极信息的利用,阻止消极信息的蔓延。迈克尔·霍尔弗斯托特·科克雷尔(Michael Holverstott-Cockrell)以研究生的身份,从就业需求的角度阐述了信息伦理在未来工作中的重要性,他认为信息技术的提高、信息高速公路的发展改变了人们社会交往的方式方法,引发了信息利用中的一系列伦理问题,作

[①] Karen Benedict, *Ethics and the Archival Profession: Introduction and Case Studies*, Chicago: The Society of American Archivists, 2003.

[②] Michael Cook, "Professional Ethics and Practice in Archives and Records Management in a Human Rights Context", *Journal of the Society of Archivists*, Vol. 27, No. 1, Apr. 2006.

[③] Gregory E. Kaebnick, "Information Ethics", *The Hastings Center Report*, Vol. 43, No. 2, Mar. 2013.

第一章　绪论

为信息服务者如何为公众提供真实可靠、有价值的信息至关重要，因此，为学生开设信息伦理课，有助于学生规划其职业生涯，全面了解未来可能遇到的道德难题。①

档案伦理准则。格伦·丁沃尔（Glenn Dingwall）认为档案工作伦理准则应放在职业这一背景下予以审视，且这种伦理准则应建立在档案工作者、记录生成者、记录利用者与社会公众之间的关系基础上。他在"Trusting Archivists: The Role of Archival Ethics Codes in Establishing Public Faith"② 一文中，总结了档案工作伦理准则为档案工作者提升职业地位做出的贡献，提高了档案工作者自主决定如何为社会公众服务的能力，此外，他指出注重档案工作伦理准则的专业术语能够更好地完成这项任务。国际档案理事会于1996年颁布执行了《档案工作职业道德准则》，为档案工作者提供了一个道德规范，而不是解决道德问题的强制性规定。2008年7月，国际档案理事会针对该准则的社会反响做了一份详细的调查问卷，根据调查结果，档案工作者普遍认为该准则依然适用，但需要考虑个人、社会组织是否能够得到有效的参考，且准则应该适当增加应对特殊情况的参照规范。美国档案工作者协会于2005年发布了《档案工作伦理准则》，并于2012年再版。该准则以确保档案的价值判断、真实可靠、安全保存、开放利用、隐私保密为切入点，为档案工作者伦理意识的自我提升提供了一套高标准的职业原则，激励档案工作者树立伦理意识，构建一个值得社会公众信赖的档案机构。

档案与社会正义。国外大多数相关著作与论文直接以社会正义为切入点，从宏观的角度探讨档案管理中的道德难题，也有相当多的研究成果间接反映出解决档案管理所遇到的道德难题，势必要考虑到社会正义这一重要因素。兰德尔·C. 杰默森（Randall C. Jimerson）作为资深档案

---

① Michael Holverstott-Cockrell, "The Need for Information Ethics", *Library & Archival Security*, Vol. 14, No. 2, Aug. 1998.

② Glenn Dingwall, "Trusting Archivists: The Role of Archival Ethics Codes in Establishing Public Faith", *The American Archivist*, Vol. 67, No. 1, Apr. 2004.

学者，出版了多本档案管理方面的论著，但他自认为只有 Archives Power: Memory, Accountability, and Social Justice① 这本书能够指导实践工作。他认为，20世纪与21世纪社会文化的形成，档案是保存这一时期社会活动原始资料必不可少的资源，同时，他在书中详细分析了在当今世界短期记忆不断增加的社会背景下，档案工作应如何积极促进社会公众对相关信息资源的获取利用。温迪·M.达夫（Wendy M. Duff）以个人与组织的权力冲突为切入点，详细论述了社会正义的概念、范围、构成，在此基础上分析档案与社会正义之间的关系，最终试构建档案——社会正义框架，文章末尾分析了该框架对各方的影响。②温迪·M.达夫认为，此文仅是评估社会正义与档案相互影响的第一步，作为理解正义与非正义的核心内容，社会正义因其复杂性与多层次性而难以定义，他认为所有的研究都应该试图从理解档案对社会正义的影响入手。

档案伦理与法律。从已检索出的文献看，国外学者对伦理与法律的关系并未做细致的分析，笔者通过与考克斯教授的交流获悉，欧美地区仅有少数人致力于档案管理伦理方面的研究，而且国外学者不会刻意区分伦理与法律，很多伦理问题都是在法律相关的文献中略有提及。在为数不多的论著中，Benedict 在 Ethics and the Archival Profession: Introduction and Case Studies 一书中，陈述了法律与伦理的区别，她认为二者偶有冲突，在某些情境下，档案工作者应意识到其行动所引发的潜在影响，并与这种潜在影响保持一致。③ 同时，她主张档案工作者应侧重的主要法律包括隐私权与知识产权等方面，档案工作者应意识到法律已经统治了这些领域。虽然国外学者对理论上的法律与伦理探讨相对较少，但不能说他们将法律与伦理混用，透过相关著作、文献以及案例可以看出，国

---

① Randall C. Jimerson, Archives Power: Memory, Accountability, and Social Justice, Chicago: Society of American Archivists, 2009.

② Wendy M. Duff, Andrew Flinn, Karen Emily Suurtamm, David A. Wallace, "Social Justice Impact of Archives: a Preliminary Investigation", Archival Science, Vol. 13, No. 4, Dec. 2013.

③ Karen Benedict, Ethics and the Archival Profession: Introduction and Case Studies, Chicago: The Society of American Archivists, 2003.

第一章 绪论

外学者对于法律与伦理边界的界定还是很严格的，在解决实践工作所遇到的难题时，法律与伦理相互协调，共同实现二者维持档案管理工作良好秩序的终极目标。

档案伦理国际化。一方面，国际档案理事会制定并推行《档案职业道德准则》，该准则被翻译成多种语言供世界各国档案工作者参考，有助于在全球范围内形成档案事业的伦理规范，协调各国之间的档案工作秩序。另一方面，由于战乱等历史原因，世界各国珍贵的档案史料呈现出散存的现状，在各国正积极收集散落于他国的档案之时，新时代背景下的战争、信息泄露、政治与经济斗争不断增加，美国"9·11"事件引起了美国档案界的轰动，棱镜门事件再一次激发了档案工作者的信息安全意识，这类事件不仅仅是某一独立国家档案资源的丢失或破坏，而是国与国之间的信息衔接。道格拉斯·考克斯（Douglas Cox）通过伊拉克战争记录的收集与保存，映射档案工作者在国际战争中所扮演的角色，他借助"National Archives and International Conflicts: The Society of American Archivists and War"[①] 一文讲述了档案工作者在战争时期应如何面对档案保存与保护，将过去档案工作者不曾考虑的、复杂的，但却相关的问题以全新的、积极的态度去面对。

个人档案与专门档案。综合档案馆保存的个人档案之保管与利用问题，一直是国外档案界的研究热点，希瑟·麦克尼尔（Heather MacNeil）出版专著分析关于综合档案馆所保存个人档案公开的伦理问题。[②] 他在书中直截了当地讨论了新闻工作者追寻敏感记录导致个人隐私泄露的问题，辩证地审视历史与法律问题是基本前提。他以信息伦理为例，提倡伦理规范应作为某一职业的主要组成部分，并且应被积极广泛地应用以巩固制度政策与工作流程。个人档案的伦理问题不仅是档案工作者应该着力关注的点，同时也是社会公众应普遍了解的准则。对于专门档案伦

---

① Douglas Cox, "National Archives and International Conflicts: The Society of American Archivists and War", *The American Archivist*, Vol. 74, No. 2, Oct. 2011.
② Heather MacNeil, *Without Consent: The Ethics of Disclosing Personal Information in Public Archives*, Lanham: Scarecrow Press, 1992.

理而言，国外档案界提及的并不多，其原因可归结为分散的档案管理体制，不同类型档案保存于不同类型的档案馆或是文件中心，缺少统一的规范，在现有研究成果中，专门档案的伦理关系探讨也仅限于特殊档案或文件，抑或是某一种族、宗教、部落、团体组织从事社会实践活动中形成的档案，这与我国所讲的专门档案并非完全一致。

（五）国外研究现状评析

虽然国外档案学者对于档案管理伦理问题的研究已经做到了研究内容之广与研究层次之深的较完美结合，但是其研究过程与研究结果也呈现出某种程度的不足。

以正义与伦理关系为研究视角。档案自古以来被冠以"证据"的标识，过去是统治阶级施政与维权的工具，现今档案除了供文件形成者利用外，更多地走向了社会公众，为普通公民解决生活工作中的难题，基于此，档案与社会正义之间存在着千丝万缕的联系。首先，档案能否满足社会大众平等利用的需求，到期可公开的档案是否能够及时地被公众获取，档案馆所保存的档案资源可否解决公众所遇到的困难等，是档案与社会正义之间的微观伦理问题，也是档案管理自身所要正确认识的道德问题。其次，档案馆与文件形成者、联邦政府或是具有政府职能的办公机构、具有为社会公众服务性质的机构、不同类型的企业、图书馆博物馆等关系密切的组织、不同类型档案利用者之间的关系协调问题，是档案管理伦理的中观层面，只有处理好各主体的职、权、责、利，才能直面道德难题，维护社会正义。最后，档案管理伦理宏观层面是相对于社会记忆构建而言的，档案是传承社会记忆、维持社会正义最原始的参考资料与凭证，可以说，宏观层面遇到的道德冲突是档案界最棘手的却也是不可回避的难题。

注重实证研究，缺乏理论探讨。如果说国内档案界重理论轻实践的话，那么国外档案界则是重实践轻理论，换言之，国内外的研究均存在理论与实践割裂的现象，只是侧重点不同而已。国外学者以实践案例为入口的论著比比皆是，几乎很少有成果能够抛开案例谈理论，这与我国档案界的研究大相径庭。实证研究无疑可以达到直观表述、简单易懂的效果，其实用性较强，但是缺少理论支撑的研究很难称为经典，其价值或许仅限于参考，这也是国外档案管理伦理问题没有得到普遍共识的原因之一。理查德·J. 考克斯于2006年出版的 *Ethics, Accountability, and Recordkeeping in a Dangerous World* 一书非常值得关注，这是一本理论与实践兼备的档案管理伦理相关专著。[①] 在这本书中，他首先介绍了从伦理到责任，档案工作者的角色定位，以及信息时代的新要求，并挖掘档案工作者、记录管理者与电子记录保存者之间的共识；接着他对档案工作者的重要性与当今世界的危机做了详细分析；而后提出了技术上的完善手段；最后以个人档案及其他不公平事件为案例对其作者的整个分析予以解读，在书的末尾他对危险世界中档案伦理、责任与记录保存进行了反思与展望。

较完善的准则，一般化的执行。国际档案理事会早在1996年便制定了《档案职业道德准则》，并翻译成多种语言，在世界范围内盛传，国际档案理事会2008年的调查显示，虽然还有多数人认为该准则仍然适用，但是也不可否认准则的陈旧，也就是说，具有国际通识性的《档案职业道德准则》在世界各国出现了不同程度的不适应性，亟待更新与完善。事实上，国情、体制、经济等因素致使国与国之间的档案工作无法一致，国际准则仅仅是一个具有普遍意义的参照物，各国档案行政管理单位应参照国际准则，结合本国国情颁布适合本国档案管理工作的道德规范以供实际参考。美国档案工作者协会于2005年、2012年先后颁布的《档案工作伦理准则》在美国档案管理实践应用方面发挥了一定的作用，因此，美国档案界对档案管理伦理问题的研究处于各国前列，即便如此，《档案工作伦理准则》在实践工作中的执行效果并不十分乐观。由于分散的管理体制，美国不同的州之间、不同的机构之间、不同的组织之间均以各自的管理标准为准则，因此，美国档案工作者仍面临大量

---

① Richard J. Cox, *Ethics, Accountability, and Recordkeeping in a Dangerous World*, London: Facet Publishing, 2006.

的道德难题。

合作意识较强，同时存有争议。如前文所讲，国外档案学者的合作意识较强，一篇文章由多个作者共同完成，而且每位作者对其成果均有不同程度的贡献，国外对知识产权的控制十分严格，挂名现象几乎不存在。此外，同一篇文章的作者来自不同的机构，以各自不同的视角对同一问题进行论述，不仅能够提高文章的可读性，拉近与不同读者之间的距离，同时也加强了档案学者与档案工作者之间的沟通。但是，合作并不代表观点一致，国外学者思想较为开放，言论相对自由，相互质疑的现象时有发生，在已检索出的文献中，有多篇具有辩论或评析性质的文章。从某种意义上讲，学术争论也是件好事，在争论的背后必然有其自成体系的思想，争论的结果很可能引发创新的理论思维，如此形成一个良好的学术氛围。

第三节 研究方法

历史分析法。以档案管理伦理的历史发展为脉络，运用发展、变化的观点总结、分析不同历史阶段、不同社会形态背景下的档案管理伦理实质，揭示档案管理伦理形成与发展的客观规律。档案管理是历史进程中的产物，将档案管理伦理放在特定的历史背景下，真正理解档案管理的伦理内涵。

专家咨询法。对于档案管理伦理问题的研究，属于一个比较新的研究视角，需要借助前辈们的资深理论，特别是请教哲学界、管理学界的学者，同时，向国外资深专家咨询相关经验与理论述评，提高本书的研究深度，拓宽研究视域。

实证调研法。笔者选择在档案管理各项工作中较为前卫，且具有典型代表性的国家综合档案馆，如福建省档案馆、辽宁省档案馆、广州市档案馆进行实证调研，分析现阶段档案管理的伦理问题，特别是对新技术引起的伦理问题加以深度剖析。

问卷调查与 SPSS 数据分析法。运用调查问卷的方法探寻档案管理主体的伦理意识与其所肩负的社会责任的认知度，运用SPSS统计软件对问卷数据进行客观分析，总结由主体档案意识变化引起的伦理问题加以阐述。

第四节　本书价值与特色

一　理论价值

本书的理论价值在于运用管理学与应用伦理学相关理论对档案管理伦理问题进行梳理、回顾、分析与反思，完成对档案学理论的回归与升华，并提出能够解决现代档案管理道德困境的档案管理责任伦理理念。

首先，本书细致地论述了档案管理伦理存在的必要及其可能，从梳理应用伦理中的概念及理论入手，将其中对档案管理伦理有重要参考价值的概念进行转换，具体到档案管理伦理理论研究中。结合不同历史阶段、不同社会形态，揭示档案管理伦理的内涵、形式及其特殊性，从档案学建立与发展的源头上探寻其演进的规律，以应用伦理学为研究基础，运用管理学的理论分析不同阶段档案管理的关系问题，透过现象看本质，完成对档案学理论的回归与升华。

其次，随着档案开放服务意识的提升，档案管理可持续发展的不断深化，特别是电子时代及网络的发达，在改变了档案管理方式方法的同时，也改变了档案管理各主体之间的简单关系，由此引发了诸多法律范围之外的道德问题。本书的研究目的不在于提出新的理论，而是将档案管理过程中的问题进行逻辑整合，从应用伦理的视角揭示档案管理各主体间的关系，并重点分析与反思当代社会档案管理的道德困境。当功利主义、义务论、目的论难以应对复杂多变的道德问题时，则需要一套面向社会的新伦理来规范档案管理活动，即档案管理的责任伦理。

二　实践价值

相对于理论价值，本书的实践价值更为突出，具体体现在以下四个方面。

其一，有利于厘清档案管理中的客体资源分布与占有、开发与服务的现状。资源是档案管理工作的基础，现有档案资源如何分布以及其占有权与使用权由哪些机构所掌控？档案资源的开发能否满足不同利用群体以及潜在利用者的需求？有限的档案资源如何权衡公共诉求与差异化的服务？上述问题也正是关于档案管理伦理客体的相关问题，直接影响档案管理的各项工作，正是本书所要分析现阶段的档案管理伦理困境的出发点。

其二，有利于解决档案管理的现存问题。"法治"与"德治"成为解决问题的两大法宝，现有的档案法律法规、标准规范虽不能完全解决档案工作问题，但从体系上来讲，已相对规范，但是"德治"一直是档案界的疏漏。本书通过理论的分析与实践的论证，全面解释"德治"在档案管理工作中的重要性，并解决如何进行"德治"的问题。

其三，有利于梳理档案管理各主体之间的关系。对于人与人之间的关系协调问题，靠的是一种"自律"精神，不同主体对社会与自然都有着不同的责任与义务，如何协调好各主体间的关系，共同维系档案事业的发展，是本书所要解决的问题之一，即从伦理的角度处理各主体间的关系，形成良好的档案工作氛围。

其四，有利于培养档案管理人才。伦理问题终究要回归到人的问题，通过对现有道德问题的分析，准确定位档案工作者的社会角色，揭示其伦理义务与道德责任，树立正确的档案管理价值观，有助于档案工作者的自省与反思，提高档案意识与档案管理能力，在工作岗位中不断地提升工作能力。

三 本书特色

新的问题。通过对文献的梳理可知，目前国内学者对档案相关伦理问题的研究集中在档案信息伦理与档案职业道德两个方面，研究深度不够、研究范围狭窄，因此本书选择了档案管理的伦理问题为切入点，伦理问题涉及档案管理的各个方面以及各个主体,力求能够做到全面细致的剖析。

新的视角。伦理是档案界较为忽视的方面,然而很多领域已经将伦理问题提升到了一定高度,如管理伦理学以及信息伦理学等现已成为一门学科。笔者认为,以应用伦理作为档案管理的研究视角,从主体关系角度提升档案管理的理论与实践效力,最终实现档案管理伦理学的学科构建。

新的理念。采用应用伦理学的理念,将伦理学的基本原则更好地应用到档案管理理论研究与实践工作中,对档案管理进行道德的审视,促使档案管理理念将硬的制度规范的研究转向到软制度的研究上,从人本管理的理念出发处理档案管理中的各种关系,由"他律"转向"自律"。

第五节 本书逻辑结构

本书以国家综合档案馆为研究对象,以责任伦理为问题研究出发点。首先,通过理论层面的梳理与分析,明确档案管理责任伦理的相关概念、价值形态与认知;并从中西方档案管理责任伦理的差异化认知入手,初步划分档案管理责任的演进阶段,揭示演进规律,并指出其中的影响因素。其次,运用专家访谈、实地调研、问卷调查等方法分析国家综合档案馆责任伦理的实践现状,以及责任主客体的角色定位与现阶段国家综合档案馆所面临的实践困境。最后,通过理论与实践的论证,诠释应然层面的档案管理责任伦理的内涵与外延,梳理责任伦理关系,并在此基础上提出国家综合档案馆责任伦理实现策略与监督机制。具体内容结构与研究思路见图 1-7。

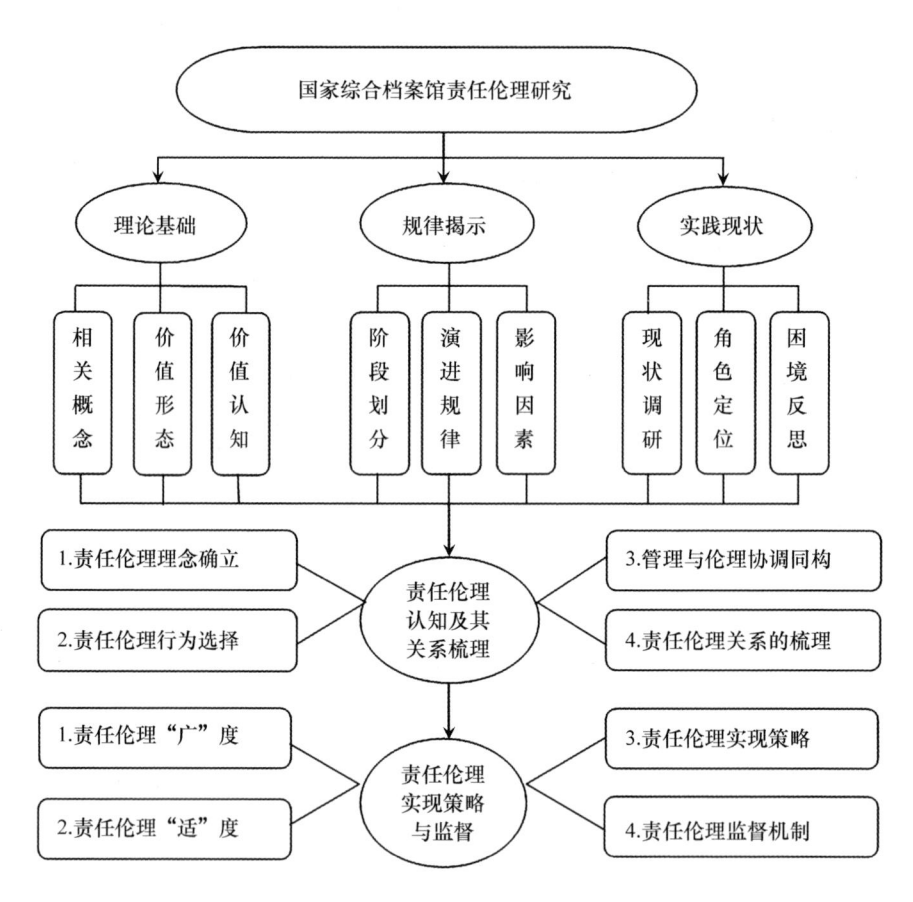

```
                     ┌─────────────────────────────┐
                     │   国家综合档案馆责任伦理研究   │
                     └──────────────┬──────────────┘
              ┌─────────────────────┼─────────────────────┐
          ┌───┴────┐            ┌───┴────┐            ┌───┴────┐
          │ 理论基础 │            │ 规律揭示 │            │ 实践现状 │
          └───┬────┘            └───┬────┘            └───┬────┘
       ┌─────┼─────┐         ┌─────┼─────┐         ┌─────┼─────┐
     相关   价值   价值      阶段   演进   影响      现状   角色   困境
     概念   形态   认知      划分   规律   因素      调研   定位   反思
```

图 1-7　内容结构与研究思路

第二章　档案管理责任伦理的存在及其价值形态

> 道德讨论人如何对待其他存在物，以促进共同的福利、发展、创造性和价值，力求扬善抑恶，扶正祛邪。①
>
> ——雅克·蒂洛

伦理学与认识论、形而上学、逻辑学一同构成了哲学研究的核心领域，其中伦理学是一门关注如何做人与如何行事的学说。伦理学通常被认为以道德现象为研究对象，或称之为道德哲学。道德在人类的日常生活中较为普遍，诸如是非善恶、正邪对错等可作为道德概念的词汇常被人类用来进行道德判断，并以此指导自身的行动，从这层意义上讲，伦理学更注重对道德价值以及行为的正当与否的判断。既然伦理学讨论的是人类行为的正当与否，那么在这一章中笔者通过对概念的界定以及概念之间的关系分析，厘清伦理学体系中的理论形态以及其作用在档案管理工作中的表现形态，试图对档案管理伦理进行合理的价值判断，分析档案管理的"善"的具体体现，并解决如下问题：档案管理伦理是什么？档案管理伦理的表现形态是怎样的？档案管理伦理的三维价值是什么？档案管理的道德判断与价值判断的内在联系是什么？

---

① ［美］雅克·蒂洛·基思·克拉斯曼：《伦理学与生活》（第9版），程立显等译，中国人民大学出版社2005年版，第28页。

第一节 概念界定

爱因斯坦曾说概念是思维最基本的细胞，换言之，概念是反映事物本质属性的思维形式。本书从伦理与道德这一组基本概念入手，结合管理伦理的相关概念，进行档案管理伦理的概念转化。

一 伦理与道德

关于伦理与道德的概念，国内很多学者通过"伦"、"理"、"道"、"德"四字的来源及组合后的词源对其进行系统的分析。简单来讲，"伦"意指关系，"理"则指事理，而"道"原指人行之路，后引申为人的行为所要遵循的规则，"德"，即德行。本书不再对上述两个概念进行文本意义上的分析，仅从社会层面阐述伦理与道德的概念及其关系。

（一）伦理

伦理学是一门研究道德现象的学科，而伦理来源于社会实践活动，旨在处理人与人、人与社会及人与自然之间的关系时，所应遵循的规范、准则、道理。这一概念有两层含义：其一，伦理说明了自人类社会形成伊始，人与人之间便存在着一种客观的关系，随着社会的发展与科技的进步，人与社会、人与自然之间的关系也变得越来越复杂。其二，为确保人类自身生存环境、社会环境、人际间微妙关系的和谐，维持一个良好的、安定的社会秩序，作为社会主体的人类需要共同遵守一系列的规范与准则。狭义的伦理通常指的是规范伦理，广义的伦理还应包括元伦理与应用伦理。

1. 规范伦理

规范伦理一直是西方伦理学的基本形式，以正当与否为评判标准，其研究对象多指向现实生活。规范伦理更关心的是实质性的道德问题，并非一般的道德方法或概念，一方面，规范伦理学指出人自身应遵从的道德标准，何种道德标准才能有助于人类的行为达到道德上的善。也就

第二章　档案管理责任伦理的存在及其价值形态

是说,规范伦理是对价值合理性的研究,其根本任务在于说明人类行为的合理性原则,以及这些原则如何指导社会个体对自己所要进行的行动做出道德判断,明确何种行为是善的、是正当的,何种行为会受到道德的谴责等。同时对一般性道德问题进行批判性的研究,提供解决现存道德纠纷的指导原则与方法。

2. 元伦理

与规范伦理相对的元伦理则是以概念分析、性质判断、词句研究为关注点的理论,是关于伦理概念与伦理方法的研究。作为元伦理学的开创者摩尔认为,"善"是伦理学的本源,这也成为了摩尔伦理思想的逻辑起点。元伦理学侧重于对道德语言的逻辑分析,解释道德术语,主张在保持道德信念与原则"中立"的基础上进行伦理问题的研究,是一种形而上学的研究,曾受到很多伦理学家的批判,认为其脱离实际过于形式化。

3. 应用伦理

当社会个体超越其社会性与个体性,并与他人、社会以及自然形成内在的一体关系时,促使社会个体自觉意识到这种崭新关系的性质,应用伦理便应运而生了。作为一门新兴的伦理范畴,应用伦理致力于分析现当代社会背景下各行各业所面临道德问题的伦理维度,成为解决社会道德问题的平台。应用伦理建立在价值论、规范论以及行为论的基础上,广义的应用伦理体现在"应用"上,是对伦理作用于社会实践的诠释,利用规范伦理的准则与规范解释说明人面对具体道德问题时的立场与观点。狭义的应用伦理学通常指遇到问题与麻烦时,对原有伦理学中的道德规范进行反思之意。

(二) 道德

在诸多学者对道德的定义中,笔者颇为赞同邹渝对道德概念所做的界定,即"所谓道德就是指人们在社会生活中将'做人'所应当遵循的原则和规范(即道)内化为自己的个体人格品质(形成德性),然后再通过自己自觉的行为释放(德行)达到既有益于他人和社会,同时也有利于自己完善自我人格品质和提升人生境界的精神需要的主体性追求的行为"①。这是一种对道德概念较为动态性的表述，人作为社会人，其社会身份决定了与其身份相对应的道理，当社会个体习得相应的道理之后，事实上已实现了将对其身份所要求的外在准则与规范内化为自我意识的转变，道德也因此成为智力人走出困境的工具。道德有个体道德与社会道德之分，个体道德仅涉及社会个体自身的道德准则及其行为的规范，社会道德涉及个体与他人之间的关系问题。

作为伦理学基本概念之一的道德属于意识形态范畴，维系人们共同生活与行为的处世之道，代表着正向的价值取向，以善恶为标准，依靠社会舆论、传统习惯、风俗信仰以及个体的内心信念等对人与人、人与社会之间的关系进行调整。道德虽有本能的反应，但更多的来自后天习得的合乎准则与规范的意识。詹姆斯·雷切尔斯认为道德的底线概念可以简单地表述为："道德至少是用理性指导人们行为的努力——换句话说，做有最充足的理由去做的事——同时，对行为影响所及的每一个个体的利益都给与同等的重视。"② 这一表述涵盖了"责任"在道德行为中的重要意义，道德能够指引个体认识自己，实现对自我、他人及社会的责任与义务，通过对社会生活规律性的认知对自己的行为做出正确的判断，规范约束自我行为，最终实现至善的目的。

道德还有传统性道德与反思性道德之分，前者存在于不同的文化与社会中，是社会个体最初接受的道德规范，后者则是通过理性的思维对道德进行检验，继而选择保留或废除。此外，非道德与超道德同样是需要分清的两个术语。非道德是指极少数几乎毫无道德观念的社会个体，对善恶毫不在乎，如失去意识观念的病患或尚未形成道德观念的婴儿等。超道德意味着超越道德领域存在的、无生命的实物，这些实物本身无道德观念，只是因为人的介入产生了一系列的道德问题。

---

① 邹渝：《厘清伦理与道德的关系》，《道德与文明》2004年第5期。
② ［美］詹姆斯·雷切尔斯：《道德的理由》（第5版），杨宗元译，中国人民大学出版社2009年版，第14页。

（三）伦理、道德与法律之间的辩证关系

伦理与道德之间的微妙关系争议较大，西方国家普遍认为伦理先于道德，而国内学者基于中国传统文化的思想精髓持相反态度，认为道德先于伦理。关于伦理与道德谁先于谁只是基于不同的文化底蕴，并不影响二者在协调社会关系时所起的作用，但是将伦理与道德混同，极有可能出现伦理道德化的绝对主观的极端伦理思想，以及道德伦理化的客观唯心主义倾向，将道德抽象化、客观化。道德与法律的关系一直是法哲学关注的问题，且能达成普遍共识，道德与法律关乎社会最基本但却是复杂的关系问题，马克思主义伦理学认为，"道德和法的观点或多或少地同他所处的社会关系和政治关系相适应的表现——肯定的或否定的，得到赞同的或遭到反对的"①。也就是说，道德与法具有社会性与历史性特征，揭示其实质与规律需立足社会背景，辩证地把握二者之间的关系。

从表2-1所列的六个方面可看出伦理、道德与法律三者之间的区别。第一，伦理判断的是应当与否的问题，道德是对善与恶的评价，而法律并不以某种尺度为评价标准，它是一种强制执行的规定。第二，伦理来自人与人、人与社会的关系，道德是内化于人的一种思想境界，而法律由国家立法机关制定，体现的是国家的意志与权威。第三，伦理与道德同样是一个抽象的概念，但是伦理作为人伦关系的客观抽象而存在，道德则是主体主观判断的抽象概念，然而法律需要借助一定的载体形式呈现给有关部门以及社会公众，相对于伦理与道德，更为具体。第四，伦理在处理人伦关系时是一种应然的规则，体现在人与人、人与社会相处的关系秩序方面，道德被看作主体内在的品行修为，与风俗文化、传统观念、时代背景相关联，而法律则是成形的规范性文件。第五，伦理的作用范围更为广泛，可以作用于主体之间的相处之道，也可以作用于主体与客体间的利用之道，道德更多地体现在独立的个体或是已经形成共同道德价值观的群体中，而法律仅对其规定范围内的对象具有一定的效力。第六，很多学者认为伦理是一种他律的准则，然而笔者认为，伦

---

① 《马克思恩格斯选集》第3卷，人民出版社1972年版，第136页。

理自外而内地作用于社会主体,从上文对伦理概念的两层意义分析可见,伦理首先作为一种客观的外在人伦关系而存在,在处理各种关系时需遵循内在的准则与规范维护社会和谐的伦理秩序,"伦"生"理"便蕴含着这样一层由外及内的理念,因此,伦理的作用机理体现为一种过程,通过处理人与人、人与社会、人与自然的关系,外在客观的伦理规则逐渐内化为人的主观思想,此时个体的主观道德便形成并反作用于伦理关系,即所谓的"道"化"德"。道德具有较为明显的自律性,而法律则以他律的方式作用于规定范围内的主体。

表2-1　　　　　　伦理、道德与法律三者之间的区别

	伦理	道德	法律
评价标准	应当与否	善与恶	强制执行
理念来源	外在人伦关系	内在境界	国家制定
存在形式	客观存在(抽象)	主观判断(抽象)	需借助于一定的载体(具体)
表现形态	关系秩序、应然规则	品行修为、风俗习惯等	成形的规范性文件
作用范围	主体间、主客体间	独立的个体或群体	规定范围内的相关责任主体
作用机理	自外而内	自律	他律

与三者区别相比,伦理、道德与法律之间的联系更为直观且密切(见图2-1)。首先,社会主体参与到社会实践活动中,形成了多样的人伦关系,并受到社会变迁、经济发展以及科技进步的影响,愈加复杂多变,主体的道德品行也随之改变。伦理某种程度上可以看作对社会主体应当如何立身处事的理论分析,当社会主体将这种为人处世之理论内化于心时,便形成了主体道德,继而再作用于主体维系正常社会的伦理关系。其次,同为行为准则的伦理与道德构成了法律的基础。我国法家认为,法律即使不能做善事,也能够有效地制止恶事之行为,儒家则认为,道德是法律的根本,真正的法律必须以体现道德精神为基础,不具有善意志的法不是真正的法,恶法有违伦理道德。反过来,法律支持并维护

第二章　档案管理责任伦理的存在及其价值形态

伦理道德，法律是为大多数人服务的，因此法律本身是积极良好的法，法律中蕴含着伦理准则与道德标准，但是合法的行为未必符合伦理道德，可以说，伦理道德比法律更为高级，更为重要。最后，从对社会秩序发挥规范作用这一层面而言，伦理、道德与法律是同质的，三者以不同的方式作用于社会主体，通过人与人、人与社会、人与自然的和谐共处，共同维护社会的公平与正义，实现维持良好社会秩序的目的。

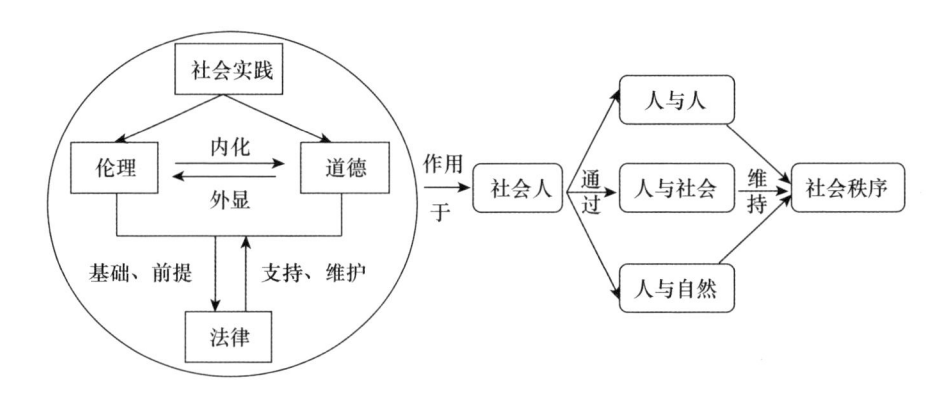

图 2-1　伦理、道德与法律三者之间的联系

二　管理伦理

管理伦理着眼于整个社会层面，是社会历史阶段发展的必然产物，以管理活动所涉及的人际关系为研究对象，协调管理活动中各主体的职、权、责、利，"人本位"的思想正是管理伦理的价值体现。

（一）行政管理伦理

"行政伦理的本质在于追求行政过程的伦理价值及行政人员的道德完善，即行政的道德化诉求。"[①] 这一定义表明了行政理论的两个维度，即制度伦理与个人伦理，也是道德规范与美德伦理的统一。行政源于政治，而政治与道德又是不可分割的两个概念，在早期柏拉图与亚里士多德的著作中都可以看出道德在行政管理中的重要价值，从这一层面上讲，行

---

① 教军章：《行政伦理的双重维度——制度伦理与个体伦理》，《人文杂志》2003年第3期。

政伦理又被称为行政道德。另外,行政伦理也可称作权力伦理,体现主体在运用权力过程中的道德意识、道德规范、道德行为以及道德判断的内在伦理诉求。行政伦理在善与恶的评价尺度中追求正义,即权利与义务对立统一的价值观。

(二) 公共管理伦理

市场经济改变了统治型社会的权治模式,由管理型的法制模式逐步转变为服务型的德制模式,市场经济的自治激活了人性的自我,人与人之间的关系发生了质的变化,个人利益需求的欲望愈发提高,同时也对公共利益带来了一定的影响。张康之认为公共管理伦理关系包括三个方面:权力关系、法律关系、伦理关系。其中伦理关系体现为一种社会拥有的普遍人际关系和行为准则基础上的公共管理的价值关系。[①] 在公共管理背景下,出现了主体二元化的现象,权力与角色的冲突问题日益加重,归根结底还是利益冲突问题,即公共利益与私人利益、个人利益与整体利益之间的矛盾。因此,公共管理伦理是在公共性行为模式下,权力与法制因素均以服务精神为价值追求,正确处理义务与责任对立统一的问题。

(三) 责任伦理

责任伦理揭示人与人之间的权、责、利关系与价值追求,揭示管理权力背后所需肩负的责任及其合法性需要,且责任伦理立足于现代,放眼于未来,体现为一种平等公正、自由民主型伦理。曹刚认为:"如果说传统伦理学中的道德责任是'追溯性的责任',指向的是过去的或当下的人类行为,那么责任伦理则视责任为'前瞻性的责任',指向的是人类未来的行为结果。"[②] 责任伦理也是当代社会公共管理伦理的诉求,以服务为管理精神,以"最大善"为服务的根本价值,为大多数人谋取尽可能多的善或至少是多于恶的善,对现在以及未来负责,若丧失责任伦理,明知其害而为之,事后的责任追究也无非是形式化罢了。

[①] 张康之:《公共管理伦理学》(修订版),中国人民大学出版社2009年版,第59页。
[②] 曹刚:《伦理学、应用伦理学和法伦理学》,《学习与探索》2007年第3期。

三 档案管理伦理

综合伦理与管理伦理相关概念的分析，笔者认为，档案管理伦理是档案管理各主体在围绕档案这一客体资源进行各项活动的过程中，主体之间、主客体之间的关系问题，以及各主体为处理各种关系所应具备的道德意识、道德规范、道德能力等内在道德素养。当且仅当"档案"一词代表的是档案管理这项活动时，方可称之为档案伦理，宏观意义上的档案管理伦理包括档案管理规范伦理与档案职业伦理两个方面。

（一）档案管理规范伦理

档案管理规范伦理一方面指档案业务管理规范，较多地体现在管理主体与管理客体之间的伦理关系，以客体伦理为主。"档案世界是一种人的对象化活动，这种对象化活动有一种基本指向——档案管理，即档案人的实践活动有一个特定的目的——管理档案。"① 档案客体资源是人化的档案世界存在的基本方式，围绕档案资源的开发、保管、利用等道德活动必然要建立在与档案管理需求相匹配的伦理关系基础上。另一方面，档案管理制度规范作用于从事档案道德活动的主体，表现为主体伦理。档案管理相关主体除档案工作者外，还有文件形成者、档案利用者、相关工作者以及规则制定者等，不同类型主体需求不同，即便同一类型主体也存在着不同需求。因此，主体关系的多样化及其需求的多元化导致主体间出现了利益冲突，也是导致道德问题发生的根源，档案管理制度规范伦理是档案管理权力与档案利用权利的约束机制，外在的制度伦理与内在的道德素养不断地转化，形成规范化的档案管理伦理秩序。

（二）档案职业伦理

有了职业活动必然形成职业关系，职业行为和职业伦理观和专业技能观密切相关。档案职业伦理观以服务为首要价值，有关档案管理思想、态度、方式方法均以为社会提供有效的档案资源为出发点，因此，档案

---

① 丁海斌：《档案学的哲学与历史学原论》，辽宁大学出版社2011年版，第5页。

职业相比其他传统性职业更需要美德。档案管理的职业角色与社会角色之间的冲突也是档案从业者的外在关系维度与内在道德维度的冲突，个人价值的实现通过职业劳动得以实现，作为职业人的外在维度应优先于作为社会人的内在维度，并通过习得的方式将伦理规范内化为职业道德自觉。职业同样由职位与岗位两个维度构成，职位相对应纵向的"命令—服务"结构，而岗位相对于横向的分工合作，横向岗位需要必备的专业技能，即必备的理论知识与操作技能，特别是在当代信息社会，技术成为档案工作者道德能力提高的关键，在分工合作中如何实现自我"善"与他人"善"，也是对档案职业伦理观的新要求。

四 档案管理责任伦理

"从主体性看，档案管理伦理起码包括两个层次，即档案管理人员的个体伦理和档案管理组织的群体伦理。"① 档案管理主体既是个体的存在，也是组织的存在，更是社会的存在，个体责任的表现为外在责任与内在责任的统一，既要为其所承担的组织与社会责任实现尽责，同时也是自我权利的享有者。主体作为理性的存在，其道德行为与道德活动均受到道德理性与伦理意识的支配，在外责与内责的实现过程中，获得了精神与物质的满足。从群体伦理层面上讲，档案管理又体现为对外的责任与对内的责任，一个组织之所以能够在社会上存在，必然有其存在的价值，因此作为社会存在的组织，也必然肩负着一定的责任。综合档案馆对外的责任以处理相关组织、群体的伦理关系为根本，以服务精神满足不同利用者的档案诉求为宗旨。对内的责任则是以协调馆内人员的关系以及馆内组织结构为目标，凝聚档案馆的竞争力、创新力以及责任的实现力。

第二节 档案责任管理伦理的价值形态

应用伦理以其"应用"的特性作用于社会生活的各个领域，也是伦

---

① 傅登舟：《档案管理伦理剖析》，《档案学研究》2003年第1期。

第二章 档案管理责任伦理的存在及其价值形态

理相关理论形态与规范的道德体系在实际道德生活中运用的实践智慧。档案管理伦理所呈现出的具体表现形态与档案的特殊性及档案服务于社会的重要使命密不可分。

一 理论形态

伦理学的理论形态有很多,就普遍意义而言,主要有三种,即目的论(结果论)、义务论(非结果论)以及美德论。目的论以行为的结果为道德判断的前提,或者说更关心行为所带来的结果,一个正当的行为当且仅当该行为能够促成更多的善或其所实现的善最大限度地超过恶。目的论者认为在道德意义上进行判断行为的正当与否的基本标准,是一种作为行为结果而存在的非道德价值,这里所指的非道德价值,目的论者的观点尚有不同,可能包括如快乐、利益、知识、自我认知、权利等。目的论割裂了内在品行与外在结果,行为的价值不仅来自外在因素,还来自行为本身的内在特性,且行为所能达到的最大善归属于谁,目的论者同样持有不同的看法。

与目的论相反的义务论对于行为的判断标准不是基于个体行为的结果,而是根据行为自身的内在结构而决定的。也就是说,义务论者主张对行为进行道德判断时,只需考虑行为的公正与否,对人进行判断时,只需考虑人自身的善良与否,无须考虑该行为或人所能产生的结果如何。义务论者通常认为正确优先于善,很多时候做正确的事要优于正确地做事,甚至拒绝从事能够带来最好结果的行为。义务论将行动的正确与否建立在履行相应的义务的基础上,那么就要建立一套完备的义务体系去指导并约束主体的行为。目的论与义务论均不是各自为独立的理论,而是包含了众多分支理论,详见图2-2。

目的论与义务论都是围绕行为进行研究的理论,且占据了近代伦理学的主要地位,甚至有学者认为人们在进行行为选择时,要么通过计算结果来指导行为,要么根据义务规则肯定或否定某一行为,随着社会关系的复杂以及主体行为的应变性,致使几种理论缺陷愈发明显,基于此,美德论重新找回了其应有的地位。目的论因只顾结果而教条,义务论因

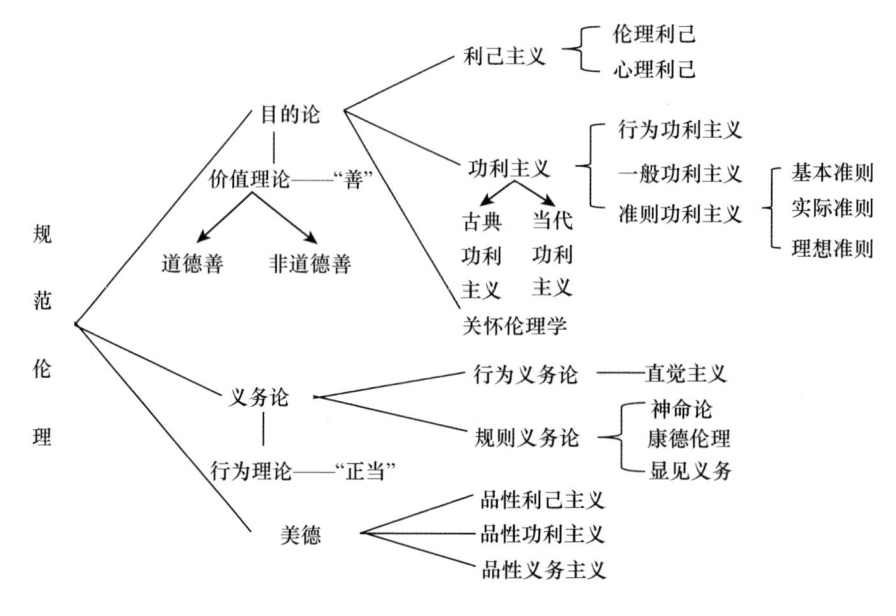

```
                        ┌─ 利己主义 ─┬─ 伦理利己
                        │           └─ 心理利己
              ┌─ 目的论 ─┤
              │ 价值理论──"善" ┌─ 功利主义 ┬─ 行为功利主义
              │         │                ├─ 一般功利主义 ┬─ 基本准则
              │         │                └─ 准则功利主义 ├─ 实际准则
              │         │     古典  当代                  └─ 理想准则
规范           │ 道德善  非道德善 功利  功利
伦理 ─────────┤                  主义  主义
              │                  关怀伦理学
              │
              │ 义务论 ┬─ 行为义务论 ── 直觉主义
              │        │              ┌─ 神命论
              │        └─ 规则义务论 ─┼─ 康德伦理
              │ 行为理论──"正当"     └─ 显见义务
              │         ┌─ 品性利己主义
              └─ 美德 ──┼─ 品性功利主义
                        └─ 品性义务主义
```

图 2-2 规范伦理学理论形态

片面遵守规则而僵化，美德论倡导的是追求理性、品质与情感等德性相结合的智慧。当然美德论在应用中时而变得难以操作，对于什么是真正的美德，什么样的人具有真正的美德，以及不同美德间会不会有冲突等问题也成为美德论的缺憾。

（一）目的论

目的论是一种价值理论，是对行为结果"善"的判断，道德上的"善"或多或少涉及人的主观品质上的判断，非道德的"善"仅指对外在好坏的判断。目的论包括利己主义、功利主义及关怀伦理学三种主要理论。

利己主义又分为伦理利己与心理利己两种。伦理利己主义者未必是绝对自私的，有时也可与无私并存，"它坚持每个人都应该根据一种善恶对自己有长远利益的标准，采取行动和进行判断"[①]。如果长期的自私

[①] [美]威廉·K.弗兰克纳：《伦理学》，关键译，生活·读书·新知三联书店1987年版，第38页。

第二章 档案管理责任伦理的存在及其价值形态

自利很可能会遭致他人的排斥，为了长远的利益，伦理利己主义者会表现出谦恭与利他的行为。心理利己主义并非绝对意义上的伦理学概念，更多地作为伦理利己的基础，是一种从人性出发的心理学概念。他们总是在追求自己利益最大化，或从事自认为能给自己获取最大程度地超过恶的事，以"自爱"、"自我满足"为指导思想。

从时间来看，功利主义有古典与当代之分，古典功利主义以边沁和密尔为代表，前者崇尚享乐主义价值观，后者试图区分快乐在本质上的差异，以功利最大化为原则。当代功利主义实际上是一个抽象的概念，是对古典功利主义的质疑与改进，具体改进体现在"趣向满足功利主义、规则功利主义、人格分离性与分配的正义、多元主义的功利主义"[①]四个方面。功利主义一般分为行为功利主义、一般功利主义与准则功利主义三个类型。行为主义者一般认为不同人面临不同境遇的行为也不同，因此很难为行为确定规则，他们倡导在不同境遇下，每个行为主体不仅要为自己，也要能够为此境遇范围内的其他人带来最好的结果，把坏的结果降至最低。一般功利主义相对更符合常规化的道德判断，强调类似情况下如果每个人都采取同样的行为会产生何种结果，而并非单纯考虑单个主体的行为结果或应遵循的原则。准则功利主义为克服前两者的难题而生，主张每个人从始至终应遵从能够给一切相关者带来最大善的准则，其中基本准则功利主义是一般功利主义的变种，使其结论简单地公式化；实际准则功利主义预先承认某些道德准则能够带来最为普遍的善，那么符合这些准则的行为即为正当，反之亦然；理想准则功利主义认为当且仅当某一行为符合普遍奉行或认可能够带来最大善的准则时，该行为才是正当的。

关怀伦理学有时也被称为"女性伦理学"，由心理学家卡罗尔·吉利根（Carol Gilligan）提出，站在男女性别差异的角度，推理出男性与女性在面临道德问题时，思维方式完全不同。其差异在于"男性道德观关系到公正、权利、竞争、独立性和守规则，而女性道德观关系到慷慨、

[①] 程炼：《伦理学导论》，北京大学出版社2008年版，第159—162页。

和谐、顺从和努力维持密切关系"①。

(二)义务论

义务论是一种行为理论,是对行为"正当"与否的判断,黑格尔在其《法哲学原理》②中反复强调,义务不是具有某种动机,而是从事某些行为,出自善良动机的行为不是道德上合乎义务的,义务感可作为行动动机而存在,因此人要"义务"地做事而非出于义务感做事。义务论通过两种方式对行为起到约束作用,一种指行动者在特定的情形下做特定的事,这些行动不可用一般规则进行解释,即行为义务论;另一种是以成型的规则指导行动者遵守并实施行为,被称为规则义务论。

行为义务论者认为道德行为不需要规则进行指引,在特定的情形下通过直觉感知该行为是否正当,每种情形都具有各自的特性,一般性的原则仅仅是以往经验的推理性原则,不能解决不同情况下的不同道德问题,因此行为者只需依靠良知、信仰或直觉解决。基于此,行为义务论从某种程度上讲,也可以称为直觉主义,将直觉看作较为高级的推理形式,以证明人具有不说自明的道德悟性。

行为义务论过于强调主观直觉判断,然而事实上,人在进行主观直觉判断时,心中同样先假定了某种行为是正当的标准,也就是说,人在进行道德行为的选择、判断以及推理时,情不自禁地遵照某些准则,因此提出了规则义务论。规则义务论主张道德行为需遵循一种或多种由特殊道德准则组成的行为规则,遵照准则办事即是正当的,不同规则义务理论取决于其确立规则的方法。神命论认为道德应以高于人类或自然的某种东西为基础,它能够向人传达道德行为应当与否的超自然存在物,人必须遵照这种存在物的指令。超自然存在物缺乏科学依据,难以证明是否真的存在某种超自然物,即使存在,也无法确定该超自然存在物所发出的指令是否真的符合道德。康德的道德理论是义务论中最具代表性

---

① [美]雅克·蒂洛 基思·克拉斯曼:《伦理学与生活》(第9版),程立显等译,中国人民大学出版社2005年版,第45页。

② [德]黑格尔:《法哲学原理》,范扬、张企泰译,商务印书馆2014年版,第142、152—156页。

第二章 档案管理责任伦理的存在及其价值形态

的理论,他认为道德义务来自实践要求,不道德的行为是不理性的,理性是确立道德观念的唯一要素,实践理性是人思考并做出道德选择的能力。康德的道德原则包括:善良意志、实践理性、绝对命令、实践命令、义务而非意向。[①] 在处理实际义务冲突时,康德的道德理论受到绝对主义与一元论的限制,罗斯提出了显见义务试图解决康德伦理的弊端。显见义务意指在考量其他道德原则之前普遍遵从的义务,如忠诚、补偿、感恩、公正、慈善、自我改善、勿作恶,[②] 但是如何确定何种义务优先同样尚存争议。

(三) 美德论

美德伦理学源于亚里士多德的《尼各马可伦理学》[③],他假定人类与生俱来的道德倾向,再以某种和谐的处世态度均衡这些倾向,继而构成了有道德的生活,德性与幸福不可分割。亚里士多德认为,美德介于两个"恶"极端的中道,两个"恶"指"过度"与"不及",与我国的"中庸"有异曲同工之妙。亚里士多德将美德区分为理智的美德与品格的美德两种,前者属于心灵推理,后者强调心灵本身不做推理但却能遵照理性。古希腊时期,智慧、勇敢、节制和公正被尊崇为四项基本美德,柏拉图将"智、勇、仁"活用到他的《理想国》[④],与君主、军人和卫士、平民百姓应具有的基本美德相对应。在我国,从孔子开始便提出了以"仁"为基本道德的理念,随后扩大为"义、礼、智、信"等道德品质。

东西方美德伦理学家均主张人的行为应以修养品德为主,道德品质与道德原则是一种存在于行为之间的关系。美德伦理学也存在三种理论,其一,品性利己主义,他们认为美德最基本的是对自身善的思虑,其他美德均源于此。其二,品性功利主义,他们持有仁慈是最基本的美德,

---

① Immanuel Kant, "Groundwork of the Metaphysics of Morals", in Practical Philosophy, Cambridge: Cambridge University Press, 1996.
② William D. Ross, The Right and the Good, Oxford: The Clarendon Press, 2003.
③ [古希腊] 亚里士多德:《尼各马可伦理学》,廖申白译,商务印书馆 2003 年版。
④ [古希腊] 柏拉图:《理想国》,郭斌和等译,商务印书馆 2012 年版。

仁慈是能够促进普遍善的品格。其三，品性义务论，品格在道德上的善因其自身，而不是它们所具有的促进非道德价值的缘故。美德伦理学虽源于古希腊，却在现代道德哲学的批判中得到复苏，在现代人的道德观念中，道德带有一定的奖惩性与纠正性，人在某种程度上依赖赞美、奖励、惩处等外界作用回归到应有的道德规范中。一个人的道德行为可以很好地验证他的道德品质，人的内心既有理性也有非理性的存在，好的品质能够恰当地处理理性控制与非理性的欲望，换言之，人所犯之错很大程度上可以被看作一种理智上的错误，而不是道德上的错误。

二 实践形态

理论形态反映的是伦理的应然状态，且上述三种主要规范伦理形态自始至终争议不断，具体到档案管理伦理表现为以规范伦理为价值追求的社会正义与信任，以责任伦理为服务宗旨的社会责任与义务。此外，由于文化相对性所呈现出的差异化的档案管理伦理观也是值得关注的。

（一）社会正义与信任

人作为社会中的独立个体，人人都有自由，人存在的首要法则便是维护自身的生存，因此自由是一种人性的产物。在当代社会，人为了得到预想的利益转让了自由，由此引起了利益如何分配以及如何实现社会公平的问题。从广义上讲，正义是一个具有社会层面意义的概念，公平是社会正义的基本特征，只有建立在公平基础上正义才能实现人的真正的自由。"一个社会，当它不仅旨在推进它的成员的利益，而且也有效地受着一种公共的正义观调节时，它就是一个良序的社会。"① 也就是说，人只有遵循自己所规定的相关约定，才是真的自由，也唯有道德意义上的自由能够满足人成为主人的意愿。基于此，社会公约实现了人类在遵循同样约定下，享有同等权利的自然平等的目的，"我们每个人都

---

① ［美］约翰·罗尔斯：《正义论》（修订版），何怀宏等译，中国社会科学出版社2011年版，第4页。

第二章 档案管理责任伦理的存在及其价值形态

以其自身及其全部的力量共同置于公意的最高指导之下,并且我们在共同体中接纳每一个成员作为全体之不可分割的一部分"①。道德与规范基础上的平等并非对自然意义上自由与平等的摧毁,相反,人与人之间由于自身条件,如能力与智力等的不平等,却因公约以及权利的分配而平等了,然而,正义观的共识还涉及诸如合作、效率等其他社会问题。

档案服务社会化最基本也是最为重要的价值取向,即公平服务,追求服务均等化,协调社会各方对档案资源的利用,满足利用者的诉求,有效解决利用者的实际问题,维护社会公平与正义。由于功利主义强调某种后果,因此很多学者在讨论公平时直指功利主义,但事实上,公平的正义不同于功利主义,功利主义将个体选择原则扩展到整个社会,忽视了所产生的后果是否在人与人之间达到了合理的公平分配,而正义是社会选择性质的原则。国家综合档案馆的服务性质决定了其发展动向须以认识社会公正为导向,从社会道义出发平等地看待自己与他人的最大善,均衡利益关系合理的整合与分配档案信息资源,以此树立合乎道德的价值观。档案资源的历史性与机密性无疑导致了档案服务社会化的滞后与其神秘色彩,其服务所能产生的收益也是间接的,有可能使国家综合档案馆与社会公众之间信任机制缺失,档案资源并不能被社会公众认可。因此,档案管理伦理观须以历史的、相对的、辩证的、具体的社会正义与信任为基点,与社会公众共建某种合乎社会发展规律的档案管理与利用公约,并且在共同建立的公约中实现利益的平均分配,以实现主体真正的自由。

(二)社会责任与义务

社会个体参与并受益于一个为公约所管控的、利益均衡的、高效合作的公正的社会,必须遵守某些公正性原则,也因此具有了相应的社会责任与义务。"人的本性的第三个层面是个性。个性的核心内涵体现为自主性。自主性是指人所具有的自主选择和创新能力,自主的个体不但能够修正和追求自己的生活目标,还能够超越、审视和批判社会现实,形

---

① [法]卢梭:《社会契约论》,何兆武译,商务印书馆2008年版,第20页。

成富有个性的自我。对个性的追求和占有，表现为道德责任。"[1] 无论从档案管理主体的内责与外责，还是从档案管理群体对内责任与对外责任角度出发，作为社会道德活动的载体形式之一的档案管理，在开展各项档案管理与服务活动中，都应遵循相应的原则规范与道德意识，以服务的善作为档案各项活动的价值取向，协调档案资源与利用需求、档案从业者与各相关主体之间对立统一的利益关系。从档案服务社会化角度而言，档案管理的社会道德责任关系以契约的形式存在，即建立在分工合作基础上的共生责任、建立在自我生存基础上的职业责任、建立在信息技术基础上的行为责任等。

"善对特殊主体的关系是成为他意志的本质，从而他的意志简单明了的在这种关系中负有责任。由于特殊性跟善是有区别的，而且是属于主观意志之列，所以善最初被规定为普遍抽象的本质性，即义务。正因为这种普遍抽象的规定的缘故，所以就应当为义务而尽义务。"[2] 若只认识到善是一种义务，那么此种义务仍然是被动的，为义务本身而尽义务，在此过程中实现主体的客观性，获得主体自由。义务除法律规定的以外，还应包括关乎利益的义务。于档案管理而言，法律所规定的义务均围绕着"收集—保管—利用—服务"这一主线，而关乎各主体利益的义务则反映于主体的内在的特殊性，也就是主观意义上的服务意识，表现为主体纯粹意义上的为适应其所应尽义务的德性，并非强制性的、法律规定的应履行的义务。换言之，主观的义务涉及档案管理主体的道德认知，首先要确立服务为档案管理最初的义务，继而探求如何实现为义务而尽义务的德性。

（三）文化的相对性

不同历史阶段、不同地域、不同群体有着不同的文化价值，对于档案管理的认识是不同的，而不同文化背景下的道德规范也存在差异化的特征，因此不同历史阶段、不同地域、不同群体由于文化的相对性拥有

---

[1] 曹刚：《伦理学、应用伦理学和法伦理学》，《学习与探索》2007年第3期。
[2] ［德］黑格尔：《法哲学原理》，范扬、张企泰译，商务印书馆2014年版，第136页。

第二章　档案管理责任伦理的存在及其价值形态

各自的道德规范,且各种相异的道德规范并无普遍真理的存在,也没有独特的地位,仅仅是众多道德规范中的一种。我国档案管理最初以体现统治阶级利益的权力伦理为核心,而后坚持以开放档案、利用为纲的管理伦理,再到当代的以满足利用者需求为最终目的的服务伦理,不能简单地看作是档案管理伦理关系的阶段性变化,事实上也离不开各历史阶段的文化背景与社会总体的价值导向。地域文化如风俗习惯、文化制度等形成了具有地方特色的档案管理道德规范,对于档案管理而言,不同类型的特色档案资源能够更好地满足社会需求。中国档案学会作为全国性的档案学术组织,秉承"'百花齐放,百家争鸣'的方针,充分发挥学会的桥梁和纽带作用"[1],在档案管理理论交流与实践互动方面起到了良好的疏通与协调作用。目前中国档案学会已建立了7个专业委员会,个人会员累计8000余人,单位会员200余家,对差异化资源需求的开发与服务、档案学术的研究与交流提供了平台[2],就这一层面而言,中国档案学会不仅能够实现专业化的学术理论与实践经验的交流与共享,还能够促进不同地域档案管理文化的展现与融合。不同群体之间的文化差异相对复杂,不同国家、不同种族、不同类型都有各自的道德价值观,既不能统一也不能激化,而是需要承认文化差异,并且尽最大可能满足这种差异化需求,尤其是对特殊群体以及弱势群体,需正确对待不同群体的道德分歧,划定其道德边界与道德适用范围。

在档案管理实践中,首先要解决如下三个问题:是否存在某种共性的道德观?道德进步这样的假说是否成立?宽容这种美德是否能与道德的相对性相联系?首先,社会的存在必然要遵循一些普遍的道德规范,

---

[1] 《中国档案学会章程》第三条:本团体的宗旨:团结广大档案工作者,认真贯彻党的基本路线,遵守国家宪法、法律、法规和国家政策,遵守社会道德风尚;坚持民主办会的原则,倡导科学、创新、求实、协作、自由、平等的精神;坚持理论联系实际的学风和"百花齐放,百家争鸣"的方针,充分发挥学会的桥梁和纽带作用,积极开展档案学术研究、学术交流和社会服务活动,普及档案知识,为党和政府联系档案工作者服务,为推动档案事业发展、建设中国特色社会主义服务。

[2] 中国档案学会:《中国档案学会介绍》,中国档案学术网(http://www.idangan.cn/intro.html)。

共性的道德观以追求"最大善"为一致，但是追求善的过程又是相对的。其次，道德进步的假设不成立。不同的道德规范以当时当地的文化为背景没有对错之分，也没有一个客观标准可以用来评判某一个道德规范要好于另一个。现代社会所谓的突破传统的道德进步也不过是利用现代的标准衡量过去的道德，显然非科学之举，道德意义上的相信与事实真是不同的。最后，有人认为宽容若成为一种普遍的道德规范，则形成了相对主义悖论的局面，而有人将道德的相对主义与伦理原则结合在一起支持宽容这一美德。在宏观的跨文化交际中宽容面临一定的困难，但在档案管理伦理原则中，宽容具有正价值。档案管理中的道德分歧是非根本性的，以服务精神为宗旨的档案管理理应结合不同文化的背景信息，通过一定的方式方法消除干扰，解决分歧。

第三节　档案管理责任伦理的价值认知与价值实践

责任与义务、道德与利益的权衡贯穿于档案管理伦理世界中，对各方权利关系的选择实际上是一个价值命题。价值并非简单地承认客体价值，更重要的是将主体深层次的认知集中于客体之上，以表明其效用。也就是说，现当代档案管理更需要的不是认知档案或档案管理具有何种价值，而是应树立一种建立在道德基础上的价值观，形成观念形态的价值判断，揭示档案价值的内在规律，赋予档案价值某种精神层面的意义。本书结合档案管理伦理，从价值认知与价值实践两个层面构建档案管理价值观。

一　价值认知：档案责任管理伦理的价值维度

"价值是对主客体相互关系的一种主体性描述，它代表着客体主体化过程的性质和程度，即客体的存在、属性和合乎规律的变化与主体尺度相一致、相符合或相接近的性质和程度。"[①] 上述关于价值的定义体现了

---

① 李德顺：《价值论——一种主体性的研究》，中国人民大学出版社2013年版，第53页。

第二章 档案管理责任伦理的存在及其价值形态

人对事物的价值判断，将主体尺度看作自觉意识衡量事物，重要的未必是有用的，由于档案的特殊性，利用者的价值尺度对其有用性的评定更为重要。档案管理伦理反映主体围绕档案这一客体所进行的各项社会实践活动中的道德认知与道德规范，其价值建立在档案形成及其发展的自然维度、档案管理活动纵向发展的历史维度、档案服务社会化的横向维度之上（见图2-3）。

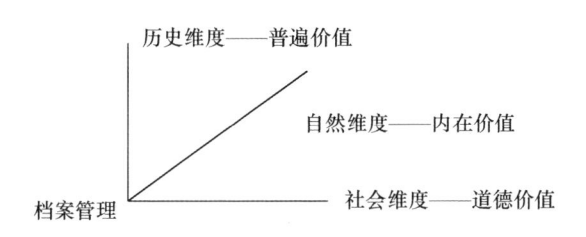

图2-3 档案管理活动的价值维度

（一）自然维度——内在价值

档案源于社会实践，社会实践活动即是档案的价值基础，作为一种自然存在物，档案必然有其内在价值，且这种内在价值并不会随着时间的推移与档案价值扩大化而被忽略，反而将其内在价值融合到档案的各种使用价值中。由于主体的介入，档案开启了有序的保管与利用活动，档案管理的内在价值体现为客体价值尺度，即非我的价值，服从于档案管理的客观规律，是主体在从事档案管理活动时所要遵循档案的价值尺度。从主客体关系说，档案的使用价值也是其内在价值，档案的内在价值表现为异质异向性。

一方面，档案是具有原始记录性的固化信息，有着其他各类资源所不具有的本质特性，因此档案的内在价值是异质的。档案这一异质的特性决定了其不可替代的凭证价值与情报价值。凭证价值旨在档案能够为社会机构、组织、个人在从事各项社会活动时提供可资为凭的原始证据，情报价值则指档案能够为社会及个人提供各个方面的可资参考的信息资源。档案原始记录的特性也从客观上要求档案管理活动要以这一特性为核心，不得破坏其原始记录性，以保证档案基本的凭证价值与情报价值。另一方面，档案的形成有其特定的社会背景与管理结构等独立的性质，从文件到档案的转化中，主体从事管理活动需要考虑的因素，档案并不会随着主体的"自为"而有所改变，换言之，档案并不依赖于主体"为我"的目的而存在，在从事档案管理活动时，主体有责任按档案的形成规律以及来源正确地对待档案，而对于某一"为我"性质的主客体关系而言（如因个人利益而篡改档案），档案表现为异向的存在。因档案所具有的内在价值，档案及档案管理活动便拥有道德上的权力，向社会及他人提出受到应有的尊重的要求，接受道德上的关怀。

（二）历史维度——普遍价值

"档案的价值根源就是社会实践活动，这种人类社会的基本活动一方面形成了人类的历史记录——档案文献，另一方面又产生了主体对档案文献的需要，而正是这两者产生了档案价值。"[1] 无论从档案的形成规律还是被需求角度来讲，档案作为客体不是惯有的自然现象，而是人类实践活动的产物，档案的价值也是逐渐被主体在各项实践活动中认可并确定的，因此，档案管理活动是一项历史性活动，蕴含着主体围绕档案客体的价值活动及其结果，且这种价值及其结果具有普遍价值的性质，也就是档案在社会各领域有用性的发挥，体现为满足各类主体需求的关系范畴。

主客体之间的作用关系并不是机械的、一成不变的，随着时间的推移，档案的价值也会发生递增或递减的规律，在递增或递减的过程中与主体发生着肯定与否定、吸收与渗透的价值变化。档案管理是一项集利用需求与利用目的于一体的活动，体现着档案事业发展的内在动力，多元主体的差异化价值取向以及社会整体运动规律，如社会制度、经济发展、文明程度以及档案内部管理环境等，均影响着档案管理的价值取向。档案管理活动普遍价值的形成是档案客体主体化的结果，在从事档案管理各项任务时，管理主体以自身的尺度为依据，去感知、开发、影响档

---

[1] 张斌：《档案价值论》，中央文献出版社2000年版，第22页。

第二章　档案管理责任伦理的存在及其价值形态

案资源，利用主体同时发起对档案客体资源的需求，以此建立主客体关系，赋予档案这一客体资源以主体观念。这里的普遍价值并非普适价值，而是指档案管理作为社会管理活动之一，为社会提供有用资源所具有的普遍意义上的管理价值，诸如档案的现实利用价值、档案的长久保存价值。其中，档案的现实利用价值还体现在对形成者所具有的第一价值与对其他社会利用者所具有的第二价值两个方面。

（三）社会维度——道德价值

李德顺将价值定义为客体的存在、属性及其变化同主体的尺度是否相一致或相接近的关系质态。[①] 他认为人的需要有无限多的方面，且不断更新发展，需要并不是主体尺度的全部，以满足主体需要来界定价值稍显片面，主体的尺度还包括超出主体需要并制约主体需要的某些方面，如主体的能力、变化等。不同类型档案主体的需求是不一致的，因此各主体的尺度也不尽相同，在实现档案信息资源社会共享的道路上，道德规范对不同社会阶段、不同阶层的主体在利用档案信息资源时起到了导向的作用。

档案管理作为一种依托社会而存在的实践活动，越接近社会化服务，其道德价值越凸显。"道德价值是指在社会生活中，道德是否满足主体（人或社会共同体）的需要、是否同主体相一致、为主体服务的一种关系状态。道德价值具有鲜明的属人性、主体性特征。"[②] 档案管理的道德价值表现为某种行为价值，档案管理各主体道德关系的表现形式，关系着各主体道德意识与道德行为对社会及他人所具有的积极意义。传统背景下以简单的"保管—利用"模式为主导的档案管理，其道德价值并不明显，社会档案意识的提高以及社会各主体对档案需求的提升加速了档案主动服务的模式，由此引发了不同形态的道德问题。在主客体确定的前提下，档案管理的道德行为价值直接影响着档案管理的目的价值与手

---

① 李德顺：《我们时代的人文精神：当代中国价值哲学的建构及其意义》，北京师范大学出版社2013年版，第35页。

② 李德顺、孙伟平：《道德价值论》，云南人民出版社2005年版，第57页。

段价值,即为什么管和如何管的问题。不同类型的主体根据自身的尺度衡量档案管理的道德行为价值,这就要求档案管理主体的行为应在利他的动机下,采取不同的管理手段与服务方式,尽可能地满足他人的需求。

二 价值实践:档案管理责任伦理的价值判断

马克思认为,社会劳动是一切价值的尺度,① 价值认知并不等于价值实现,意识形态层面的价值认知是行为后果对特定主体有用性的描述,是道德判断的基础,但是并非所有的价值判断都可作为道德判断的前提,"道德性价值判断包括对行为的合规范性或后果的价值判断和对德性的价值判断,还有对人品的德性判断"②。而伦理是指人际之间符合某种道德标准的行为准则,在档案管理价值实践中通过对"善"的自主选择,判断行为正当与否,是基于具体管理行为价值判断基础上的判断,也是对档案管理相关主体道德认知的判断。

(一)善的界说与价值排序

"所谓善是指我们确知对我们有用的东西而言。"③ 档案管理活动本身就是一种善,其管理行为对于社会发展即是可欲的,满足各主体的需求,作为一种管理的复合行为,档案管理以实现不同主体服务满意度最大化为结果。在追求目的善的过程中,主体要借助一定的性格、情感,采取某种行为与他人产生一定的关系,建立在这种关系上的善,即道德善,"它意味着通过成为某种类型的性格或通过以某种确定的方式与某种性格联系起来而善的"④。笔者认为,"服务"是档案管理的内在善,其他各项活动均以实现为社会服务为目标,但"服务"并非档案管理的

---

① 《马克思恩格斯选集》第 2 卷,人民出版社 1972 年版,第 171 页。"所有商品共同的社会实体是什么?这就是劳动。并且我不是简单说劳动,而是说社会劳动。"《马克思恩格斯选集》第 2 卷,人民出版社 1972 年版,第 231 页。"商品的价值是由体现在商品中的社会必要的、一般人的劳动决定的,而劳动又由劳动时间的长短来计算。劳动是一切价值的尺度,但是它本身是没有价值的。"
② 孙志海:《重构价值哲学:从价值判断出发》,《现代哲学》2015 年第 1 期。
③ [荷兰]斯宾诺莎:《伦理学》,贺麟译,商务印书馆 1981 年版,第 157 页。
④ [英]戴维·罗斯:《正当与善》,林南译,上海译文出版社 2008 年版,第 155 页。

第二章 档案管理责任伦理的存在及其价值形态

至善或终极善,至于何为档案管理的至善尚有待商榷,此外,共善是基于共同体基础上的公共之善,档案管理道德共同体尚未形成,不同主体的需求愈发多样化,共善也只是理想化的形式而已(见图2-4)。

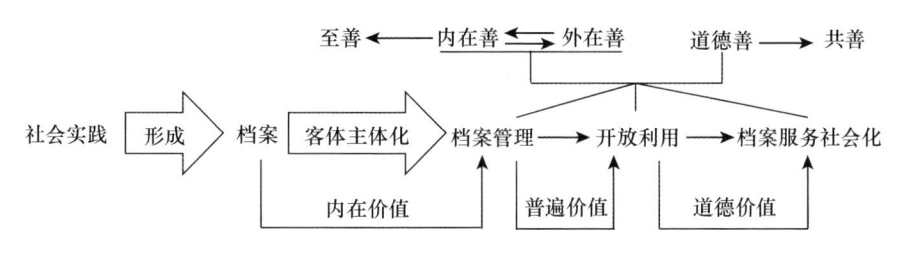

图2-4 档案管理活动中的善与价值

善是相对的,每个环节甚至每个步骤所追求的善以及实现善的方式是不一样的,每个人对于善的需求与认知也是不一样的,主体有意识的行为促使档案客体的固有价值转化为档案管理活动的内在价值,将客体赋予了主体的特征,同时也扩大了档案的价值范围。因此,档案管理三个维度下的价值并无重要程度之分,内在价值到普遍价值再到道德价值,只是主体认知与行为的进步,"只有人性行为才是经由理智判断和意志决定的行为,才会涉及道德意义而属于伦理行为,也只有这种行为才是道德价值的客体"[①]。

(二)道德动机与价值冲突

道德动机与价值判断之间存在着某种内在的必然联系,当一个人认为某种行为是有价值的,一定也有相应的从事这种行为的动机,当他认为某种行为具有负价值时,同样存在某种避免从事该行为的动机。或者说,道德动机是主体从事有价值行为的前提,即为什么应当这样做。当我们提出为什么应当时,具有两层意义,其一,指出心理动机,其二,做出相应的证明,为这种动机或行为辩护。价值冲突实质上是源于价值观的不同,价值观的不同导致了主体所预期的行为结果的不

---

① 曹刚:《论善与应当》,《伦理学研究》2013年第1期。

同,文件的形成者、档案管理者、档案利用者及与档案管理相关的其他各主体,根据各自不同的价值原则与道德规范,从各自的道德动机出发,必然形成不同的价值观,在档案的管理、利用与服务中,冲突在所难免。

价值观的不同归根结底还是主体差异化的利益诉求,各主体均有各自的原则,以维护和实现各自的利益为动机,特别是在科技迅速发展的当代,资源、环境、技术等问题直接影响着档案的保管与利用,由此引发了档案管理中的普遍价值与特殊价值冲突以及多元主体的责任与权利的矛盾。主体对档案的价值需求是多维的,主体间的价值关系也是多维的,对于档案管理来说,价值冲突问题几乎是不可能解决的,只能尽量避免,遵循党和国家的政策制度,充分考虑社会的全面可持续发展,还要理解、关心、尊重利用主体多样化需求、差异化能力,与此同时,作为档案管理主体与社会主体双重身份存在的档案从业者,在生活工作中需权衡自身的责任与权利。

(三)道德行为与价值实现

档案管理价值的实现是档案的潜在价值向现实价值转化的动态过程,受客体主体化的影响,档案价值从隐性向显性转化。档案客体的存在对于主体有潜在的意义,但也只有通过主体与之发生联系,档案的价值才能显现出来,当这种具有普遍联系的行为进入社会领域时,该行为必然要受到一定的社会行为规范的制约,具有道德意义的行为才能产生档案的正价值,反之,道德失范的行为很可能会破坏档案固有的价值。可以说,档案价值的实现是在积极的道德动机下,并产生正面道德效果的行为。一种行为之所以是正当的,必然与整个行为价值观的内在性相联系,"价值关系是应该如何行动的基础,但客观存在的价值关系并不能直接决定人们的行为选择,决定行为选择的是对这种价值关系的认识所形成的价值观"[1]。换言之,行为是否应当取决于行为本身的好坏,但是否去做这个行为则取决于对该行为的价值判断。

---

[1] 曹刚:《论善与应当》,《伦理学研究》2013年第1期。

第二章　档案管理责任伦理的存在及其价值形态

每个人都有自由选择行为的权利，同时每个人都要对自己自由选择的行为负有责任，正确的自由观并非随意任性的意志自由，"每一主体对自己所做的一切价值选择、判断及其标准，都要有一个清醒的意识，承认并重视人自己在一切价值判断和选择上的权利、责任及其统一，自觉地承担，并不断地自我检验、自我完善和自我超越"①。主体的道德行为选择，通过主体的社会存在认知与价值意识进行权衡，做出合理的价值判断，将自由与责任统一起来，在他律与自律的共同作用下获得真正的自由，实现潜在价值向现实价值的转化。

（四）道德理性与价值评价

人固有的本性是善与恶的矛盾统一体，唯有感性和理性能够平衡的人才能解决这种固有矛盾，工具理性的作用仅仅是为实现主体欲望所采取的必要手段的原则，无法指出主体应该有的欲望以及该欲望是否有价值。理性的道德判断源于规范背后的价值共识，而价值评价的标准通常是主体心中的一种应然结构，以具体的、合理的、能够满足实际需求为出发点，"价值标准来自主体的本质、存在和内在规定性，来自人的生存和发展同整个世界的联系。作为主体的内在尺度，价值标准本身是与主体存在直接同一的。在主体的客观存在之外，价值标准不需要其他的客观前提。主体的客观存在本身，在价值体系中就具有'尺度'的性质和功能"②。对于一项以服务为内在善的档案管理活动而言，主体的多元化形成了档案价值评价尺度的多样化，任何一个尺度都包含了某一主体自身及一切对象的尺度，由此对档案管理的价值评价带来了一定的困扰。因此，理性在价值评价中显得尤为重要，道德理性不仅仅具有表明评价主体情感的功能，而且能够通过这样一种理性的道德判断增强其他主体的档案价值观，对档案价值的认定与价值观的形成起到积极作用。理性

---

① 李德顺：《我们时代的人文精神：当代中国价值哲学的建构及其意义》，北京师范大学出版社2013年版，第35页。

② 李德顺：《价值论——一种主体性的研究》，中国人民大学出版社2013年版，第176—177页。

还是防止过与不及的中庸德性,"一个起于理性的欲望决不会过度"①。好的德性与道德理性的完美结合才能进行正确的价值评价,以在主体间达成共识,通过善的道德行为满足各种需求。

第四节 本章小结

本章在全书起到基础性的铺垫作用,首先,通过对伦理与道德的概念及其与法律三者之间的辩证关系,引出管理伦理的相关概念,继而对档案管理规范伦理、档案职业伦理以及档案管理责任伦理进行了概念界定与阐释。其次,伦理学作为哲学的核心领域,其理论形态复杂多样,透过由目的论、义务论与美德论构成的伦理学基本理论形态,总结归纳档案管理伦理的实然表现形态,即社会正义与信任、社会责任与义务、文化的相对主义。最后,价值认知与实践是档案管理伦理研究的起点,档案管理活动在以自然、历史、社会组成的三维空间里,具有与各维度相适应的内在价值、普遍价值与道德价值。以服务作为档案管理活动的内在善,其价值的实现与评价受到主体道德认知与道德行为等多方面影响。档案管理责任伦理旨在揭示主客体、各主体间的道德关系,在道德共识的规范体系中实现主体的自由,维持良好的道德环境与道德秩序,实现档案公平公正服务社会化的道德责任。

---

① [荷兰]斯宾诺莎:《伦理学》,贺麟译,商务印书馆1981年版,第201页。

第三章　档案管理责任伦理的
历史演进与发展规律

  一切发展，不管其内容如何，都可以看做一系列不同的发展阶段，它们以一个否定另一个的方式彼此联系着。[①]

——卡尔·马克思

  档案管理活动中的伦理关系反映档案活动各主体之间相处而形成的一种客观关系，因此这种伦理关系具有一定的客观性与历史必然性，与此同时也伴有主观的精神意志，表现为主体道德认知的过程性。因此，档案管理伦理是带有主体自觉意识与意志的、与宏观社会环境相呼应的、从思想中渗透出的实质性伦理关系，是对现象背后的本质关系的揭露。也就是说，对于档案管理伦理的研究，必先了解其形成与发展的历史阶段，熟悉每一个阶段的具体表现与特征，并且进一步分析档案管理伦理关系变化的影响因素，在社会制度、经济发展、科技进步等背景中探索其中的内在联系与演进规律。自人类社会实践活动开始便形成了档案与档案管理活动，档案管理的伦理关系与道德观念的形成也具有明显的继承性，在历史发展过程中不断地吸收、批判、继承、扬弃，如若脱离历史阶段性发展对档案管理的影响，便很难正确把握合乎内在规律与逻辑的档案管理伦理理念，只有从历史中挖掘档案管理伦理的关系实质与道德观念，才能建构符合我国档案管理性质的伦理思想体系。

---

① 《马克思恩格斯选集》第 1 卷，人民出版社 1972 年版，第 169 页。

第一节 档案责任管理伦理的历史演进

虽然尚无已出土的夏文字能够为夏朝的档案管理提供佐证,但从史料研究中可以推断夏朝具备了档案形成的两个前提条件,即文字与国家,继而推断夏朝便有了档案管理的雏形。随着朝代的更替,档案管理伦理关系与道德意识也发生了质的变化,由最初的简单管理到现如今的复杂管理,无论其客体资源类型与数量,还是主体的道德观念与认知,或是档案管理的责任与使命均有所改变。笔者根据档案管理活动道德意志的体现将档案管理责任伦理划分为神权统治、王权统治、民主时代三个阶段(见表3-1)。

表3-1　　　　　　　　档案管理责任伦理的历史演进

	时间	社会阶段	社会形态
神权	公元前22世纪—公元前221年	夏朝—春秋时期	奴隶社会
王权	公元前221年—1840年6月	秦朝—清朝鸦片战争前	封建社会
民主时代	1840—1912年	鸦片战争—清末	半殖民地半封建社会
	1912年1月—1928年6月	南京临时政府—北洋政府	
	1927年4月—1949年	国民政府时期	
	1949年10月—1956年	中华人民共和国	社会主义过渡期
	1956年至今(1966年5月—1976年10月"文革"除外)		社会主义初级阶段

一　神权时代的档案管理责任伦理

(一)表现

原始社会时期,人与人之间交往简单,语言表达、结绳刻契是当时交流与记事的主要方式,夏朝的建立标志着我国阶级社会的开始,围绕国家治理而形成的各种规范性文书,档案与档案管理便由此产生。从夏朝直至春秋战国时期,档案管理工作相对简单,结合当时的社会背景,

第三章 档案管理责任伦理的历史演进与发展规律

体现为一种神权化的伦理关系。首先,已出土的商代甲骨档案大部分形成于占卜活动中,卜辞是商王朝的主要活动记录,并由负责占卜的官员保管其从事占卜、祭祀所形成的文字记录。其次,以周王为核心的西周虽然在档案的类型与数量上有所丰富,但是就当时档案的保管场所——天府而言,西周的档案管理仍与神权观念有着密切的关系。直至春秋战国时期,统治阶级的思想发生了一定的转变,奴隶制经济与政治面临巨大危机,新内容、新载体的档案大量产生,档案的管理方式与管理人员也随之发生变化,以神意志的管理伦理思想亦随之减弱。尤其是战争引起的档案史料流散为士这一阶层所广泛运用,以孔子为代表的私家修史因此而兴起。

(二)特征

奴隶社会时期我国的档案管理只是一个雏形,其管理以统治者的意志为指令,统治者又以神意志为参照,因此,笔者将奴隶社会时期的档案伦理关系概述为神权阶段,此时的档案管理并没有形成规范化的伦理关系,无论是帝王还是史官也仅是将占卜、祭祀的记录进行妥善保管。地主阶级势力范围的扩张,神权政治地位的下降,能够反映新势力的文书档案从记录内容与形式、保管场所与官员有了新的发展。档案管理作用范围也因此扩大到了与统治阶级政权巩固相关的政治领域、经济领域、文化领域,以及国与国之间的战争与结盟。然而,真正意义上的档案管理伦理关系始于原始社会末期,一方面,文书档案的管理脱离了史官职责范围,由专门负责文书档案的官员进行保管;另一方面,修史的兴起开启了档案新的利用模式,人与人之间、人与档案之间的关系发生了一系列变化。总体而言,神权阶段的档案管理伦理虽然并不显著,但是就档案管理与利用的道德观念而言,体现为简单的、积极的特征。

二 王权时代的档案管理责任伦理

(一)表现

自秦朝于公元前221年统一六国后,档案管理也随着国家的政治形势表现出集权性质管理伦理思想，长达两千多年的封建王朝档案管理活动始终保持着以帝王为核心的权威式管理理念。秦统一文字后，文书档案制度的制定更加规范，对于高度集权的朝代而言，规范性的法规制度尤为重要，档案管理随之逐步走向了规范伦理阶段。首先，档案保管场所的规范化。由于封建帝王对权力的控制，档案的保管十分严密，汉朝便建立了石渠阁、兰台、东观等具有中央档案库性质的档案保管基地，而后各个朝代也逐步加强对档案保管场所的规范化管理。其次，档案制度的规范化。这一时期，档案的形式、载体、内容不断地扩展与丰富，档案管理更加系统化，并制定了文书基础上的档案相关制度，如关于档案的副本制度、保密制度、鉴定销毁制度、登记制度、移交制度等。最后，档案管理人员的规范化。档案管理人员由一般的史官到经考核选拔的官员担当，重要的档案由掌管大权的重臣担当，到了元朝时期，地方档案管理者由本部门的首领官兼任，并且执行岗位责任制。尽管档案管理在其管理形式与内容、管理手段与人员上更符合管理的道德规范，体现出某种隐含的管理价值与人本价值，但是档案管理仍体现为一种简单的"命令—服从"式的伦理关系。从上述三个方面不难看出，封建社会的档案主要为统治阶级的利益而服务，对档案的利用主要是政务利用与编史修志两个方面，档案的兴衰成败、如何管理、为谁服务均取决于帝王的旨意，带有明显的个人权威式伦理思想。

（二）特征

王权统治阶段的档案管理工作最为明显的道德特征，即霸权性，以帝王的主体利益为核心的功利主义伦理关系，档案管理的一切活动以维护皇家的名誉与为皇家政事提供利用为目的。一方面，封建时期各朝代对自身管理与政治活动中形成的档案非常重视，但却对先朝的档案有选择性地收集，对当朝不利的档案史料进行销毁，这也正说明了当朝帝王的个人私利，将其认为好的、有利的妥善保存，反之销毁。另一方面，档案的保密性在封建社会时期尤为严重，当时编史修志活动带有浓厚的官方色彩，普通百姓鲜有见到档案的机会，动荡时期的档案史料的流散，

第三章　档案管理责任伦理的历史演进与发展规律

才能为私家修史提供必要的档案资源。王权阶段的档案管理还表现出继承性与隐性的伦理关系。封建社会周期长，朝代更替频繁，但是对于档案管理而言，无论其客体的形式、内容、载体、管理方式方法，还是保管场所与管理主体的变化都只是随着时间推移，符合当时的社会背景与王权政治，并没有发生实质性的转变，且各个朝代围绕档案这一客体资源形成的伦理关系大同小异。

档案管理同王权行政与帝王的道德观念密切相关，表现出具有行政意识的管理经验，其管理成效取决于王权统治阶级的道德素养，基于此，封建社会档案管理伦理思想隐藏于当时社会的政治、经济、文化管理伦理中。此外，王权统治时期档案管理各主体道德观念较差，统治阶级将档案视为维护其霸权统治地位的工具，归根结底还是为了王权阶级的私利而保存档案。管理主体也不过是听命于上级安排，自身并未形成档案管理的道德观念，且朝政的腐败，官员为谋取私利对档案进行的偷盗损坏时有发生。社会主体更是缺乏与档案利用相关的理念与认知，也只有社会动荡引发的档案流失为文人志士的私家修史提供极为珍贵的资源。笔者认为，封建时期只有史学家是遵从主观道德意志的，表现为一种正向的、积极的档案道德观。简言之，从神权到王权，我国古代的档案管理伦理关系孕育在国家的行政与事务管理中，其自身的伦理关系较为简单且不具有明显的特殊性，但是档案管理模式的变迁对后期的档案管理有着深远影响，规范化的档案管理制度伦理体系的初步形成也奠定了档案管理伦理发展的基础。

三　民主时代的档案管理责任伦理

（一）以法治为主的民主时代

1. 表现

从 1840 年鸦片战争的爆发到 1912 年南京临时政府成立这段时间里档案管理工作由于外部战争与内部腐败的双重原因，整体上处于道德衰落期，虽然清政府在末期对文书档案工作进行了整顿，以裁减书吏的新政试图控制书吏对档案的垄断，也对当时的现行档案进行了整理并汇编公布。但是当时社会背景下管理阶级对档案管理的改革并非建立在社会发展的前提下，其新政的目的似乎仍然是管理阶级对档案控制的私欲体现，其汇编也是统治者为其施政所需，因此，近代社会前期档案管理伦理仍然以微弱的王权为主，尚未改变当时社会背景下的唯心主义道德观的思想倾向。道德的衰落也正是新思想兴起的开始。1912年1月南京临时政府的成立标志着档案管理正式进入法治伦理初期，档案管理法治道德观形成并繁荣于国民政府时期，在社会主义过渡期得以强化巩固，为当代社会主义档案管理伦理道德观打下扎实的思想基础。

外国势力的入侵加之国内各革命团体的兴起，档案管理的伦理关系由内部扩展到了外部。对内南京临时政府废除了体现封建帝王权治的文件名称，并规范了公文处理程序，对外以汇编的形式发布文件与档案。北洋政府时期确立的年终移交制度，划定了文书部门与档案部门的权责关系，与此同时，各地方专职档案机构陆续建立，与之匹配的规章、制度逐步完善，对档案的归档、分类、借阅等做出了极大的贡献，初具近代档案管理的法治规模。

1927年国民政府成立后，对公文的用语用纸、标点格式等细微环节进行改良，对档案的登记索引等做出更为细化的规定，由此可见，文书部门与档案部门走向了分工合作的新道路。然而，国民政府时期档案管理相对分散落后，全国范围内没有统一领导的行政机关，档案管理终究还是国民政府行政管理的附属品，档案管理人员的世袭制、师徒制将档案管理的道德思想代代相传，封建意识仍然在档案管理活动中蔓延。1933年，国民政府行政主体的档案意识有所提升，为了提高行政效能实施行政效率运动，档案管理也从这场文书改革运动中获益，形成一批具有档案管理道德意识的思想家，将其在管理活动中的道德认知凝聚成管理实践道德体系，广泛流传。另外，该阶段学术教育机构对档案道德观的养成发挥了特有的作用，如故宫博物院文献馆、清华大学历史系等组织对清朝档案的收集、整理，既肯定了近代社会的档案道德能力，也有助于提升档案管理的社会道德感，特别是档案学教育的形成也成为了档

第三章　档案管理责任伦理的历史演进与发展规律

案管理道德认知与道德实现的有利途径，档案管理伦理思想逐渐形成。

1949年10月新中国成立的初期阶段所颁布的规章条例主要体现在两个方面，其一，对明清、民国时期档案的接收整理与革命政权档案的收集管理。其二，国家档案统一管理相关的规定，自1954年中共中央办公厅发布了《关于中央局撤销后档案集中管理的办法》直至1954年国家档案局的成立，其间为实现档案集中统一管理发布了若干管理规定，最终实现了全国范围内的档案统一管理，随后国家档案局制定颁布多项管理法规、规章等制度，细化到档案工作的各个环节，由此档案管理作为一项事业巩固深化了其独有的伦理观。此外，经验的道德只是伦理养成的一个方面，习得的道德是伦理养成的另一个关键环节，1952年中国人民大学档案专修班开启了我国档案教育的先河，为培养具有专业道德素养的人才创造了有利的条件。

2. 特征

法治阶段的档案管理伦理受到长期封建思想的控制，依然有着利益至上的功利主义倾向，档案在该阶段仍然没有摆脱行政的阴影，作为行政管理工具而被重视，但是无论其目的为何，法治阶段的档案管理在管理方式、管理规范、管理主体、管理客体、管理思想等各个方面均有所提升。因此，档案管理伦理规范与管理主体的道德素养也在该阶段得到了进一步的认知与提高，不可否认其进步性。法治阶段的档案管理伦理特征具体体现在四个方面。

第一，档案管理带有明显的行政性。近现代档案管理伦理关系以符合行政管理效率最大化为根本目标，档案是文书的另一个阶段的客体伦理观非常明显，与其说行政人员是对档案重视，不如说是对文件规范化的重视。直到法治阶段后期，档案被单独纳入政府职能活动中，成立国家档案局作为档案管理的全国协调指挥部门，档案管理也由此进入了事业发展阶段。

第二，档案管理经验的借鉴性。文书部门与档案部门实现分工合作后，档案部门的管理理念除来自历史沿袭的、被认为好的经验外，开始向国外借鉴学习被认为先进的管理经验，特别是苏联对我国档案管理理论与实践工作的影响最为深远。在洋为中用的过程中,也曾有过盲目引用导致食古不化的现象发生,但总的方向还是积极地在寻找适合我国国情与档案事业发展规划的正确道路,法治阶段也是我国档案事业与国际接轨的开端。

第三,群体道德的高度集中化。法治阶段初期,围绕档案所进行的管理行为并不能确定其合理性,但是由于封建思想的禁锢,很多存在的行为被认为是合理的,如此经验性的行为认同便被看作符合道德规范的正确行为,这也正是当时社会形势复杂化引起的管理主体道德认知匮乏所表现出的道德衰落腐朽。档案管理规范化的伦理准则应行政管理效率的需求而生,有了外在的伦理规范约束,档案管理逐步正规化、系统化,国家档案局的设立也标志着档案管理伦理规范的高度集中,在全国范围内统筹管理。

第四,外在的伦理规范向内在的道德观念过渡。封建统治阶级被推翻,社会主体的思想也得到了解放,社会的档案意识也随之有所进步,以行政管理者和史学家为代表。诚然,社会主体的档案道德观并不全是善的,倒卖档案、破坏档案的现象屡见不鲜,但是随着行政主体对档案重视度的强化,其所制定的伦理规范符合政府意志,逐步内化为社会主体的档案道德意识。

(二)法治为主,德治为辅的民主时代

1. 表现

新中国成立初期加强了机关档案与地方档案的管理,制定了一系列管理法规、规章等制度,从外在的伦理规范对档案管理工作进行行政道德约束,并注重培养档案工作者的职业技能与道德素养,加强理论研究。1959 年国务院批准中央档案馆正式成立,随后各地方档案馆逐渐兴起,由此档案管理在全国范围内形成了具有普遍联系的伦理关系网,档案也渐渐地被普通百姓熟悉,自此我国档案管理工作进入了德治阶段。档案管理的德治时期曾出现两件严重影响档案管理道德价值的大事,分别是"大跃进"运动与"文化大革命"运动。"大跃进"时期,档案管理提倡

第三章 档案管理责任伦理的历史演进与发展规律

"以利用为纲",将私欲与功利再次提升到了档案管理道德的顶端,严重违背档案工作正确的社会道义观,忽视了档案管理应尽的社会责任与义务。然而,"大跃进"时期的档案管理虽然有"左"的伦理倾向,却在无形中拉近了档案与社会公众之间的距离,社会各界对档案工作抱有极大的热情,档案利用率明显提高,在提高社会档案意识方面起到了一定的催化作用。与之相反,"文化大革命"时期档案管理出现了倒退现象,对档案及档案工作者造成了巨大的伤害,这并非档案管理道德失准的结果,而是国家行政管理道德下滑的表现,社会整体道德出现大逆转往往意味着新道德文明的萌芽。1979年8月"文化大革命"后首次全国档案工作会议重新定位了档案工作的思想,此后迅速恢复并发展全国范围内的档案工作,1987年《中华人民共和国档案法》颁布实施,给予档案管理活动合情合法的社会地位,明确档案管理主体职业道德操守与道德规范,并且赋予广大民众档案利用的保障权。围绕档案所形成的社会伦理关系扩大到了政治、经济、文化、教育、科技等所有领域,人伦关系的复杂化以及主体需求的多样化,促使档案管理自然而然地走向了德治。

2. 特征

首先,德治阶段最大的特点是以人为本,将人作为档案管理工作的核心。人伦关系一直都是我国档案伦理的思想体现,早在孔子时期便提出了"为政以德"、"举贤才"等人本管理思想,但是受到客观因素的影响,人的主观道德被私利私欲侵占,在档案管理史中出现了多次道德失准的事件。当代档案管理一方面遵从党和国家制定的各项方针政策,同时尊重档案工作者的职业感受,更加尊重社会公众的利用需求,以满足不同利用者的利用需求为档案管理的基本方向。其次,服务理念是档案管理德治阶段尤为显著的特征,以服务为中心的德治管理抛开权力因素的影响,是一种带有主观意向的行为,通过服务确立档案管理存在的合法性与合理性。该阶段档案管理的服务内容已从原有的馆藏档案扩展到政府现行文件,其服务对象范围也扩大到整个社会。德治需遵从良心,从这层意义上讲,德治也可视为心治,在外部伦理与法律规范的协调下树立内在的道德意识与社会责任感,为他人的利益而采取正确的行动。最后,现代化是当代档案管理的标志性特征之一,主要原因来自计算机与网络的普遍利用,改变了传统意义上的人伦关系,新阶段的档案管理出现了技术伦理、网络伦理等新型伦理关系。伦理关系的复杂化,为主体的主观道德认知提出了新的要求,档案管理主体正在提高自身的道德能力以适应新型伦理关系。

第二节　档案管理责任伦理转变的影响因素

档案管理既是档案管理主体对档案实体资源的管理,也是一项能够展现档案管理主体精神层面道德思想的活动,因此,能够影响档案管理伦理关系变化的因素既有来自外部的,也有来自档案管理内部的。

一　外在因素

档案管理是一项社会性的活动,因而其管理活动必然受到来自外界社会的刺激与制约,也因此与社会建立起某种联系,来自档案管理外部的因素体现在以下六个方面。

(一) 社会动荡

档案始终与国家政治密切相关,几乎每一次的朝代更替、每一次的社会动乱都会造成对档案的破坏与流失,也导致档案管理主体道德的瓦解。一方面,历朝历代的帝王均将权力视为至高无上的,为维护其独裁的王道往往对前朝档案能毁则毁,能改则改,究其原因无非是主体档案道德素养的缺失,私利控制了其主观意识,将仁义道德抛之脑后。另一方面,战争对档案的破坏更为直接且损失巨大无法弥补,国内动乱导致原本的绝密档案被销毁或流落民间,外部的侵略导致大量的档案史料被掠夺侵占,清朝是我国最后一个封建王朝,留下的档案资源要比其他朝代更为丰富,即便如此,"据不完全统计,保存在国内外公立机构和私

第三章　档案管理责任伦理的历史演进与发展规律

人手中的清代档案，总数不到两千万件（册）"①。老子曾最早提出物极必反的哲学思想，对于伦理道德而言，也存在兴盛与衰落两个极端之间的转化，即当社会群体道德达到顶峰之时，意味着道德没落的开始，当群体道德衰落至谷底时，也意味着新道德的产生。档案管理伦理道德同样遵循社会总体道德变化规律，动乱中的档案管理几乎可以用无道德来形容，战后的大统一便意味着档案管理道德以全新的姿态被提升到国家治理的高度。能够代表国家意志的管理主体往往通过动乱对档案史料的破坏，认识到档案的重要价值，改朝换代后迅速整理规范档案管理活动，然而新危机到来之时，档案再次被忽视，档案管理就这样被视为国家行政的附属品随着统治阶级公德的高涨与衰败而变化。直到现当代，档案的社会意识与社会的档案意识有所提升，档案管理才具备了独立的道德品性，并不断地深入各主体的主观意识。

（二）社会制度

"社会制度无不以自己特有的政治逻辑对档案工作产生了种种逻辑强制作用，并因此而使档案工作在各个历史阶段表现出不同的管理形态和政治形态。"② 档案工作从原始社会末期形成开始，受到不同阶段社会制度的影响从史官的私人管理发展到了当代社会的档案系统化、专业化管理，其管理德性也从个体道德走向群体道德再内化为个体道德，在这个转变中，档案管理伦理道德发生了质的改变。原始社会末期形成的社会实践记录，也就是带有原始社会性质的档案，体现史官的道德认知。奴隶社会形成的档案体现神权意志，封建社会形成的档案混有管理者的霸权道德，权治时期档案伦理均以权力道德为主要品性。封建社会各时期国家政权体系封闭严密，规模宏大，档案顺势被保存在能够展示统治阶级权力的场所，并由专人负责看守，档案管理带有极为保密的色彩。社会主义制度的建立是对中国传统管理伦理思想——"仁"的回归，档案

---

① 中国第一历史档案馆：《档案纵览》，中国第一历史档案馆馆藏概况（http：//www.lsdag.com/nets/lsdag/page/topic/Topic_1918_1.shtml？hv=）。
② 丁海斌：《档案学的哲学与历史学原论》，辽宁大学出版社2011年版，第119页。

管理制度也由此建立起了全国范围内的档案管理网络，档案管理伦理实现了跨时空的扩展。在国家档案局的统筹规划下，全国各地档案工作者树立正确的档案管理道德观，以利用者的利益为最高的道德追求，以此为核心在潜在的、共识的伦理尺度内自由、创新、主动服务，最终将档案管理特色伦理规范内化为主体道德，此时的个体主观道德意志以"公德"取代了最初的"私德"，实现了质的改变。

（三）经济发展

档案管理在社会经济发展中有着较为复杂的、多类型的社会职能，既受制于社会生产力，又不能直接地参与到社会生产活动中，同时也受到生产关系的制约，因此，部分档案管理虽形成于经济活动，却不同于其他物质资料的产生过程。"档案工作反映生产力和生产关系的社会职能是永恒的。档案工作为生产劳动服务，为维护一定的社会生产关系服务，这就是档案工作的两大社会职能，它是生产力和生产关系这一社会的基本矛盾在档案工作中的反映。"[①] 具体到档案管理中，其基本矛盾表现为档案管理能否适应社会对档案的需求。古代农业社会以自给自足的农耕经济为主，集中反映在古代赋税、户籍以及其他有关农业经济政策的档案中，档案管理负责收集、保存农业生产过程中形成的档案和编修农书一直到农业生产。随着生产资料私有制的出现，档案亦随之被统治阶级占有，档案也随着生产力水平的提升愈加丰富多样，商品经济时期财会档案、统计档案等专门档案的出现，也受益于新生产力与新的生产关系，对档案管理提出了新的要求，规范性的档案管理制度与专业化的档案人才大批涌现，同时档案适应新型生产关系之伦理诉求也亟须理论与实践的双向作用。档案管理在市场经济体制下出现了自适应的发展态势，档案管理不仅仅局限于对经济活动过程中所形成档案的保管，而是要以市场参与者的身份作用于社会经济发展，为经济发展存档之时发挥档案的现行效用之时，以其特有的原始记录性维护社会生产关系的和谐有序。

---

① 石浒泷、林清澄、贾玉德：《档案哲学》，中国档案出版社1997年版，第75—76页。

第三章　档案管理责任伦理的历史演进与发展规律

（四）文化环境

我国是文化底蕴深厚的国家，呈现出一种具有继承性与创新性的纵向发展趋势。随着社会文化历史的演进，档案伦理道德受文化影响颇深，主要表现在三个方面。首先，社会道德文化意识的成熟。"中国传统文化规范下的基本价值追求：其一是以德性修养为安身立命之本。其二是以中庸为基本的处世之道。其三是以义利合一为基本的实践指向。"[①] 在我国的伦理思想体系中，特别注重强调主体自身德性的修养以及中庸的处世之道，将二者作为社会主体自我价值实现的前提，以追求义利合一为基本的价值思想。虽然由于封建思想的禁锢与外在环境的不安曾出现过义利失衡的现象，但是最终实现了传统伦理道德思想的回归。其次，文人志士的档案伦理思想。早期的档案管理人员大多是史官，而后在朝中担任文官，近现代出现了正规的档案管理主体，且我国特有的编史修志工作为档案资源的传承与保护起到了重要作用，而编史修志之人除官员外，还有很多文人志士。由此可见，档案的伦理思想与历史学家的道德理念密切相关，他们的道德价值观即为国家治理服务，又将其自身的道德价值观融入史料中，因此，档案管理伦理受到史学家的影响，档案史料中的文化价值也在某种程度上体现着史学家的道德理念。最后，档案文化功能的实现。文化性是档案的基本属性之一，一方面要充分挖掘档案的文化价值，另一方面还需将档案的文化价值作用到社会文化体系的建设中，档案文化功能的实现体现出档案管理知行统一的境界。

（五）科技进步

基础科学的研究是中性的，而科技则伴有技术效应，有善恶之分，这也正是技术是一把双刃剑的原因，准确地说技术本身是无道德的，是主体将其意志借助技术产生的社会效应而有了善恶之分。比如，信息技术的进步改变人与人之间的交往模式，也改变了主体对信息的获取与利用模式，对于善意志的主体而言无疑是有正向价值的，但是也"成就"

[①] 张应杭：《管理伦理》，浙江大学出版社2006年版，第200—203页。

了带有恶意志的主体。事实上，档案管理伦理的复杂化一方面基于其服务网络的扩大以及利用者需求的提高，另一方面也来自信息技术的压力，信息时代档案的载体形式发生了诸多变化，对档案的有效管理与合理利用提出了新的要求。此外，档案内容的真实有效性、完整可靠性也受到了各界质疑，各种电子资源、网络资源是否需要归档，如何进行鉴定等问题层出不穷，可以说，新时代档案管理伦理除传统意义上的人伦关系、主观道德等主体伦理外，还新增了以围绕信息与技术互动关系的信息伦理与技术伦理。张照余、蒋卫荣认为目前信息伦理从"信息公开与档案公平利用伦理、个人信息管理与利用伦理、隐私权和知情权伦理、档案知识产权保护伦理"① 四个关键问题入手，协调新形势下档案信息伦理的不适应性。信息技术并不像社会制度、经济政策、文化环境一样直接改变的是外在的伦理规范，而是改变了主体的生存模式，适应新技术的伦理规范需要时间的沉淀，并且受制于主体的内在道德。"信息伦理失范表现在信息污染、档案信息更易失真与泄漏、档案信息分配不均容易造成社会贫富的两极分化。"② 导致档案信息伦理失范的原因既有来自档案管理内在的价值标准与道德准则的失衡，也有来自外部网络伦理与技术伦理的冲击，解决档案信息伦理失范还须坚持外在伦理规范与内在道德的共同作用。

（六）国际合作

刘国能将我国档案事业国际化进程分为三个阶段，"第一个阶段：始访外国，学其经验做法，继承祖国遗产，形成我国近代档案学；第二个阶段：请进档案专家，翻译出版外国档案专著，传播先进档案学术思想；第三个阶段：加入国际档案组织，参与国际档案事务，国与国之间的合作与交流更为密切"③。国民政府初期，由于教育机构，如清华大学历史系、北京大学等教育机构以及历史学家对档案史料的重视引起了社会的

---

① 张照余、蒋卫荣：《档案信息化过程中的信息伦理研究》，《浙江档案》2006年第4期。
② 马仁杰、汪向东、杨晓晴：《关于档案信息伦理建设若干问题的思考》，《档案学通讯》2008年第1期。
③ 刘国能：《体系论——中国档案事业体系》，中国档案出版社2001年版，第102—115页。

关注，加之当时国内政府内部文件、档案零散无序，严重影响政府行政效率，因此，我国学者获得了到国外学习的机会，吸收、借鉴、发展国外的管理经验，并将这些经验转化成我国近代档案管理思想体系。新中国成立后，苏联对我国档案管理的影响尤为重要，我国曾聘请苏联专家学者讲学译著；我国于 1980 年正式提出申请加入国际档案理事会，1996 年第十三届国际档案理事会在北京召开意味着我国档案工作国际地位的提升，档案的国际合作日益频繁。档案管理国际化的趋势是国家发展的必然现象，然而，国际合作既是机遇也是挑战，通过加强国际合作，提高我国档案事业的国际影响力，习他人之所长固然是善的，但若盲目跟风，抱有"外来的和尚会念经"的道德观念，错误地将所谓的新兴理念凌驾于档案的本体意识之上，如此便是档案道德认知出现了偏差。而事实上，国与国之间政治体制的不同直接导致了社会伦理与主体道德的不同，洋为中用未必就是科学的，相比之下，笔者认为，我国档案界对档案本体论的研究与见解更为深刻独到，且我国高度集中统一的管理体制更加符合档案管理的发展，有利于凝聚群体道德意识，有助于档案管理伦理秩序的养成。

二 内在因素

档案管理是一项主观性较强的活动，主体的道德认知的变化与道德意识的转变直接影响着档案馆的生存地位及其管理模式，也是档案管理伦理关系演进的主要的、根本的原因。

（一）档案所有权的归属

随着时代的演进，社会制度与经济制度的转型以及社会档案意识的提高，档案以其所记录的内容被人们了解重视。档案的所有权是指档案资源归谁所有，档案的所有权归属问题直接影响到档案在现实活动中重要价值的发挥，围绕档案所有权引起的道德纠纷愈加频繁。古代档案大多归王室所有，私人档案数量极少；近代社会政治与经济制度形成多元格局，档案机构的数量与类型逐渐扩大，档案也出现了多元管理的局面；

现当代市场经济治理模式下，围绕档案所有权理论与实践问题的争端此起彼伏。理论层面上，有些学者从档案出发将档案所有权细分为档案的实体权、信息权、版权等，而事实上，所有权是一种带有法律意志的物权概念，"档案所有权的确定，应立足于所有权本身，通过确定主体对客体所享有的权利认定档案所有权"①。目前业界比较公认的档案所有权内容包括档案的占有权、使用权、收益权和处分权，2020年《中华人民共和国档案法》（以下简称《档案法》）第三章关于档案管理所列的十五条法律条文指出档案所有权的三种形式，即国家所有、集体所有、个人所有，并对各权利主体所持有档案的管理、移交、利用、销毁等方面做了明确的规定。笔者认为，《档案法》对档案所有权的规定仍过于硬性，即便是集体与个人所有的档案实际上还是在国家的管控范围内，且《档案法》中的档案所有权与档案利用权是失衡的，真正意义上的档案公有尚未实现。而对于破产倒闭、合并买断等组织所形成的档案转移以及个人档案的保管与利用问题之间的矛盾更加激烈。因此，档案所有权，也就是档案资源的分配与管理的不协调是引起现阶段档案客体伦理道德失衡的直接原因。

（二）档案管理意识转变

传统背景下的档案管理体现的是管理者的意志，除少数史学家利用档案中所记载的原始信息为其纂史修志以外，社会公众几乎很少有人认识、了解、利用档案。而管理者重视档案是为了维护其统治地位与个人的社会影响力，因此档案以及档案管理，甚至档案管理主体从某种程度上讲都只是以工具的形式存在。从以听命为主的"机械人"发展到具有独立思想的社会人，档案管理主体在追求自我实现的过程中逐渐成了档案管理的真正主体。"人们都有一种欲望要追求对自己有利的东西，并且自己意识到这种欲望。"② 社会政治与经济的转型促使档案摆脱行政附

---

① 张世林：《档案所有权理论与实践问题研究》，《北京航空航天大学学报》（社会科学版）2011年第5期。
② ［荷兰］斯宾诺莎：《伦理学》，贺麟译，商务印书馆1981年版，第34页。

第三章 档案管理责任伦理的历史演进与发展规律

属品的化身,档案资源形成于社会活动的各个领域,可以说档案关乎每个社会公民的利益,通过档案进行自身权益的维护,解决个体在生活、工作中所遇到的现实难题,档案便因此成为了社会主体所追求的、对其有利的东西,当这种意识作用到主体的思维中,社会的档案意识便得到了提高。一种理想的档案行为需要各主体永远把他人的利益摆在第一位,而不是把他人只看作其自我利益实现的某种手段或目的,然而事实却远非如此,每个独立的个体都是遵循各自的目的采取不一样的行为去实现各自的利益,各主体之间的权利之争引起了现当代档案管理主体伦理的危机。

(三)档案管理模式变迁

档案从始至终都是社会实践活动的产物,其管理模式在不同阶段随着管理者管理理念的转变,在管理方式方法、管理制度、管理程序等管理行为上呈现不同的特征。虽然古代也出现了诸如关于档案鉴定、保存、统计等有关档案管理的制度规定,但是笔者认为,早期档案意识薄弱,并始终与图书等资料共同保管,相关规章制度并不是以档案的特殊性为制定的依据,而档案与图书、资料等性质的资源完全不是同一概念,档案管理也是通过自身的管理特性存在于管理系统中。直到来源原则的引入,档案管理才脱离了图书分类的模式,开启了以文件形成单位为整理方法的历史,而后随着档案类型、内容与载体形式的多样化,档案的管理方式方法更加成熟、专业,在档案管理系统内部,不同类型的档案机构、同一机构内不同部门之间的合作关系更加密切,档案管理的内部伦理正是建立在分工合作基础之上。档案管理是从属于社会管理系统的一项活动,同社会大环境的普遍联系带有客观性,其内部管理又是带有主观性的普遍联系,分工是为了更好地合作,岗位责任的确定与责任履行是为了提高档案管理的效率,档案管理主体的职业道德感与职业幸福感很大程度上取决于档案系统内部道德观念的养成,因此,档案管理模式的变迁在改变档案管理方式之时,也改变了档案管理内部的伦理关系。

(四)档案管理主体的生存挑战

环境是不可逆的,也是不由人的主观意志所控制的,档案管理主体只有努力地提高对外部环境的适应性，才能实现其可持续发展的目标。档案管理的内在道德是要维持管理的稳定性，其关系的实质在于协调管理的内外部伦理关系。档案管理主体的外部挑战主要来自领域的交叉以及自然环境。

一方面，综合档案馆不能孤立地存在于社会之中，也需要与时俱进地吸收多元文化以完善自身的管理能力为社会提供完备的档案资源，在这个专业界限日趋模糊化的时代，各行各业相互渗透、互为合作。在资源建设方面，综合档案馆与党政机关、企事业单位，特别是图书馆、博物馆等相关部门关系密切，档案宣传方面，与大众传媒互动频繁，档案信息化建设又离不开计算机、网络等信息科技，此外，与监察部门、从事档案相关业务的外包公司等企业都有不同程度的联系。然而，档案管理长期处于边缘化的地位，要么被人忽视，要么成为被合并的对象，组织内部的管理伦理尚且可以通过制度规范来达成共识，在与外部沟通过程中，几乎不可能以档案的伦理规范去约束其他各类主体，那么如何与其他各类主体建立起行之有效的伦理规范又能维持档案管理的道德观，便成为当代档案管理伦理的重点。

另一方面，档案管理也受到来自外部瞬息万变的自然环境的影响，特别是近几年的自然灾害使得档案管理损失严重。"2008年，汶川特大地震灾害中，全省受灾档案馆共118个，占全省档案馆总数203个的58.12%；全省档案受灾共9137205卷，占全省各级综合档案馆馆藏总数1276万0817卷的71.60%，其中处于危房的档案1861510卷，占受灾档案总数的20.37%；全省受灾档案馆面积共186685平方米，占全省各级综合档案馆建筑总面积277761平方米的67.21%。"① "2010年，青海省玉树地震，灾区档案馆室保管的13万卷档案中，有9家档案室近万卷档案因办公楼倒塌被废墟掩埋，其余12万卷档案均处于震后危房中。"②

---

① 四川省档案局：《山崩地裂灾难突袭——汶川大地震档案系统灾情实录》，《四川档案》2008年第3期。
② 杨冬权：《在全国档案安全体系建设工作会议上的讲话》，《档案学研究》2010年第3期。

第三章 档案管理责任伦理的历史演进与发展规律

人不能征服自然,只能尽力地去适应自然,人与自然的和谐伦理关系更不是档案管理主体所能控制的,因此,面对不可预知的自然灾害,档案管理主体只有提高危机管理意识与应急防范意识,在面对不可抗拒的自然灾害时,学会如何满足环境的存在需要,与此同时,满足档案管理文明建设的内在道德诉求。

第三节 档案管理责任伦理的演进规律

档案管理还是一项历史性的活动,随着历史发展的进程,在社会管理伦理的驱动下,呈现出一般性的发展规律,并根据档案事业的自身特点与建设需求,呈现出朝着档案管理特色伦理方向发展的特殊规律。

一 一般性规律

档案管理伦理的转变受到了来自社会外部因素的影响,其管理活动也必然紧紧跟随社会动态而发展,因此具有一般社会管理活动的伦理规律,从权治到法治再到德治的社会道德规范伦理的调整,也标志着以王权身份地位为象征的权威统治的瓦解,社会责任伦理道德从效率行政走过了正义行政,步入了分工合作基础上的管理时代,并朝着公平公正服务的方向迈进(见图3-1)。

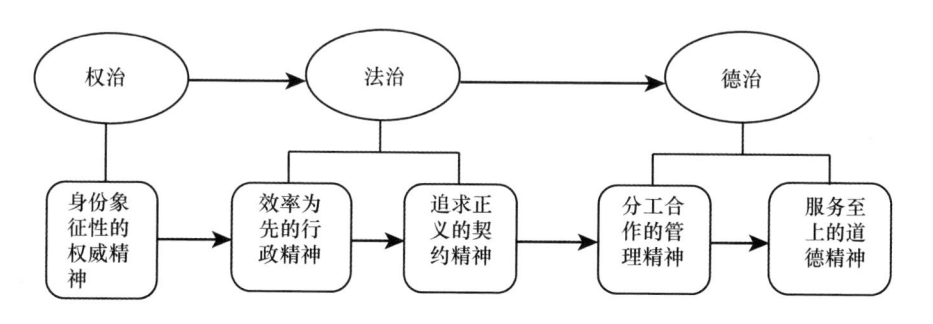

图3-1 档案管理责任伦理演进的一般性规律

(一）权治—法治—德治的规范伦理规律

经历了朝代更替、战争动乱的档案管理工作基本上摆脱了强权政治的控制，走向了法治化的道路，古代与近代的档案管理工作受制于王权的统治，虽然代表国家意志的权力机构制定了众多与档案管理相关的管理法规、规章等制度，但是究其本质，还是体现统治阶级权力的独裁性。档案管理主体被迫服从命令，有义务按照所列的各项制度开展各项管理与利用工作，这种单向性的权力更多的表现为法制，其权力的本质并不以档案管理主体与社会公众的意志为转移，甚至可能出现背离大多数人的意志，仅以少数人的意志为规则的来源。建立在权力拥有者意志基础上的法律是一种仅以命令的形式规定应如何去做好相应的工作，以满足统治阶级的权益的专制性法律，未必符合档案管理客观现实需要以及档案管理者的主观道德倾向。这样一种单向性的权力制度必然引起权力与利益的失衡，能够代表大多数人利益的公共性、民主性的法治化管理成为现当代的档案管理方式，现代意义上的档案法治管理通过刚性的法律条文，一方面制约权威统治阶级权力的膨胀，另一方面以社会公民的档案需求为基点，同时也兼顾档案管理主体的权力与义务范围，通过建立符合大多数人意志的法律对社会各阶层的权利与义务做出相应规定。传统意义上的档案管理专制性质的法是统治阶级用来维持其霸权地位的工具，而与现当代档案管理相配套的法律法规是对各相关主体权利的维护。

随着档案管理权力的分配与职能范围的扩大，从国家权力机关到国家档案局再到各级各类档案行政管理部门制定的规定性文件越来越多，也变相地导致其有效性越来越小，法条间的冲突也时有发生，在追求利益多元化以及档案资源的公平利用过程中，合法性的"善"成为档案管理现阶段的追求目标。一方面，国家制定的法律法规是否能够代表全体公民的意志，是否符合基层档案管理的客观需要，是否能够满足多元利益分化背景下的权益均衡与档案的平等利用。法律不是朝令夕改的，相反需要长期的构思与多方考证才能形成一套符合大多数人利益的法律，因此法律多少带有滞后性，或者说法律带有某种程度的自我否定性，这

第三章 档案管理责任伦理的历史演进与发展规律

就需要德治的辅助。另一方面,档案管理与相关领域间法律法规的冲突,以及各地方档案管理工作如何能够既不违背国家法律意志,又能够建立符合地方档案工作特色的档案管理细则。为了满足多元利益的需求,在多元化的利益冲突的背景下谋求符合社会群体道德的、达成伦理共识的档案管理与利用秩序,德治便成为了法治的补充。现当代档案管理正是处在法治与德治之间,或者说是借助法治与德治的双效手段开展管理活动,合法的不一定是合乎道德的,失去道德基础的法律很难在治理中取得成功,符合社会群体道德的法律是具有善意志的法。

然而,档案资源、主体权力与利益的分配又影响着档案管理的法治与德治的平衡。在法治与德治之间仍存在如资源、文化、权益等多种因素,因此,档案管理在实现法治与德治的同时,还要遵循档案管理以外的社会与自然发展规律,树立一种尊重公共伦理价值的道德理性,可以说档案管理目前虽处于法治为主、德治为辅的时期,但正朝着深化德治的方向前进。"法治反映道德所依赖的社会现实,它只要为人们提供了一套在现实生活中必须遵守的最基本的道德准则就够了,但在大多数社会成员能够遵守基本道德要求的情况下,德治还要为人们提供终极的人格理想和价值目标。"①档案管理的德治是在档案管理活动实践中自发形成的一种伦理规范,而不是程序理性的产物,其实现依赖于各主体的道德觉悟与道德认知,德治是档案管理追寻的更高层次的境界。

(二)行政—管理—服务的责任伦理规律

古代社会尊崇超道德的神圣价值观,与社会现实层面的价值理性大相径庭,最终以没落告终。伴随阶级斗争兴起的王权政治是一种带有明显身份象征性质的权威型伦理,社会个体以忠于帝王作为个人价值的最高实现。当时的社会政治体现为一种非人格化的私德,关注统治者的个人内在道德,这样一种忽视公德的伦理型社会注定要被以合法性为基础的社会治理模式取代。在档案管理伦理历史演进中以体现权力意志到法治精神再到以公共服务为至善的伦理精神,也标志着档案管理责任的社

---

① 曹刚:《法治和德治的边界》,《玉溪师范学院学报》2004年第2期。

会化并不是某一特定阶段的产物，而是一个带有历史发展的必然性过程。

对于早期社会的档案与档案管理而言，与其说其形成于社会实践活动，倒不如说形成于社会行政实践活动，换言之，档案管理的法治初期是以实现政府效率为最终目的的，这也是符合传统行政伦理功利主义效率观的价值体现。随着民主政治的演进以及市场经济的发展，档案的责任范围也逐渐扩大到了政府系统外部的经济、文化等其他领域，亟须与外部利用者建立某种公德基础上的伦理关系，与关乎档案管理各项工作的要素维持良好的互动秩序。诚然，起初的档案利用仍然被控制得较为严密，利用手续与借阅制度都有严格的要求，行政色彩仍十分浓烈，确保政府内部的办公效率依然是档案工作的首要责任。而此时的政府也在积极地进行行政改革，开始关注除效率以外的其他要素，如以效益、公平等价值为追求目标的、建立在社会契约基础上的行政伦理关系。民主平等基础上的契约关系是法治阶段的进步，是对人性自由、平等的追求，摆脱了传统身份地位的束缚，"在正义的社会里，平等公民的各种自由是确定不移的，由正义所保障的权力决不受制于政治的交易或社会利益的权衡"[①]。在这样一种公共行政的价值理念下，档案维护社会正义、公平与效率的作用得到了政界、商界与学界的重视，档案的社会开放程度随之提升，在关注政府行政效率的同时，还关注档案所能产生的社会收益与其间接产生的经济效益，关注档案资源的社会共享，关注社会公众的档案利用权利，关注档案工作者的个人发展，并将档案管理的社会道德责任扩展到了社会记忆的传承。

虽然以社会正义为契约精神的新公共行政运动只是昙花一现，但是对于档案管理而言，却与社会各界建立了全新的伦理关系，突破了私德的控制转向档案管理社会群体道德的新格局。行政管理伦理主张构建某种具有协调性的规范以维护人与人之间利益的合理分配，最终目的还是实现效率，而管理伦理更加注重分工基础上的合作，主张效率与收益并

---

① [美]约翰·罗尔斯：《正义论》（修订版），何怀宏等译，中国社会科学出版社2011年版，第3页。

重。效率受控于工具理性与目的理性，而效益则是带有价值判断层面上的含义。"人欲在人们的生活实践中具有积极的作用，它可以促进人们积极参与社会活动，带来社会的进化和社会财富的不断增值。"① 人人都有追求物质与精神生活基本需要的欲望与权利，这也是社会管理制度发展的原动力，20世纪80年代兴起的新公共管理运动，正是一种人本主义倾向性的以道德为基础的服务伦理。"在公共管理体系中的成长和完善过程中，伦理关系会首先反映在要求公共管理者在其活动中自觉地以其道德行为去促进与一切相关者之间的和谐关系。"② 档案管理的服务对象是形形色色的现实存在的社会人，正确处理复杂多样的现实社会关系是满足档案利用主体多样化需求的基础，也是档案管理社会责任价值实现的前提。新公共管理理念下的档案管理社会意识明显增强，在追求档案管理善治的道路上已远远超越了以功利主义效率观为核心的行政伦理，而是体现以档案的社会平等利用与社会公共利益最大化为目标的道德自律精神。

二 特殊性规律

档案因其无法替代性捍卫其资源地位，综合档案馆也因所保管的客体资源具有了存在的价值，因此，档案管理的伦理演进也有其不同于一般管理的特殊规律，表现在以客体资源为主的管理伦理，以管理主体为主的职业伦理两个方面。

（一）一体—分化—整合的管理伦理规律

早期的文件管理与档案管理界限并不十分明显，并且与图书、文献等资料的管理界限也较为模糊。封建社会时期的文书与档案由史官统一起草并保管，文书、档案与图书共同保存在如石渠阁、兰台等皇家性质的库房中，并且按照图书的分类管理方式进行管理，笔者认为，古代王权统治下的文档管理工作更偏重于文书与图书资料的管理，并没有建立

---

① 罗国杰：《中国伦理思想史》（下卷），中国人民大学出版社2008年版，第673—674页。
② 张康之：《论伦理精神》，江苏人民出版社2010年版，第151页。

起真正意义上的档案管理价值观。民国时期的文书管理与档案管理也是合二为一的,国民政府关注的无非是其内部的行政效率,无论是处于现行阶段的文件还是非现行阶段的档案,都是政府提高办事效率的工具而已。20世纪30年代的文书档案连锁法,实际上是在政府机关内部改革的一部分,但也可以说是为后期的文档一体化做了一次尝试,提供了实践经验,并且吸收来源原则的精髓打破了以图书分类进行文档管理的传统局面,开启了文档专业化管理的新模式。新中国成立后,档案管理才从文书管理与图书管理中彻底分离出来,形成了独立的管理系统,文书部门与档案部门的分化管理本是为了确保处于不同的阶段的文书与档案能够采取不同的管理模式,发挥二者不同的效用价值满足社会与人全面发展的需要,但实际的情况是,文档管理的分化引起了二者的割裂,文书工作与档案工作产生了脱节的现象,这不仅有悖于文档分化管理的初衷,更加不适合于信息时代大文件观背景下的全程管理(见图3-2)。

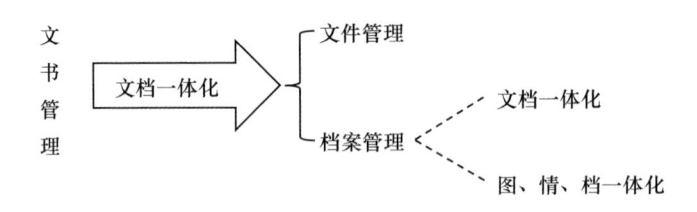

图 3-2 档案管理责任伦理演进的特殊性规律之一

20世纪80年代,文档分开管理的矛盾日益突出,为了调和这一矛盾,文档一体化管理的呼声再度响起,文件与档案是同一事物的两个阶段,文件以其现实价值为社会各界提供信息,并且起到上传下达与横向传递的作用,档案以其原始记录性为社会公众提供可资为凭的证据与史料,二者具有天然的、内在的伦理联系,文档一体化管理是文书部门与档案部门之间共同道德观的体现。现阶段由于信息科技的作用为文档一体化带来了一丝光明,加强文件的前端控制与全程管理、制定文档一体化管理系统看似能够实现文档一体化的目的,但是档案属于非现行阶段的文件,档案管理制度均以立卷归档后为起点,文书部门与档案部门只

第三章 档案管理责任伦理的历史演进与发展规律

是合作而非统一,文档计算机管理系统也是分为两个阶段不同流程进行管理与操作的。与此同时,信息资源社会价值的提升也呼吁具有知识属性的图书、情报与档案的一体化。诚然,档案同情报、图书等资料带有共同的信息与知识属性,在服务社会化过程中有所交融,但是三者并不同质,其内容、来源、形式与社会道德基础截然不同。笔者认为,如果实行图、情、档实体的一体化管理,将档案与图书、情报等资料混为一谈,对于档案管理而言,势必影响其深厚的道德底蕴与文化内涵,极有可能回到传统意义上的无道德模式,成为信息资源管理的附属品,失去档案管理独立性。

由此可见,最初的文书到文档一体化,档案管理系统内部伦理关系相对简单,档案管理独自成体系之后,关于案卷质量、立卷归档的时间与范围并非档案管理系统内部所能控制的,还要考虑文书部门的管理程序与管理制度,因此档案管理在文书部门与社会公众的档案需求之间形成了新的伦理关系。文档一体化管理与图情档一体化管理是新时期社会发展与科技进步的新要求,意味着现代社会的档案伦理观不能仅仅局限于管理系统内部,也不能继续简单地以国家总体道德观为行事原则,亟须建立一种立足档案管理独立地位基础上的伦理原则,用以维护其与文书管理、图书管理、情报管理、技术管理之间的伦理关系,在保持档案管理社会道德基础上共建符合群体道德的伦理观,最终实现社会共享档案资源的目的价值观。总而言之,档案管理内部的伦理关系从一体化到分化再到整合,也体现出了档案管理与外部的互动协调从权威到资政再到服务的伦理关系转型。

(二)封闭—被动—主动的职业伦理规律

档案管理的社会性价值从封闭式到被动式再到主动式是符合档案职业伦理从无到有、从低级走向高级的发展规律的,较低层次的职业伦理以遵守档案管理各项规章制度与道德规范为行为准则,较高层次的职业伦理依靠管理者内心的道德意志与信念,满足自我发展的精神追求与社会责任的实现。"职业伦理基本原则是外在职业伦理规范与内在职业伦理价值观相结合的产物。"① 档案职业外在伦理价值通过其管理的行为予以实现，其内在伦理价值则是档案管理意识的集中表现，不同阶段的档案管理行为与意识反映出档案职业伦理演进的历史规律，详见图 3-3。

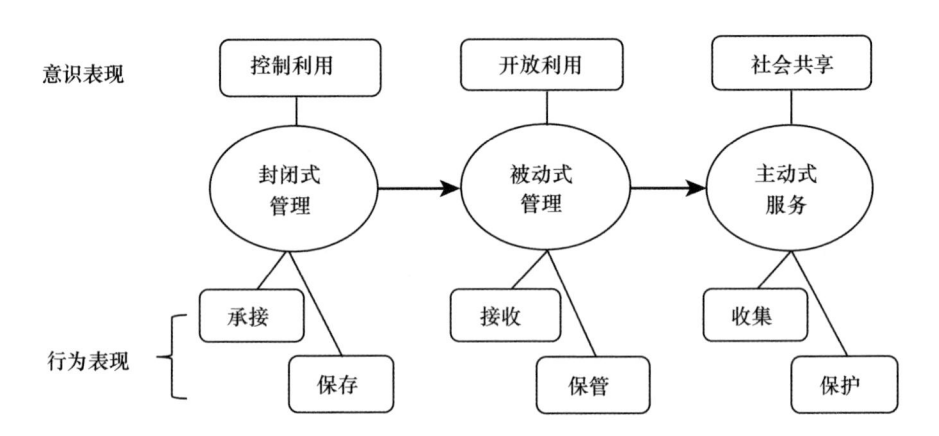

```
意识表现    控制利用          开放利用          社会共享
              ↓                 ↓                 ↓
            封闭式   →        被动式   →        主动式
            管理              管理              服务
            ↓  ↓              ↓  ↓              ↓  ↓
行为表现 {  承接              接收              收集
            保存              保管              保护
```

图 3-3　档案管理责任伦理演进的特殊性规律之二

封闭时期的档案管理服务对象范围非常狭窄，以具有较高统治地位的君主大臣为主，对档案管理与利用的控制也十分严格，通常将其保存在带有统治阶级明显标志性的皇室档案库中，外人几乎不可能接触到如此神秘的"大内档案"。此时的档案管理行为也不具特色，与文书、图书等一并视为资料进行统一保存。严格意义上讲，这一时期的档案管理还不具备职业的特征，作为一种职业应参与到社会劳动分工中，以其专业的知识与技能为社会创造物质与精神财富，很明显封闭时期的档案管理只是国家管理的工具，尚未形成一种独立的职业观。

随着社会政治与经济的转型，档案工作也从封闭式转向被动式的管理模式，表现为开放利用意识的提升以及对档案资源的接收与专门管理。首先，档案开放利用范围从开放历史档案到划定满 25 年封闭期的档案向社会开放，档案服务对象从机关内部逐渐扩大到了社会各个领域，档案利用手续的烦琐到简化，都体现了档案开放意识的提高。其次，改变了

---

① 麻纯新：《加强档案馆职业伦理建设》，《中国档案》2009 年第 9 期。

第三章 档案管理责任伦理的历史演进与发展规律

传统模式下对文书管理的一种承接方式，开始注重接收各机关、企事业单位办理完毕具有长远保存价值的档案，对于各历史阶段档案史料与散存在世界各地的档案资源进行有意识的收集。最后，对于档案的管理有了更为系统化、专业化的管理方式，形成档案的科学管理模式，提高档案管理工作的效率的同时也便于社会各方的档案利用。由此可见，档案管理意识由控制利用转向开放利用，档案管理行为也体现了现代化管理的特征，档案管理形成独立的管理系统并参与到社会分工中，同时档案管理也作为一种职业被社会认可。然而，该阶段的档案管理仍以被动式的模式为主，其思想意识表现为接收相关部门到期可归档的文件，等待利用者上门查档，在管理行为上以遵循相关规章制度为主，将其职业作为谋生的手段，档案管理主体的内在道德观尚未形成，因此，被动式管理模式下的档案管理带有一种低层次的职业伦理观。

现阶段档案管理追求主动为社会公众服务的工作模式，档案职业伦理已从低层次向高层次迈进，并且有了很大的进步。在档案管理意识层面上，一方面档案工作者的主体道德感明显增强，在以档案管理作为一种职业满足其物质需求之时，开始注重精神层面的追求，通过向社会提供有价值的档案资源为档案利用者带来各种收益而达到内心的满足，并因其职业得到社会认同而产生主观职业幸福感。另一方面，国家政策制定者与社会公众的档案利用意识的提高也是档案利用转向档案服务的催化剂，人性化的政策鼓励档案工作者创造力的发挥，社会公众的多样化需求也激励档案工作者开发各类型的档案信息资源以满足其利用需求，现阶段档案的宣传工作形式多样、种类丰富。可以说，当代档案管理的伦理意识更具时代价值，视档案利用者的需求为首位，以档案资源的高效服务为其内在道德实现的重要标准。档案管理行为层面上，档案管理者也开辟了主动接收与征集的伦理准则，主动参与到各项活动中，从源头上确保档案的齐全完整与真实可靠，同时，开始在社会范围内通过各种形式征集具有重要价值的档案资源，将反映时代特征、民族精神、地方特色等能够承载社会记忆的档案信息资源进行规范化的整理保存。此外，档案管理从过去的保存到保管向档案资源的保护过渡，如上文提到的人文与自然环境的变化以及科学技术进步引发的新型档案管理危机带有未知性与不确定性,单纯的档案保管已无法面对突如其来的危机,吸取历史经验的教训树立档案危机管理意识成为现代档案管理伦理道德的新要求。简言之,档案职业经历了从无到有,从低级到高级,其职业伦理观有了质的变化,已从封闭到被动走向了主动的、符合现代管理的服务伦理意识,但是现阶段档案管理还处于他律为主、自律为辅的状态,在实现档案管理至善服务的路上任重而道远。

第四节 本章小结

档案管理活动经历了漫长的岁月,有过兴盛与繁荣,也有过衰落与退步,不能简单地断定某一历史阶段的管理方式方法是好的,或者某一阶段是进步的,每一阶段都有其社会必然性,应遵循当时社会伦理秩序。档案管理伦理历经神权、王权到法治再到德治,并非档案管理伦理的阶段性进步,而是一种符合社会总体发展规律的伦理关系转变。外部环境与制度的变化、经济发展与文化交融的加深,尤其是信息技术进步与国际合作的深化,引发了整个社会伦理关系的复杂化,档案管理作为社会活动的组成部分也必然受到影响。档案被视为社会活动的第一手资料,需要保密的特性更加重了档案管理主体间、主客间的伦理关系,激化了档案管理过程中的外部与内部矛盾。在外部因素与内部因素的共同作用下,其伦理关系与主体的道德观念发生了根本性的转变,这一转变既符合社会管理的一般发展规律,又体现了档案管理的特殊发展规律。我国伦理思想非常重视伦理关系,这不仅是对档案管理伦理的经验性认识,还是对档案管理伦理关系转变与个体道德认知的规律性把握,将这种认知建立在历史发展的视域下,为当代档案管理复杂伦理关系与复杂主体的道德观念做铺垫。

第四章 国家综合档案馆责任伦理现状与困境反思

> 在《正名》篇里，荀子说："所以知之在人者谓之知，知有所合谓之智。"这是说，人所赖以认知的功能称作"知"，人所赖以判断自身的认知与外部世界是否相合的功能称作"智"。[①]
>
> ——冯友兰

通过第二章对档案管理伦理存在机理以及第三章对档案管理伦理历史发展的分析，我们已对档案管理伦理的相关概念与价值形态有了较为清晰直观的了解，并且认识到档案管理伦理的演进是遵循社会发展规律的，从这一层意义上讲，档案管理伦理关系的变化是带有历史必然性的。随着社会结构与主体意识的复杂化，档案管理相关的伦理关系也日渐复杂，加之现当代社会信息技术的迅猛发展与网络的极速蔓延，改变了档案管理方式方法的同时，各主体对权力的守护与利益的渴望也愈加强烈，如此一来，角色冲突与权利冲突的问题便显露无疑。本章建立在对综合档案馆档案管理主体关于档案管理伦理道德调查问卷之上，立足于两个基本点：对档案管理伦理现状的分析与现当代档案管理道德困境的反思。前者包括管理主体对档案管理伦理的一般性认识、主体伦理、档案管理客体资源、环境伦理的现状描述，后者则是对个体道德、群体道德、主体行为动机的反思。

---

① 冯友兰：《中国哲学简史》，生活·读书·新知三联书店2013年版，第167页。

第一节 档案管理责任伦理认知度的调查

笔者自2015年11月至2019年10月先后三次进行问卷调查，主题分别为档案管理伦理认知调查、国家综合档案馆社会责任认知、国家综合档案馆档案管理主体责任认知。同时，笔者先后前往天津市档案馆、青岛市档案馆、广州市档案馆、福建省档案馆等多家省、市、区级档案馆进行实地调研，在此期间，笔者结合2018年档案机构改革的背景，与档案实践专家进行交流访谈，探讨机构改革对国家综合档案馆社会责任定位的影响及其使命方向。

一 档案管理伦理认知调查

2015年11月，为确保调研数据的准确性，笔者并未进行大规模的问卷调查，仅在辽宁省档案馆、广东省佛山市档案馆、山西省晋城市档案馆、上海市崇明区档案馆发放调查问卷，共46名档案管理主体参与了本次调研，其中有档案行政管理主体，也有档案业务管理主体。本次问卷包括主观可选做题1题，客观题19题（其中个人基本信息4题，对档案管理伦理一般性认识3题，档案管理主体伦理认识4题，伦理客体认识3题，制度伦理认识3题，档案管理伦理观构建对策2题）。

本次调研在目标人群选择上侧重年轻的档案管理主体，作为新入职的档案管理主体，他们既有时代的象征，也是受当代社会环境影响较深的群体，更是档案管理的未来，这部分人的档案管理伦理观能够代表档案管理现阶段的伦理认识以及未来的走向。同时，笔者在调研过程中也有意识地选择了一少部分从业时间较长的资深管理主体，其主要目的是观察由于年龄和经历的不同是否引起了两代人对档案管理伦理观的不同认识。

（一）对档案管理伦理的一般性认识

问卷调查结果显示，档案管理主体对档案管理伦理的认知程度较低，

第四章 国家综合档案馆责任伦理现状与困境反思

其中一半的人表示基本不了解，在表示基本不了解的23人中，15人是工作5年以下的新人，5人工作6—10年，3人工作11—20年。可以看出，青年档案管理主体对档案管理伦理了解稍浅，也折射出伦理问题在档案管理实践中被忽视的现象，从其接受学校专业教育、入职教育再到岗位培训的整个学习过程中，关于职业伦理的课程几乎没有，有两位档案管理主体在问卷主观题中建议科普档案管理伦理相关知识并加强伦理教育。也就是说，伦理问题没有得到应有的重视，并不是因为档案管理主体意识不到伦理的重要性，而是尚不知档案管理伦理是什么，道德的德性是一个习得的过程，前期的伦理教育是习得过程的起点，缺少伦理教育只靠后期工作中的习得，不利于理智道德信念的养成，受到外部诱惑的可能性极大。

如图4-1所示，档案管理主体对自身的角色定位有着较为清晰且积极的认识，大多数人意识到档案管理主体是承担着为社会各界以及社会公众提供档案信息资源的服务人员，还有一部分人依据档案馆自身的社会属性认为自己是科学文化事业单位的工作人员，另有少部分人肯定了档案管理主体的社会实践活动参与地位。此外，还有1人采取主观作答方式，他认为不少单位的档案员受本单位限制，做不到专职或者形同虚设。

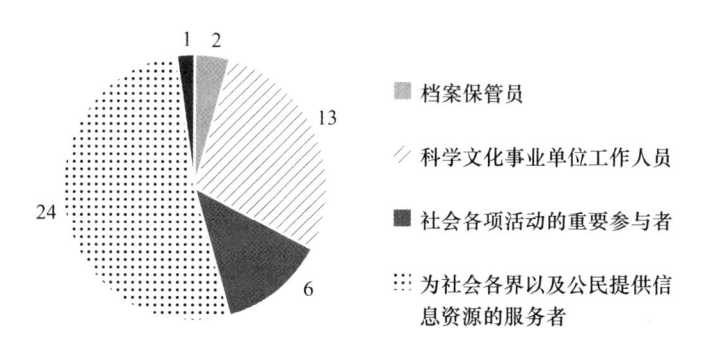

图4-1　现阶段档案管理主体的职业定位

根据调查结果（见图4-2），现阶段档案服务的主要对象群体是社会公众，其次是党和政府机关、企事业单位。有 1 人认为目前的主要服务对象仍然是党政机关和企事业单位，最终的目标才是社会公众，笔者比较认同此看法，依目前的档案服务现状来看，档案还是以为党和国家服务为主，社会公众的利用率虽有所提升，但也仅仅是针对各自利益需求的查档利用，并不能完全被视为是档案服务的成效。然而，档案社会意识与社会档案意识的提升，逐渐形成了档案服务社会化的趋势，并且树立了社会公众公平共享档案资源的终极目标。

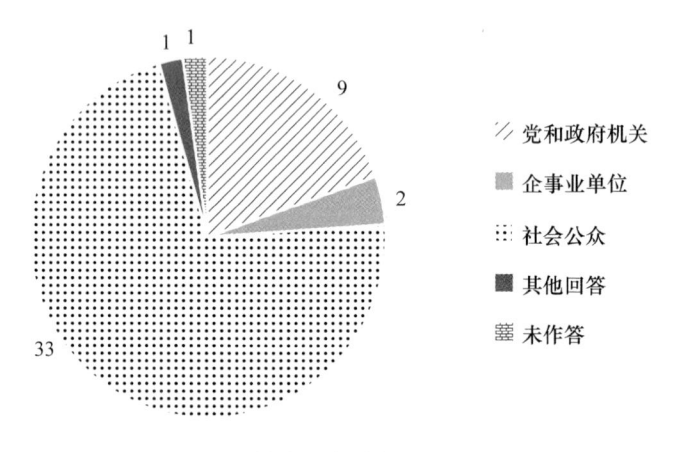

图 4-2　档案服务对象的角色定位

（二）对档案管理权益冲突的认识

在群体生活中，个人利益与组织利益发生冲突是司空见惯的事情，面临冲突时，也就是个体道德面临利益角逐的时候，非常欣慰的是没有人选择坚持以个人利益为中心，绝大多数人在面临利益冲突时，选择以组织利益为先，兼顾个人利益，还有人坚持以组织利益为中心。当与文件形成者、档案利用者及其他类型主体，如图书馆、博物馆、媒体、外包公司等部门发生权益冲突时，作为档案管理主体，大多数人认为应该采取互相商议、义利结合的方式，找出一条适中的解决途径。还有一小部分档案管理主体会选择维护档案馆的利益为先，极少数人认为应该以他人利益为先。在道德层面上，提倡从他人的利益出发，但在实际情况

第四章 国家综合档案馆责任伦理现状与困境反思

中,能够达到双赢自然是最好的办法,如果必须做出道德抉择,依据主体价值观,几乎都会以所在组织的利益为先,这是符合我国整体道德背景的,也说明档案管理伦理道德尚有充足的可提升空间。

关于档案馆馆藏资源能否满足社会公众差异化档案需求的问题,档案管理主体普遍同意基本能够满足,并且基本能够实现档案资源公平共享。随着信息技术与网络平台的迅速发展,档案数据管理问题也被推上了新的台阶,档案管理理论界与实践界也一度出现了大档案观、档案泛化、档案无须鉴定等思潮,面对这一现象,36位问卷参与者认为是合理的,5人认为非常合理,4人认为不合理,还有1人未作答。从古至今,中庸都是我国的传统道德理念,合情合理地适度开发档案信息资源,尤其是能够反映地方特色、贴近民生、传承社会记忆的档案资源必然是值得推举的,但是如果出现档案资源的过度开发,不顾所征集开发的资源真实性、可用性、长远价值等特点,将所谓的"档案"收集进馆,浪费人力、物力、财力等各种现有资源,而且助长了泛档案等不正之风。久而久之,这样急功近利的思想不但不能为档案馆注入新的活力,反而会适得其反,档案馆的社会地位将不再是被边缘化,很可能是被"消失",如此结果皆由档案管理的自我吞噬而导致。

(三)对档案管理制度与道德的认识

关于档案管理是否需要道德理性的约束与指导问题,参与问卷的档案管理主体几乎无任何争议,均认为档案管理需要道德规范。档案管理过程中,当道德与规章制度发生冲突时,近一半参与调查的档案管理主体认为应依据实际情况酌情考虑,14人选择了坚决按照规定执行,9人选择坚持以符合道德规范为标准,另有1人主观作答,他认为应在规定允许的范围内酌情考虑,实际上还是以强制性规定为先,此外,还有1人未作答(见图4-3)。三个选项答案分布平均,也没有因为参与者的性别、年龄、学历、工作年限出现明显的差异,说明档案管理主体在实际工作者处理道德与规定矛盾时,普遍能够达成共识。

此外,在参与调查问卷的档案管理主体中有人指出了现阶段档案管

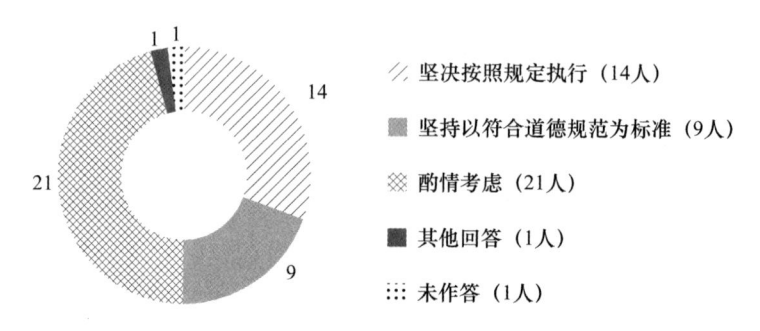

图 4-3 道德与规章制度冲突时的行为选择

- 坚决按照规定执行（14人）
- 坚持以符合道德规范为标准（9人）
- 酌情考虑（21人）
- 其他回答（1人）
- 未作答（1人）

理伦理的困境，第一，档案信息管理利用过程中可能遇到伦理问题，个人信息泄露、家属利用方面存在伦理问题，有时隔代甚至旁系利用个人档案不正当获取财富，档案管理主体识别能力与规定过于死板之间的矛盾。第二，档案利用者年老或身处异乡，档案管理主体也在考虑如何利用伦理理念服务——人本理念。第三，涉及法律诉讼时，档案管理现状中伦理是否有依据支持？也有人建议，应完善档案馆员职业道德规范细则和档案信息伦理细则，制定伦理配套机制。笔者在某档案馆实习的过程中，也曾遇到过类似问题，非本人利用档案的动机不明，相关证据不齐全等，不合规定的档案利用的确令档案工作者左右为难，也有因教条规定引起过利用争端，各个为民服务的办事机构衔接不当，以各自的办事规则为理由互相推诿，档案利用者在各个办事机构之间"跑龙套"等现象时有发生。所以说，档案管理伦理的构建不能仅仅依靠自身的力量，必须要建立在社会责任伦理层面，树立符合社会公德的伦理体系才能有效地缓解由于档案服务引起的各方利益矛盾与纠纷。

在谈及外部规定与内在道德如何抉择时，也必须要认识他律与自律的关系问题，其中1人未作答，6人选择以他律为主、自律为辅，余下19人认为应以自律为主、他律为辅，20人选择他律与自律同等重要（见图4-4）。这一结果与规定和道德的矛盾选择的答案正相对，印证了两道题的有效性的同时，也证明了现阶段档案管理伦理建设的良好趋势，道德或者说自律在档案工作者的道德观中已经得到了普遍的认可。接下

第四章　国家综合档案馆责任伦理现状与困境反思

来，笔者针对伦理观应该包括的主要内容进行了意向性提问，结果显示以人为本为档案管理首要伦理观，接下来依次是公平服务、关注社会、严守机密、勤奋敬业、协作互惠、合理竞争、合法谋利。而关于如何能够养成正确的档案伦理观，档案工作者的选择顺序依次是：完善法制、提高档案管理水平、加强自律、深化档案管理伦理教育、规范档案管理秩序。

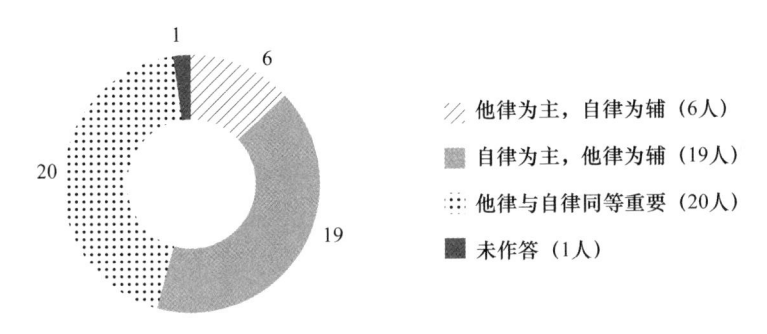

图 4-4　他律与自律的关系认知

二　档案管理责任伦理认知调查

2018 年档案机构改革的推进，国家综合档案馆文化事业单位的属性愈加凸显，其社会责任使命感愈加强烈。基于此，笔者于 2019 年 7 月，面向社会公众进行开放式问卷调查，共回收 70 份有效问卷。调研问题包括国家综合档案馆的责任体现及其实现措施、社会公众到馆利用档案的预期服务效果、社会公众在线利用档案的服务体验影响因素、档案管理者责任意识的培养途径、档案管理者责任意识评价指标、国家综合档案馆开展责任监督的措施及其实践过程中的阻碍因素 6 个问题。

根据开放式问卷调查结果，笔者于 2019 年 10 月面向国家综合档案馆工作者开展以客观题为主的问卷调查，共回收 252 份问卷。本次问卷共分为四个部分，其中第一部分为被调查者的个体特征信息，如性别、年龄、学历、所在地理区域、从事档案工作时间、所接受过的专业教育类别等；第二部分为档案管理主体对上述六种责任的认可度与认知度；

第三部分根据《中华人民共和国档案法》及笔者实地调研情况与前期问卷调查结果设置的关于国家综合档案馆责任对象的确定及其对相关责任对象责任履行程度的认知题；第四部分则是关于档案管理主体责任意识提高方式与国家综合档案馆责任实现方式认知程度。

结合两次问卷调查结果，国家综合档案馆的责任体现在岗位职能责任、基础业务责任、服务社会责任、文化宣传责任、资源开发责任以及维护记忆责任。为实现上述六种责任，国家综合档案馆需从基础管理、资源建设、档案宣传、人员素质、合作共建五个方面加强管理。加强馆藏资源建设、开通多样化的服务渠道、提高档案开放率、提高档案工作者服务意识与职业素养、为档案利用者提供舒适的查档环境、便捷的查档方式、开展线上讲座与展览服务、形成有序的服务质量反馈机制，以提升线上线下档案利用效果。为培养档案管理主体的责任意识，国家综合档案馆可通过教育培训、纪律监督等方式来实现，在教育培训过程中将职业道德、职业责任等相关课程纳入教学计划，加强与高校的合作，吸纳交叉学科专家进行讲座或培训，开展多样化的实践活动，还可以构建问责、奖惩等机制，并鼓励开展模范奖励与案例教育活动。档案管理主体的责任意识评价指标可适当考虑如服务意识、服务态度、受众满意度、职业态度、专业素养、专业技能、法律意识、学习能力等指标，并加强利用者的服务反馈、第三方主体的评价等方式。国家综合档案馆开展责任监督应注重内部监督与外部监督，建立责任监督体系。

关于国家综合档案馆社会责任及其实现与监督相关的实践调研数据与内容，将在本书第六章做详细分析与论述。

第二节　档案管理责任主客体伦理现状

档案与每一位社会人均有着割舍不断的联系，档案既来自人的活动，又作用于人的活动，因此，以"人伦"关系为中心的档案管理道德必然受到"人"的主观意识的影响。不同的社会人在围绕档案进行社会活动时扮演着不同的角色，不同角色之间权利的划分与利益的分配是导致档

第四章　国家综合档案馆责任伦理现状与困境反思

案管理伦理关系复杂化的根本原因。

一　主客体角色定位

所谓的角色定位，实际上是在解释"我是谁？"、"为了谁？"的问题，正确定位各主体的角色有助于厘清彼此间的关系与权利划分，以便更好地尽其社会职能。而事实上，由于内外部因素的影响，各主体的角色定位模糊混乱，由此引发职、权、责、利的不协调，乃至道德失范。与此同时，档案作为一种独特的信息资源将逐渐被社会公众认可，其所能发挥作用的范围逐渐扩大，档案管理主体除定位"我是谁？"、"为了谁？"以外，还应该对与档案管理相关的其他类型主体进行角色定位，以准确把握与之相关的主体能做什么、应该做什么、怎么做，为后续与其建立合作关系做好认知工作。

（一）责任伦理主体角色定位

社会整体的每一个位置似乎都像是给特定的自然人预留的空点，也随时会有自然人进行填补，因此，从社会的存在和发展角度来看，档案管理也是给某些具有档案管理能力与管理意识的自然人预留的位置。然而社会并不会在此过程中强加给自然人特定的角色意识，角色意识是一个相对于具体领域的自我认知，指社会个体对其在社会中所扮演角色的伦理自觉，这种伦理自觉决定了社会主体所扮演角色的价值与实现方式。根据档案工作者对其自身角色定位的认识，结合社会宏观背景，笔者认为，现阶段档案工作者在社会实践中扮演的具有社会价值的主要角色为档案资源的服务者、社会活动的参与者及以档案活动作为主体基本谋生方式的职业工作者。

首先，档案管理主体以档案资源提供者的身份为党政机关、企事业单位及社会公众提供有利于其发展进步的各种档案信息资源，不论档案资源的载体形式如何变化，档案与生俱来的凭证效力是不会动摇的。档案从其形成、利用、保存并传承至今直到未来，它的作用是图书、报纸等任何资料都无法比拟的，因此，档案管理主体为利用者提供的是能够解决法律争端、生活困境、收获幸福的真实可信的证据。然而，这只是档案管理主体作为资源提供者的角色职责，进一步而言，社会转型期的档案管理主体更加注重档案资源的主动宣传，即承担主动服务的角色职责。档案管理主体在这样的转型中，不仅要做好档案信息的筛选、整理、加工等一系列知识整合工作，还要进行知识的挖掘与获取，并且寻找目标用户，尤其是潜在的档案利用者，只有充分掌握社会公众的档案需求，才能找到主动服务的方向与方法。从这一层面来看，档案管理主体似乎又在扮演着信息开发者与知识整合者的角色，而这些角色实际上依然是受服务角色意识所支配的。另外，作为档案资源的主动服务者意味着与社会公众进行双向交流，更确切地说，要做聆听者，聆听社会公众的档案利用需求，聆听社会公众对档案服务工作的反馈，目的是更好地履行其作为服务者的义务。

其次，档案资源从其系统形成到安全保管的目的之一是方便利用，档案管理主体为促进档案资源的公平共享而发挥其职业价值，因此自然而然地具有社会活动参与者的角色地位。具体而言，档案管理主体参与到文件的前端控制、文件的全程管理、档案的归档保存、档案的社会利用等所有环节，直至档案资源为社会公众所利用而产生相应的社会效益与经济效益，可以说，档案资源的社会化服务意味着档案管理主体的社会角色的形成，档案资源也因主体的社会角色定位而具有了社会属性。在社会活动参与角色的过程中，档案管理主体最为关键的伦理自觉应以构建、保护与传承社会记忆为角色意识起点，这也是档案管理主体所扮演的社会角色及其角色意识的应然体现。一方面，社会主体关于过去历史的记忆，总是片段的、零散的，且是真假难辨的，恰如档案管理主体目前正在推进的口述档案工作也是为了历史重现，档案是因为能够反映真实的历史事件与历史环境才被认为是唯一的、不可取代的信息资源，而不论这些史实是否能让人感到舒服。即便不考虑口述者所讲述的史料的翔实度，也夹杂了口述者太多的主观色彩，作为社会记忆的构建者，有责任将所搜集的史料结合已有的资源经过多方考证比对，尽可能重现最接近真实的历史，历史即为活着的人构建的，就要尽最大努力保证所

第四章 国家综合档案馆责任伦理现状与困境反思

构建历史的可信性。另一方面，关于当前社会文件资料与档案资源的整理是为未来积攒的社会记忆财富，若干年后的档案工作者也将重复现阶段的社会记忆恢复工作，作为社会记忆的保护与传承者，有义务将最完整、齐全、真实、可靠的有关当代社会记忆的档案资源传递给未来人。现行文件的作用是服务当下，档案的重点则是再现历史，服务未来，因此，档案管理主体作为社会活动参与者应本着为历史负责、为未来负责的角色意识。

再次，档案管理主体之所以主动成为了补充社会职业空位的一类人群，是因为这种职业能为他们带来生活所必需的物质与精神财富，用以维持其生存与发展的基本空间，也就是说，档案管理主体最为基本的角色是档案职业工作者的身份。传统意义上的档案职业正如问卷中所提到的档案保管者，受当时的社会意识与权力的影响，档案管理主体就是为统治阶级保管好档案，有需求时能够及时地拿出来，没有需求时闲置一旁，需要维护朝代形象时或者战乱时期甚至被破坏与销毁。这样的职业角色意识在近现代开始得到转变，特别是面对现代复杂的社会环境、信息环境、网络环境对档案资源的冲击，作为以档案为职业的管理主体也必然要学习新的专业知识与职业技能，提高职业道德操守与道德素养，以应对新时代的职业挑战。与此同时，来自自然环境的攻击也激发了档案管理主体的危机意识，单纯的档案保管意识是完全不够的，保护才是当代社会档案职业的基本意识。当然，职业的分工也细化了每个岗位的不同职责，每个岗位都有其特有的伦理自觉，本书所指的保护意识只是作为档案职业意识的基点，服务是制高点，几乎所有的档案职业岗位都应以保护档案与档案服务为档案职业意识的起点与宿点。

最后，档案管理主体也同其他人一样在社会整体中扮演着社会人的角色，同样有追求物质、精神、文化等基本生活与生产资料的权利，也享有获取经济与社会收益的权利，甚至也有档案需求。一旦出现档案管理主体作为社会人与职业人身份重叠，就面临主体道德行为的选择。当然并不是所有情境下的身份重叠都能造成个人利益与组织利益的冲突，而且在调查中也发现，大多数档案管理主体会选择以组织利益为先或者坚持以组织利益为中心，无一人认为应该坚持追求私利，这说明了目前档案管理个体道德还是较为积极的，在冲突面前能够扮演好职业人的角色。

（二）责任伦理客体角色定位

服务既然是档案管理的至善，那么服务对象的定位就决定了档案资源的开发获取方向，具体来说，档案服务对象有哪些群体？档案管理主体能为这些服务对象提供什么类型的档案资源？档案服务对象又在档案服务社会化中扮演着什么样的角色？

档案服务的对象包括党和政府机关、企事业单位和社会公众三大类群体。大部分档案馆藏资源来自党和国家政府机关，即使不是党和政府在社会管理活动中形成的、具有档案价值的资源也归国家所有。因此，与其说党和政府机关是现阶段档案馆的主要服务对象，倒不如说党和政府机关利用档案的行为更像是自产自用，档案馆是其后库。企事业单位等组织机构到馆利用档案，一方面是关于政策等方面的文件查找，另一方面是有关经济建设以及自身发展所需的档案资源。由于大多数企事业单位等组织机构拥有独立的内部档案室保存按规定未到期限向综合档案馆移交的档案[1]，其发展所需的档案资源短时间内可以在其内部得到解决，只有超出档案室保管期限的档案资源才需到综合档案馆查找利用，所以严格意义上说，企事业单位等组织机构还不能算作综合档案馆主要的服务对象。对于综合档案馆而言，为数众多的服务对象应该是普通的社会公众，也就是当前形势下综合档案馆的目标服务对象。其中既有利用档案资源完善其研究的历史学家，也有借助档案资源拍摄影视剧作品

---

[1] 国家档案局：《中华人民共和国档案法实施办法》，1999年6月7日。第十三条：机关、团体、企业事业单位和其他组织，应当按照国家档案局关于档案移交的规定，定期向有关的国家档案馆移交档案。属于中央级和省级、设区的市级国家档案馆接收范围的档案，立档单位应当自档案形成之日起满20年即向有关的国家档案馆移交；属于县级国家档案馆接收范围的档案，立档单位应当自档案形成之日起满10年即向有关的县级国家档案馆移交。经同级档案行政管理部门检查和同意，专业性较强或者需要保密的档案，可以延长向有关档案馆移交的期限；已撤销单位的档案或者由于保管条件恶劣可能导致不安全或者严重损毁的档案，可以提前向有关档案馆移交。

第四章　国家综合档案馆责任伦理现状与困境反思

或报道专栏节目的媒体，还有到档案馆查档开具各项证明材料以办理个人事务的公民，不排除有极少数利用者是为了获取真实档案资源以充实其精神文化层面的需要。总而言之，现阶段档案还是以完整系统地保管为先，以被动利用主要服务方式，档案资源主动服务社会化则是刚刚起步，若要实现档案的社会共享，明确社会范围内的档案服务对象以及潜在的服务对象仅仅是踏出的第一步。综合档案馆在档案服务社会化的道路上，还有很长的路要走，必须真正做到想用户之所想，而不是想当然地去收集开发档案资源，否则不但没有提高档案的服务效率，反而浪费了大量已有资源。

综上所述，社会公众在目前的档案管理活动中扮演着档案利用者的角色，还没有真正享受到"被服务"的待遇，档案管理主体正朝着主动服务的方向前进，最终的服务效果与社会公众是否愿意接受来自档案馆的主动服务相关联。作为档案管理主体，没有任何权力去要求社会公众应该在档案服务社会化中扮演什么样的角色，所能做的是通过主动服务的形式去感染社会公众，让其成为档案管理的社会参与者与监督者，为档案资源的开发征集献计献策，为档案服务行为监督评测，提高档案服务社会化的整体水平。

（三）其他相关责任伦理客体角色定位

档案管理主体除了与档案利用者相互联系外，还与其他相关主体有着直接或间接的联系，诸如能够为档案管理提供客体资源的文件形成者、督促档案管理质量的社会监察机构、帮助档案对外宣传的大众传媒，以及为档案管理提供各种硬件设备与软件技能的相关企业等，上述不同类型的相关主体在档案管理社会活动中均扮演辅助者的角色，为档案服务社会化与档案管理伦理规范起到不同程度的指导与保障作用。笔者将在下一章详细分析档案管理主体与各相关主体之间的权利义务关系，此处便不再赘述。

二　主客体间的道德纠纷

明确了各主体的角色定位，对其角色应承担的社会责任以及获利范围也就有了间接了解,"权"与"利"从某种程度上体现为一种因果联系,也就是说,"权"意味着"为什么"与"凭什么",是主体的行为依据。"利"则是主体尽其义务后所能得到的有利结果,"利"的分配是诱发道德问题的主要原因,而"权"的分配是根本原因。当代档案管理伦理道德问题究其本质缘于权力冲突与利益的分配,私欲的满足并非总是善的,这同样与各主体价值观的不同密切相联。

(一)"权"的冲突

权力可以是多种多样的,就主体而言,有个人权力、组织权力、国家权力之分,就法律范围而言,权力又分为应然权力、法定权力与实然权力,就权力的执行范围而言,又区分为社会权力与道德权力,本书从权力的来源与作用范围入手,将档案管理活动中的不同主体权力划分为统治权力、管理权力与利用权力三种。很显然,统治权力来自党和国家,管理权力属于档案管理主体,利用权力则是档案利用者的专属权,在古代社会,权力以服从为根本,因此,由权力之间的矛盾引起的冲突相对较少,而当今社会绝对专制性的权力已不存在,但仍以统治权力为国家的最高权力。

对于档案管理而言,能够体现主体权利的《档案法》即为档案管理主体权力与档案利用主体权力的主要来源,而《档案法》与其他法律法规有所冲突。一方面,法律规范间的理念与内容冲突直接引起各主体权力的冲突,例如,《档案法》中关于档案安全保管方面的条文极为细致,而关于档案利用的第31条与第32条稍显粗略,可以看出,《档案法》以档案的安全保管为第一职业道德。然而,《政府信息公开条例》坚持"开放为原则,不开放为例外",其中第5条规定了便民原则,第9至第13条对政府信息公开范围也进行了明确的划定。虽然,规章制度之间的冲突到最后仍要以国家法律为最高协调原则,但是却仍不可否认,制度间的冲突必然会引起档案利用的道德纠纷。在实践中,同样被赋予法定权力的政府和档案馆之间因文件与档案的衔接问题互相推诿,以属于各自范围或不在各自范围内为由拒绝开放,由此引发包括社会公众在内的三

第四章　国家综合档案馆责任伦理现状与困境反思

方权力的复杂冲突。另一方面，弹性法规内容具有权力张力，也是引起主体权力冲突的一个因素，如《档案法》规定一般性质的档案形成满二十五年可对外开放，经济、科技、文化等档案可以少于二十五年，涉及国家安全和机密可以多于二十五年，而上述时间范围为统治权力的行使预留了极大的空间，加大了管理权力执行难度，也不利于利用权利的执行。

事实上，现阶段档案管理相关的制度规定还是以体现权力为主要原则，权力与制度的结合依然是一种权力的制度，权力制度不仅会引起主体间的权力冲突，而且个人权力与组织权力也会受到影响，同时信息科技与网络技术引起的信息侵权等个人权力之间的冲突屡见不鲜。面对当代社会背景下的各方权力冲突，已不是法律或强制性制度能够解决的，唯有伦理道德可以对权力冲突进行有效的调节。

（二）"利"的分配

从权利相对论角度上讲，权利也有其限度，超过了权利的限度，便走向了权利滥用，是否能将权利的限制始终保持在一个较为平衡的点，成为档案管理主体必须直面的现实难题。而实际情况是权利并不总是能够维持在其限度之内的，该现象的主要原因还是来自权力分配的不均，或者说是实权与虚权的差别引起的利益分配不均衡。利益根据不同的标准也可以划分为很多种，如个人利益、组织利益、社会利益、国家利益、经济利益、物质利益、精神利益等，社会主体围绕档案进行的各项管理、利用与服务活动能够获得的利益，从主体上看有个人利益与组织利益之分，从形态上看有经济利益与社会利益之分。

档案的凭证价值是主体维权的最重要的工具，但是拥有较高权力者也同时拥有档案的优先利用权，利用权力篡改档案等进行不道德的行为以牟取私利。而对于普通公民来说，档案是极为神秘之物，当私权与公权对决时甚至很难接触到真实档案，于弱势群体而言更为严重，档案意识匮乏让弱势群体不知道还有档案可以用来维护其自身权利，在这样的权力斗争中，社会公众想要借助档案获取某些物质、经济上的收益似乎有些难度。

那么档案能为社会公众带来什么利益？档案馆主动开放的历史档案，能够为社会公众带来精神上的收益。此外，诸如婚姻档案这类目前利用率较高的民生档案，可以为利用者开具某些身份、地位、关系等用以办理个人事务所需的相关手续证明，档案利用者也可以从中获得一定的经济利益和物质利益。

与社会公众所能获得的利益相似，档案管理主体除了因其所从事的职业带来的物质生活保障外，最多的或许也只是为社会各界提供服务而产生的精神利益。透过《档案法》第七章关于法律责任的描述同样可以看出，无论是档案管理主体还是社会公众，只有遵守的义务，没有过多的实权，违背义务便要受到惩罚，却没有奖励上的收益。因此，现阶段的权力仍然是规则的来源，伦理立法与道德规范亟须加强、改进与完善。

第三节　档案管理客体资源现状

从调研结果来看，大部分档案管理主体对自身的角色定位认识较为清晰，特别是年轻的群体，普遍能够认可其作为社会公众服务者的身份，但是目前馆藏档案资源却难以满足社会公众的差异化需求，而且尚未实现档案资源的公平共享，在档案管理主体与客体资源之间自然而然地出现了内在管理矛盾。档案管理是主体以档案为资源而开展的各项活动，当代社会档案管理客体一方面指的是实体档案，另一方面指的是档案信息资源。虽然档案资源以一种无生命的超道德自然物的形态存在着，但是却由于各主体的介入而实现了主体客体化，基于此，作为档案管理伦理关系建立必要因素的档案客体资源的开发与共享，成为了档案管理伦理道德研究的必要环节之一。

一　档案资源的开发

档案资源的开发既包括对档案馆馆藏资源的内部开发，也包括对散

第四章 国家综合档案馆责任伦理现状与困境反思

存于档案馆外部资源的开发。档案资源开发的措施、手段、方法直接影响档案信息资源体系的建设,而档案信息资源体系系统性与层次性建设又是档案资源能否满足用户需求的矛盾根源。

(一)档案资源开发的方式方法

现当代社会背景下,政府活动职能由"权控"向"民控"转型,其服务价值逐渐体现"为民"的倾向,公共活动领域与私人活动领域的界限越来越模糊,私人活动往往受到公共政策与公共道德的影响,公共活动同样以符合大多数人的道德信念为前提。国家综合档案馆馆藏档案资源绝大部分来自政府机关,政府职能的转变也决定了档案馆馆藏资源类型的变化,一方面,个体参与社会活动的要素已从体力劳动向智力劳动转型,反映主体精神、意识、心理活动等特色档案资源出现了主体性的需求特征。另一方面,职业分工的细化导致主体对与切身利益相关的政策性文件、信息的需求度日渐高涨,主体的差异化特征也对档案信息的层次化与多样化提出了新的要求。国家综合档案馆的社会服务能力体现为对其馆藏档案信息资源为基础的信息获取力与信息服务力,信息技术虽然改变了档案信息资源开发的方式方法,但却始终呈现出与档案利用相对滞后的状态。

档案信息资源的开发涵盖对馆藏档案资源的内部开发与社会档案资源的外部开发。内部开发是对馆藏档案具有普适价值档案资源的深度挖掘,借助档案管理主体的专业知识与技能,将纷繁杂乱的档案信息资源进行整合,并且有针对性地为不同类型档案利用者提供能够满足其档案需求的档案信息产品。诚然,安全完整地保存档案固然是档案管理的首要价值,但是保存并不是档案管理的唯一价值,源于社会实践活动的档案信息资源必然有其能够作用于社会的重要意义,但是由于现存档案资源"官"与"权"的浓厚色彩,导致大部分档案资源不能及时开放,待其可开放之时似乎又错过了公众的信息需求。由于现阶段馆藏档案资源的不均衡,在对外部档案信息资源的开发规划中档案资源外部开发便因此提上了档案信息资源开发的日程。

首先，要明确何为档案，所收集之物是否有长久保存的价值，绝不能为了提高档案信息资源的收集量而大力征集不具备长久保存价值的资料或是实物收集进馆，"泛档案化"与"大档案观"的思潮在业界与学界俨然已形成了一股无形的力量，这对档案资源的开发是极为不利的，特别是来自电子形式与网络形式的档案信息资源，很多人持有"来者不拒"、"不必鉴定"等左倾空想主义造成档案资源开发成本与收益的严重失衡。其次，还要注重对外部档案资源开发方式的选择，相比内部资源开发的专业性与系统性，档案资源的外部开发更需要一套兼具全局性、动态性、层次性的开发方式方法，除较为传统的对有价值档案的征集外，目前力度较大的做法是对名人名家口述档案的收集以及网络档案信息资源的获取，口述档案带有极强的主观主义色彩，网络档案信息资源又具有不确定性与不稳定性等弊端，对上述两种档案资源的开发务必要结合当时的社会背景进行有效鉴定确保所收集档案资源的真实有效性，并且做好保存工作以防止由于技术等引起的信息失效等问题，便于档案资源的长久利用。

（二）档案资源建设的策略选择

档案资源的开发是对档案资源的收集、整合并挖掘档案信息所蕴含的社会服务价值，而档案资源的建设则可被看作档案资源开发的补充工作，将分散的档案资源进行系统化、层次化与规范化的管理，"从民众中来丰富馆藏内容，优化馆藏结构到民众中去"[1]正是对档案资源开发与建设的最佳表述。档案资源建设从未改变传统背景下形成的"权力规划"与"封闭规划"的策略局面，因此导致了档案资源的有限性与局部性，也引发了档案资源体系与档案利用者需求满足之间的矛盾。

档案资源既然是反映公共生活的真实记录，那么围绕社会公众的基本物质生活与精神生活构建档案资源体系，满足公众对档案资源的公共

---

[1] 黄霄羽：《社会转型期档案利用政策研究》，光明日报出版社2011年版，第85—87页。

第四章　国家综合档案馆责任伦理现状与困境反思

性诉求理应是档案资源建设的关键性的价值选择。然而，我国档案资源建设尚未形成以公共利益为出发点与归宿点的资源体系，馆藏档案资源结构仍以反映国家层面建设规划的党政机关档案为主，并且在档案资源的宏观管理方面始终处于听令与服从的地位，档案馆受到权本位的思想禁锢，与公共利益之间形成一道隔阂。事实上，综合档案馆被上级机关与社会公众挤压在夹缝中，对内管理与对外服务的权力均来自上层，具有明显的政府发言人形象，但又带有科学文化事业单位的服务属性，也就是说综合档案馆力图实现全民共享档案资源的目标似乎有些力不从心，这与我国政治体制密切相关。失去现行效力的党政机关文件是综合档案馆唯一可确定的馆藏档案来源，而其他类型的档案资源或许存在交叉管理的现象，企事业单位档案室、专门档案馆对特色档案资源的收集整理也正在积极地发挥作用，图书馆、博物馆等部门也存有具有档案价值的资料与实物。由此可见，综合档案馆的馆藏资源不仅很难满足社会公众对档案的特色需求，而且由于所藏资源的政治性与保密性也很难实现馆藏资源的及时有效利用。这样一种"封闭规划"式的资源建设无法实现档案资源的社会共享，综合档案馆以一己之力承担档案资源建设的重任看似有些艰难，合作规划显然是档案资源建设的必经之路，规划主体除综合档案馆外，还应包括党政机关、非政府组织、图书馆、博物馆等相关部门以及社会公众。

此外，档案资源体系建设策略选择不能忽视档案资源管理的成本与收益问题，对于一个非营利且边缘化的机构而言，资金是其资源建设与管理不可规避的现实难题。档案资源所创造的经济效益是间接的、不明显的，其所创造的社会效益又是潜在的、不可计量的，而面对技术进步与需求增长的新形势，资金投入又是必须的，如此造成了投入与产出比失衡的假象，让档案馆陷入了资金短缺与资源建设的两难境地。

二　档案资源的服务

从利用到服务，档案管理经历了从被动到主动的过程，就目前档案管理态势而言，档案的服务工作尚处于较为初级的阶段，换言之，现阶段档案管理工作仍以被动利用为主、主动服务为辅。然而，这一现象并不能简单地说是由档案管理主体的服务意识较低导致的，客体资源的官方占有、资源的有限可利用性等客观现实问题也是影响档案资源服务社会化效果的重要原因。

（一）现有资源与差异化需求的关系

虽然当代档案管理始终提倡档案的社会化服务，但是纵观国家政策层面关于档案服务的外在规范性文件并不多见，其中有关档案利用的规范性文件尚有一些，而利用并不等于服务，档案的利用工作是以被动提供档案资源为管理模式，服务则体现为档案管理主体主动向社会公开档案信息资源。上文提到，《档案法》关于档案管理章节对国家机关、国有企业、集体所有以及个人所有的档案实权做出了具体的规定，即便是所谓的"集体所有"、"个人所有"的档案，实际上同各级各类档案馆，对档案只具有保管权，国家对档案仍然实行强权控制与占有。因此，档案管理主体在向社会提供档案信息资源时受到上级对档案资源的垄断占有权的制约，与要求档案服务社会化的任务自成矛盾。

随着社会公众精神文化生活的提高以及自身权利维护意识的提升，对档案的需求也日趋多样，档案来自社会主体的实践活动，却不能为其所用，即便是普通利用者的基本档案需求似乎也不能够完全满足，这一现象显然是不对等的，尚且不论有限的档案资源能否满足社会公众差异化的档案需求，能否为弱势群体的档案资源利用提供方便。诚然，《档案法》制定于1987年，并于1996年和2006年进行过两次修订，最终于2020年6月通过新《档案法》，从伦理角度来讲，《档案法》是档案管理最高的外在强制约束纲领，其不可违背性直接影响档案管理主体的内在道德观。2014年5月《关于加强和改进新形势下档案工作的意见》（以下简称《意见》）的印发，对档案的服务工作有了全新的宏观指导规

第四章 国家综合档案馆责任伦理现状与困境反思

划,《意见》提出了"强化档案服务功能与促进资源共享"①的档案服务道德规范与内容,明确了档案资源服务的对象与服务方式,意味着档案的社会化服务开启了带有国家管理主体意志的道德规范,形成档案服务社会化的外在伦理约束。

（二）档案信息资源服务的道德异化

档案信息资源以其特有的原始记录性为社会公众提供可资为凭的证据或可资参考的情报,对社会以及公众具有积极的意义,但是由于人性趋恶的假设以及受到客观环境等因素的影响,档案信息资源也会出现被负面利用的现象,也就是本书所指的档案信息资源服务的道德异化。一方面,档案是主体活动的产物,其中所蕴含的信息原本是作为档案利用主体维护自我权利的重要凭证,是成就个体发展的正向信息,帮助个体更好地追求自身幸福;可是由于某些负面能量的影响,隐藏在主体内心世界中的"恶"慢慢显露,最终被档案这一客体资源控制,为了实现一己私利篡改档案、销毁档案等现象时有发生。

另一方面,在档案信息资源服务过程中,几乎无法满足所有人的不同档案需求,建立在大多数人基础上的档案利用政策或许是唯一的、相对公平的措施,档案的服务内容、服务方式、服务收益同样符合国家层面的道德。然而实际情况是,档案信息资源为国家所占有,并且至今为

---

① 中共中央办公厅、国务院办公厅:《关于加强和改进新形势下档案工作的意见》,中办发〔2014〕15号,2014年5月。

（十一）强化服务功能。在服务对象上,既为有关部门和单位服务,又为广大人民群众服务;既为城市发展和市民服务,又为新农村建设和农民服务。在服务内容上,既做好帮助有关单位建立和管理档案的服务,又做好为社会各方面提供档案利用及政府公开信息、其他信息的服务,特别要积极把涉及民生的各类档案、信息及时整理、鉴定出来,优先提供利用,更好为维护人民群众合法权益提供支持。

（十四）促进资源共享。各级党委和政府要以实现档案信息资源社会共享为目标,统筹协调,充分利用已有的信息传输网络和平台,积极推进城乡档案信息资源共享,支持档案馆（室）把可公开的各类档案、信息上传网络,开展远程利用。国家档案行政管理部门要搭建全国开放档案平台,并与政府公开信息系统对接,实现资源共享,逐步把各级国家综合档案馆已开放的档案以及各级政府的公开信息上传到平台上,真正建立起方便人民群众的档案利用体系,使档案公共服务惠及广大人民群众。要建立健全档案信息公开发布保密审查制度,严格档案信息公开保密审查,确保公开的档案信息不涉及国家秘密和个人隐私。

少数人所利用，长此以往，这样的道德成为了档案服务的"普遍"道德力量，大多数社会公众，尤其是弱势群体不得不强制接受这种"满足少数人的利益诉求"的外在道德力量，从而压制了真正的、符合大多数人利益的普遍道德。档案服务道德异化的现象不仅是可供利用的档案资源的有限性所引起的，最关键的因素是来自各类主体道德观念的异化，也有来自主体所处环境异化的原因，或许只有在全社会范围内达成统一的伦理道德观才能有效遏制档案服务引起的道德异化，但这似乎又是一种空想。

第四节　档案管理环境伦理现状

诚然，从管理流程来看，档案管理是一项主体与主体、主体与客体之间的互动性活动，但是如上一章所提到的，档案管理伦理关系的变化除主体意识与客体资源的直观因素外，还有来自环境的影响因素。主体的伦理观也会随着环境的变化而变化，面对具体的环境做出具体的价值判断，采取适合所处境遇的行为，而不是将教条主义进行到底，顽固地僵守所谓的道德规范或是固执地坚持所谓的道德原则。

一　外部环境

一方面，我国档案管理实行高度的集中统一管理，意味着档案部门的"听"多于"思"、"服从"高于"自治"；另一方面，档案资源源于社会实践活动，又作用于社会实践活动，因此，来自外部的动态变化对档案管理主体与客体具有双重的影响。

（一）社会环境

随着社会结构的变化与市场经济的发展，社会生活中充斥着个人主义与集体主义、理想主义与务实主义、传统信念与现代理性等多元化的情感倾向相互融合，也相互冲突。"任何一个社会都不可能完全消除社会冲突。这是因为，任何一个社会都存在着社会利益矛盾和利益

第四章　国家综合档案馆责任伦理现状与困境反思

冲突。"① 档案资源来源于社会又作用于社会，档案管理主体既是自然人也是社会人，可以说，社会宏观环境变化对档案管理伦理观的影响直接且重大，一方面表现在档案资源的利益分配上，另一方面表现在档案管理相关主体社会责任意识的变化上。

如果将可公开的档案信息资源所能收获的社会利益与经济利益总和看成一个相对确定且平衡的量，在档案信息的获取方面，少部分人拥有大量的档案信息占有权，也因此在利益分配上获得了较高的配额，而另外很大一部分人则获得较少的档案信息资源，也因此获利相对较少，这一现象导致社会主体利用档案信息资源获取利益时出现了极为稳定的差距。不平等的档案信息占有与利用破坏了正常的档案利用秩序，档案利用主体之间必然要发生利益的矛盾与冲突。这一现象的背后可能是社会结构的问题，也可能是行为结构的问题，对于一个法治化相对严格的国家而言，结构性冲突并不明显，换言之，由于档案资源分配不均所引起的冲突实质上是由于社会主体档案利用价值观的混乱所引起的利用行为冲突。

社会主体人生观、价值观及世界观的形成与变化往往受到其所处社会环境的影响，也因此形成了不同的价值理念与道德观念，这些道德观念呈现出诸多不同，满足大部分社会主体的档案利用权利以实现其追求利益的公平是可以实现的，当大部分社会主体的档案需求得到满足时，档案的社会利益与经济利益也实现了相对合理的分配公平，这就要求生活在当代社会的每个社会个体树立为他人、为社会负责的责任伦理意识，特别是处于档案信息资源获取优势地位的个体与群体。

（二）人文环境

人文环境是与自然环境相对立的一个具有现代意义的概念，多为人的主观能动性的现实表现，体现为人与社会、人与人、人与自然的互动关系。人文环境对档案管理伦理道德既有有利影响，也有不利影响。人文环境作为社会的一种隐性环境，在无形中影响了社会主体的道德观念，

---

① 张康之：《寻找公共行政的伦理视角》，中国人民大学出版社2002年版，第346页。

从国家到个人更加重视对文化遗产的保护,"迄今为止,已经有来自一百多个国家和国际组织的346份文献遗产入选了《世界记忆名录》,我国已有《中国传统音乐录音档案》《清朝内阁秘本档》《纳西东巴古籍文献》《清代大金榜》《"样式雷"建筑图档》《本草纲目》《黄帝内经》《侨批档案》《中国元代西藏官方档案》《南京大屠杀档案》等13个项目入选"①。国家档案局自2000年开始实施的"中国档案文献遗产工程"项目,促进了各地方对传统文化的保护,维护历史真实完整性的同时,也强化了社会各界对档案资源的认可,同时也为未来积攒了重要的人文史料。

反之,外部变化的人文环境也将社会总体价值取向由原本的集体主义逐渐向个人主义转变。从古至今,在我国的文化理念中蕴含着人本位的思想,但是受到政治体制与垄断管理的影响,真正的个人自由主义几乎没有存在过,但是人文环境的进步使得个体意识逐渐加深,给予了社会个体更为广阔的创造与发展空间,人的内在本性也因此而暴露无疑。面对自我发展与自我价值的实现,个体将私欲提升到了新的高度,享乐主义与功利主义的道德观念促使社会个体价值观的扭曲,与人类终极的人文关怀相背离,档案信息资源成为社会个体私欲满足与权力争取的工具,档案信息资源固有的人文价值被其工具性价值掩盖,诱发档案管理伦理价值观的不和谐状态。

(三)信息环境

信息可以说是当代社会最为重要的生产要素,掌握信息量的大小关乎每个社会个体、组织的生死存亡,甚至是国家的发展命脉,社会个体不论其地域、种族、年龄、学历如何,似乎每时每刻都通过不同的方式接收并发出各式各样的信息,其中也夹杂着大量无用信息与虚假信息。档案部门也在这样的环境中力图将档案资源的开发与利用向为社会公众

---

① 中国档案报:《关于〈南京大屠杀档案〉入选〈世界记忆名录〉的报道》,2015年10月,中华人民共和国国家档案局(https://www.saac.gov.cn/daj/yaow/201510/ef5d83dad24045028fa809d43190fc33.shtml)。

第四章　国家综合档案馆责任伦理现状与困境反思

提供档案信息资源转型,但是档案信息资源带有与生俱来的真实可靠性,信息环境显然增加了档案信息资源共建共享的难度,社会主体在进行档案信息资源的开发、传播、利用过程中的伦理要求、伦理规范、伦理标准构成了新型的档案信息伦理关系。"档案信息伦理的产生本质上在于,档案信息活动本身具有内在的价值尺度:档案信息活动主体都具有一定的道德修养、道德观念及人格。"①

面对信息环境下虚假信息与垃圾信息的充斥,影响了社会公众对真实档案信息的辨别,信息污染与滥用也威胁着档案信息资源的利用与共享的社会收益,尤其是信息环境下侵权行为屡见不鲜,传统模式下的档案服务几乎不可能较好地应对信息时代的挑战,基于此,档案信息立法的缺失成为现阶段档案信息伦理建设亟待解决的问题。但是信息具有隐蔽性、跨时空等特性,因此档案信息伦理问题并非强制性的外在法律法规能完全解决或避免的,信息活动的善恶标准必然要依靠主体内心的道德信念来指导其道德行为,最终在档案信息资源的交互关系中建立一种扬善抑恶、权利与义务对等的契约精神。然而,档案信息资源建设尚处于发展阶段,档案信息伦理更未得到应有的重视,档案管理主体在应对信息环境的挑战方面任重而道远。

(四)国际环境

国际文明、信息科技、知识人才、自然生态等多种因素催生了全球管理伦理问题,也客观上推动了社会主体道德自律精神、意识行为准则向更高的层次提升,社会主体的自我管理能力,即独立的人格、社会公德、自律意识、善良意志等,要与外部管理相一致,认识并履行自身责任。全球管理揭示的是一种在不影响独立主权的前提下,相互联结的互助且相对自主式管理机制,这对于我国各行各业的发展均起到催化的作用,档案管理也乘着这股东风建立了良好的国际互动关系。近年来,我国各高校档案专家参加国际活动与项目交流日渐频繁,有助于提升我国

---

① 马仁杰、张浩:《论社会转型期档案信息化与档案信息伦理建设》,《安徽大学学报》(哲学社会科学版)2011年第1期。

档案界的国际地位与国际影响力,但是以高校学者组成的团队仅仅是学者中的少部分,更是档案界中一枝独自盛开的繁花,实践工作领域的国际参与度有待提升。此外,在档案管理伦理建设方面,国际档案理事会早在1996年便制定了《档案职业道德准则》,并对该准则的使用效果进行回访,其下设的人权工作组长期致力于档案管理主体在人权维护方面的职业原则研究,从其每月所公布的活动新闻中获悉,欧美地区很多组织非常重视档案管理伦理道德的建设,美国档案工作者协会多次修改于2005年制定的《档案工作伦理准则》,定期公布档案工作中的伦理道德案例,以供同行业者参考。

伦理道德是一个相对较为主观且敏感的话题,由于我国管理体制与历史传统问题等原因,导致诸多关于档案管理道德问题未能引起足够的重视。笔者认为,虽然国内曾出现过抛开国情盲目跟风的道德迷失现象,即便现在仍存在很多"国外事事强,国内事事怂"的主观错觉以及抛开国情谈"合作"的现象,但是就档案管理伦理建设方面而言,国外的做法似乎尚有可取之处对我国档案管理伦理的发展会有些许帮助。其中,国外档案管理伦理工作最为可取之处并不是其制度标准的完善,而是那种来自主体的理性呼唤,发挥主体思维与意识的优势,敢想敢说,敢做敢为,才是我国档案管理伦理道德问题需要解决的根源。

二 内部环境

如果说外部环境对档案管理伦理观的影响是宏观且深远的,那么内部环境对档案管理主体道德观的养成则是微观且深邃的。档案管理主体所处的工作环境、所遵循的管理制度,以及信息时代所面临的技术困境直接作用于其主观意识形态中,直接影响主体的道德价值判断与道德行为选择。

(一)管理环境

首先,档案管理表现为一种组织管理,组织的生存与其自身的内部管理密切相关。企业管理更多地是注重收益,在管理模式上有很大的创

第四章　国家综合档案馆责任伦理现状与困境反思

新,而档案馆的组织管理仍以科层制为实际上的管理模式,严密的等级制度与绝对命令完美统一,这种管理模式下形成的岗位责任最为明显。目标岗位责任制是职责分工的结果,能够实现人才的专业配备,将最合适的人才安置在最合适的岗位,发挥主体能动性与创造性,但是与此相对的是,岗位的细化也出现了诸如岗位失职、责任推诿等现象。另外,科层制结构下的档案馆还存在着多头管理下的无头管理现象,笔者所了解的某县级档案馆拥有二十个正式编制,其中领导十二位,这样多头领导的结果便是互相推诿造成无头管理的现状。

其次,档案管理表现为档案业务管理。现阶段档案馆业务管理形势较好,主要归功于领导的重视、档案管理主体专业素质的提高以及社会档案意识的提升。在笔者所咨询的几家档案馆以及通过对部分档案信息网站的调研,可以看出目前国家综合档案馆对业务管理的规范化与流程化方面均有很大的进步,数字化工作与档案信息网的建设也拉近了档案与社会公众的距离,特别是专题档案与特色档案资源的开放,让社会公众对档案的重要性有了新的认识。

最后,档案管理在其管理内容层面还表现为知识管理。档案资源的知识管理不仅是对档案实体中所蕴含信息资源的显性开发,还是档案管理主体隐性知识与档案显性知识之间的结合与转化,将档案中的知识作为档案管理的资本进行开发与服务,实现档案管理内容层面的知识挖掘。而知识管理也并不是一个赶时髦的新兴词语,知识是每个组织赖以生存的资本,管理是将主体及其知识合二为一发挥最大效用的唯一方式,彼得·德鲁克曾说,"由于管理的出现,才使得知识从社会的装饰物与奢侈品转变成为一切经济实体的真正资本"[①]。简言之,现当代档案馆内部管理环境总体上是积极的、趋善的,但也出现了机械管理与任务管理的思想,究其本质还是主体责任意识较弱引起的,这也正是本书所要解决的问题。

---

① [美]彼得·德鲁克:《德鲁克管理思想精要》,李维安等译,机械工业出版社2009年版,第3页。

(二) 制度环境

"制度是稳定的社会交往关系结构,这个稳定的交往关系结构具有社会整合与规范功能,且具有自我生长功能。社会基本权利——义务关系安排是制度的核心。"① 制度环境则是由一系列关于政治、经济、文化的法律、法规、习俗组成的,用来建立并指导主体在所处环境中的生产生活、工作学习、利益分配等制度规则的集合,制度环境也可以是主体在社会实践活动中自发形成的、被普遍接受的行为规范,或者可以称作制度伦理环境。档案管理的制度环境分为三个层次:带有行政意志的强制性法律法规、具体业务管理的操作标准、档案管理主体自觉形成的道德规范。

首先,《档案法》虽然与其他法律法规存有冲突,但仍是指导档案管理主体从事职业活动的基本规则,从国家上层到地方基层关于档案管理的规定性文件也较为完善。其次,档案管理国家层面的操作标准涵盖文书档案、科技档案与专门档案,也涵盖信息环境下的电子文件等多种类型的档案资源。行业标准更为细致,从基本术语的界定到具体工作的操作与执行;从历史档案到现行文件的整理、归类、著录等细节规范;从文书档案到专门档案的管理;从档案的一般管理到档案的保护、修护与防范细则。可以说无论从宏观、中观或是微观层次,与档案管理相关的法律法规和操作标准较为全面且成熟,相比之下,档案管理主体自觉形成的道德规范便略显薄弱,表现在上述法律法规与业务标准的执行力较差、主体社会责任感较弱、道德观念尚浅等方面。实际上,制度与伦理无论是在概念层面还是实践层面都是相辅相成的一对,正如陈忠海所言:"立法者受不同因素的影响,必然以现实状况及自身利益为先,其确立的立法原则体现为由理性异化而来的立法者意志,同时,他们使自己的主权意志顺应民众意愿和社会要求,从而与整个人类不懈追求的正义、利益相一致,并且在二者发生冲突时,定然使法律意志服从于伦理

---

① 高兆明:《制度伦理研究——一种宪政正义的理解》,商务印书馆2011年版,第12页。

第四章　国家综合档案馆责任伦理现状与困境反思

价值,实现了立法伦理价值的归同。"[1]

（三）技术环境

"信息时代使我们的生活变得更加便捷,但实际上却出现了大量潜在的'电子血汗工厂',在这样的工厂里,我们要面临着接受长时间的劳动,同时要付出群体的、个体的以及精神上的成本。"[2] 信息时代是与技术相联系的,技术又将人变成了"机器",以信息技术为联结点的伦理关系更为隐蔽且多元化,人与人之间依靠终端设备进行无声的交流,档案信息同样也可以借助无形的网络被社会公众所熟知、利用。众所周知,信息技术是一把双刃剑,如何正确使用技术做出有价值的、正确的、向善的档案管理与利用行为则成了当代档案信息管理面临的难题,技术是超道德的无形存在物,通过主体主观意识的价值判断作用于技术形成某种有利或有弊的管理手段,如同档案信息本身是没有特殊力量的,脱离主体的信息是没有任何意义的,主体在有无信息的情况下都可以做出价值判断,从这一层意义上讲,只有从正确渠道获得的真实信息才能辅助主体做出带有善意志的价值判断,选择符合道德动机的道德行为。

目前档案馆面临的技术难题来自四个方面:纸质档案数字化、档案信息网建设、档案管理系统、数字（智慧）档案馆建设。传统背景下档案学界重视档案基础理论研究,档案实践侧重于如何提高管理有效性的研究,虽然理论与实践长期被划定为"脱节",但也是分工明确,然而围绕技术展开的档案管理相关理论与实践研究却出现了截然相反的现象,理论研究者更青睐于技术层面的研究,似乎有种纸上谈兵的意味,而在实践层面,技术的问题可以通过购买或外包等方式解决。这一现象的背后正是档案管理技术伦理异化的表现,档案管理主体被技术控制,因技术短缺与外部企业建立了合作关系,却也因此带来了更多道德层面的问题,也加深了档案管理理论研究与实践操作之

---

[1] 陈忠海:《论档案立法原则的伦理精神》,《档案学通讯》2008年第3期。
[2] Richard J. Cox, *Ethics, Accountability, and Recordkeeping in a Dangerous World*, London: Facet Publishing, 2006, p.6.

间的矛盾，更为严重的是由于各类主体技术能力的不同，档案信息的获取与利用出现了更深的鸿沟，同时技术对主体道德观的负面影响增加了潜在的档案利用风险。

第五节 档案管理责任伦理现状反思

客体资源的开发与建设是主体对客体资源所进行的某种管理活动，内外部环境的影响也是客观因素作用于主体后的某种道德反应，因此，档案管理所面临的道德困境归根结底还是处于伦理关系中心地位的"人"的道德活动与道德意识的结果。那么，从主观因素来看，主体道德行为又通过个体与群体两个层次得以展现，并且行为行使的背后总是离不开行为动机的影响。

一 个体道德反思

结合上文对档案管理主体、档案服务对象、档案相关主体的角色定位，笔者将对档案工作者的个体道德进行客观反思，同时对社会公众、相关社会个体的档案伦理道德进行简要评述。反思其目的并非批判，而是对自身的道德行为进行理性审视、扬长避短，养成积极向上的档案管理伦理观。

（一）档案管理主体职业道德失准

档案管理主体职业道德失准的现象时有发生，但是在从业者范围内却习以为常且得到了"普及"甚至"延续"，或许由于职业道德素养的缺失使得很多人认为只要不违背法律，就无违背道德可言，也或许认为档案部门是处在边缘地位的清水衙门，即便违背了道德也无人惩罚。无论是基于何种看似合情的原因，实际上都缘自档案管理主体内心道德标准的失衡以及档案职业伦理原则的欠缺。根据《档案职业状况与发展趋势研究》一书的概述，"不符合档案职业道德规范的行为主要包括两大方面：即按照档案从业人员职业规定应该做的事，从业人员没有做到，

第四章　国家综合档案馆责任伦理现状与困境反思

或者按照档案从业人员职责规定不该做的事，从业人员却做了"①。例如，按照规定应该妥善保管的档案由管理者的疏忽或是惰性心理导致档案的自然或人为损毁，由拖延或是推脱导致库房内堆积大量档案，后续的编目、数字化、利用工作等很难进行，档案工作环环相扣形成恶性循环，类似这种"不作为"的现象即为规定应该做的事没有做到。再如，借助职务之便，帮助亲朋好友通过非正规渠道获取档案，抑或是按规定提供免费档案利用，但却私自收费等则属于规定不该做却做了的"乱作为"现象。

而笔者认为上述两种违背职业道德的情况有时会同时发生，后果更为严重，甚至触犯法律，于人于己于社会都是有百害而无一利的。据中国新闻网披露，山东省潍坊市档案局的王家林于2011年12月至2014年8月利用职务之便先后盗卖馆藏真品字画52件、民国版潍县志等县志5套、旧电影海报35幅，涉案金额25.8万元，被山东省潍坊市高新技术产业开发区检察院以贪污罪判处有期徒刑九年。② 王家林案件因最终触犯法律而受到关注，从档案职业伦理角度重新审视这一事件，一方面，他的职责是保管档案，接待查档的利用者，但是他没有保管好档案导致档案被盗日后无法为利用者提供已失窃档案乃"不作为"。另一方面，他因不满于现状受到金钱诱惑而引起内心道德失衡倒卖档案，又因未被发现这一外因而彻底瓦解了当事人主观内心的道德底线，由道德失准直到道德丧失乃"乱作为"。王家林近三年的犯案时间里其内心的善恶斗争暂且不论，该事件虽然也只是个案且极为罕见，却是档案管理主体职业道德失准的表现，为那些尚未触犯法律、暂时未被发现的不道德职业行为敲响了警钟。影射档案管理主体职业道德失准的同时也反映出了档案职业道德监管的缺失，近三年的时间里对于馆内职员的违规行为居然没有察觉，不禁会让人疑问除王家林本人以外的馆内其他管理主体，尤

---

① 胡鸿杰、吴红：《档案职业状况与发展趋势研究》，中国言实出版社2008年版，第307—308页。
② 检察日报：《山东一档案局工作人员盗卖特藏字画 因岗位没油水》，2015年11月，中国新闻网（http://www.chinanews.com/sh/2015/11-09/7612283.shtml）。

其是负责领导们都在忙于何事，是否存在玩忽职守、知情不报等"不作为"与"乱作为"现象。

（二）公众的档案利用功利主义

从档案服务社会化角度来讲，社会公众可以从档案这一客体资源中收获幸福，档案以其凭证价值与情报价值，通过服务的方式使得社会公众获得物质、精神、情感上的三重满足感。然而就目前的现状看，社会公众利用档案资源渠道狭窄、方式单一、内容肤浅，这一现象的背后说明了社会公众在利用档案时带有功利主义色彩。笔者在实习的过程中曾对89位到馆的档案利用者进行调研，当问及查阅档案目的之时，其中38位表示是为了个人事务，27位表示是为了查找凭证依据，18位表示是为了工作事务查考，仅有6位到馆利用者表示是为了研究之用。上述调查数据虽不能完全代表所有的档案利用者的查档动机，但就这一比例而言，绝大多数的利用者是为了解决个人难题才进行的档案利用，换言之，大部分档案利用者在进行档案的利用行为时带有明确的实用目的。

在笔者的调研中，一半以上的人是通过到档案馆利用档案后才知道有这样一个机构的存在，如非利益所需，大多数的社会公众不知档案为何物。档案的利用群体大致可以分为三类，且每一类利用群体的目的直接关乎其自身利益，第一类群体为机关企事业单位工作人员，这类群体是文件的形成者，因此对归档后的文件了解较多，查档的目的与其工作所需正相关。第二类群体为历史学者，这类群体是档案馆的常客，查找档案是为了其所研究的史学内容寻找第一手资料，也只有这类群体能够真正领悟到档案所蕴含的信息价值，但是仍然没有改变史学家利用档案资源为实现其自我研究的利用目的。第三类群体为社会公众，相比前两类，普通的社会公众对档案与档案馆的认识度明显不高，他们利用档案的目的极为简单——找证据。或者说只有在社会公众遇到生活难题时，需要借助档案的力量为其开具某种带有说明性、证据性的文件才会去利用档案实现利益的满足。

曾经兴盛一时的"档案休闲利用"的想法最终成为泡影，一个非常

第四章 国家综合档案馆责任伦理现状与困境反思

明显的事实便是社会公众利用档案的目的直接明了，档案信息成了其维权的工具，最终获得物质收获或权益保障，档案始终没有成为社会公众的精神食粮。当然，档案管理主体是无权指责社会公众的档案利用意识较差或者责备其功利主义的利用倾向，有可能是档案管理主体社会责任感、主动服务精神的欠缺，导致档案资源的社会性价值没有得到广泛的认可，才出现了档案利用率偏低与档案利用的功利主义倾向。

（三）主客体合作机制的缺失

档案管理主体与相关主体合作机制的缺失导致各主体考虑自身利益多于对方利益，在行为选择中以实现自身利益最大化为原则，也是引起利益分配不均乃至利益冲突的较为关键的因素。能够参与档案服务社会化的主要相关主体有文件形成者、大众传媒、与档案管理相关的企业。

首先，文件形成者的档案管理参与度较低，只顾文件的现行效用对组织的实际意义，对于文件的前端控制把关不严格，在文件的格式规范、形成背景等方面存在较多问题，文件与档案乃同一事物的不同阶段，文件的质量直接影响着档案的管理与利用。另外，文件形成者对文件形成各要素了解得更为深入，其对档案的价值鉴定更有发言权，然而实际的情况是文件形成者很少参与到档案的归档与鉴定中，而档案工作者也无权参与文件的全程管理。二者各司其职虽不违背任何职业道德，但也因二者合作机制的缺失导致无用档案大量堆积、占去库房有限的空间，有用档案价值实难发挥的困境。

其次，大众传媒作为现阶段档案宣传最为有效的方式，然而媒体机构利用档案的目的不只是为社会还原真实的历史或者是为公众提供精神供给物，也存在利用档案谋利的现象。

最后，与档案管理相关的企业为档案管理提供各种物质资源与技术资源将作为营利性企业的第一要义。因此，诸如为档案管理提供必要设备设施以及档案业务外包公司在与档案馆合作之时，所获取的经济收益是其最为关注的要素，而后才是其能提供服务的质量。在与前两种类型主体的合作中，档案管理主体相对被动，与第三类型主体合作相对主动，而笔者认为，围绕档案这一客体资源展开的各项管理活动，包括与相关主体的合作，综合档案馆都应该占据主动的地位，从满足社会公众需求角度出发，在不违背自身利益的同时，兼顾与合作主体的利益均衡，最终的合作目的都是为了实现档案社会化服务。

二 群体道德反思

没有能够脱离群体而独立生存的个体，从这一角度讲，上述提到的个体道德实际上也能够代表群体道德的某一层面，基于此，本书不再对由个体组成的群体道德进行反思，仅对以组织形式存在的、对档案管理社会责任伦理起到决定性作用的综合档案馆的社会道德行为与其自身的道德建设做出合理的道德解读。

（一）国家综合档案馆社会功能较弱

档案馆所肩负的社会责任一方面产生于档案馆对社会的影响，表现在档案馆为社会所做的贡献，另一方面来源于社会需求，即档案馆能够为社会做些什么，现实的情况是档案馆为社会所做的贡献远远小于其能为社会做的贡献。"存在属于实体的本性。"[①] 档案馆的社会属性需要通过自身而被认识，档案馆所保存的档案信息资源具有唯一性与不可替代性，因此档案馆必然有其存在的重要价值。

档案馆为社会贡献了什么？档案馆"五位一体"的功能，即爱国主义教育基地、档案安全保管基地、档案利用服务中心、政府信息公开中心、电子文件管理中心，除爱国主义教育基地以外，其他四项功能实际上是指档案馆对档案资源的安全保管与提供利用。为党和国家建设、经济与科技发展保存其活动形成的原始记录信息以及具有重要史学价值的历史档案的档案馆存在的第一要义，为社会公众的个人利益维护提供着证据性的信息资源是档案馆存在的第二要义。这也是现阶段档案馆为社会所做的最直接的贡献，事实上档案馆能够为社会做的贡献不仅仅如此，如德鲁克所言"组织的直接成果通常是显而易见。但是，有时候直接成

---

① ［荷兰］斯宾诺莎：《伦理学》，贺麟译，商务印书馆1981年版，第6页。

第四章　国家综合档案馆责任伦理现状与困境反思

果也不一定是十分明确的,如果连管理者自己都弄不清楚应该有什么直接成果,那也就不要指望有任何成果了"①。档案馆为社会所提供服务的收益是间接的、隐蔽的、滞后的,且社会利益大于经济利益,因此往往被社会忽视,档案管理主体也似乎对其职业所产生的成果收益并不明确,将焦点定位在档案的现实效用上,而笔者认为,档案资源对社会最重要的贡献在于对历史记忆的构建与对未来记忆的保护。记忆代表着一种观念的有机联系,每个生存在现实社会的个体需要通过各种渠道获取关于历史记忆的资源去构建历史,那么最接近真实历史所需要的正是最原始的档案信息资源,后世对现代记忆的构建也是如此。也就是说,对"记忆"的修护与维护才是档案馆唯一不可替代的社会功能。

（二）档案管理法治化滞后

虽然现阶段关于档案管理的法律法规、规章条例等制度无论从形式上还是内容上均相对完善且全面,但是在实际利用效果上,却带有一定的冲突性与滞后性。其中冲突性可能来自不同领域立法的交叉重叠,不同行业在制定规章制度时势必以各自领域的利益为出发点,从而导致规范间的冲突,也可能来自前后制定的规范间的冲突,而这样的冲突也可能是由规范的时效性导致的,实际上也是前法对于时间而言的滞后性。档案业界与学界对立法工作尚无发言权,其所能做的也无非是找出规范之间的矛盾冲突或不适用性,在不违背国家法律意志的前提下,结合档案管理的实际情况制定具有实际指导与可操作性价值的规范性文件,并且提高档案管理人员的执行力。

相比法律规范的参与难度,德治更具有现实可执行的空间,"档案从业者都有自己内在德性取向,而这种德性可能是与其职业要求相背离的,在职业活动中,他们遵守他律性的规范只是因为客观的职业责任,是不得已而为之"②。换言之,档案管理主体自治也是档案管理德治的一种表

---

① ［美］彼得·德鲁克:《德鲁克管理思想精要》,李维安等译,机械工业出版社2009年版,第173页。
② 陈祖芬:《档案职业伦理问题研究》,《档案管理》2007年第5期。

现,对于档案管理主体来说,其客观职业责任与主观职业德性的统一才是实现其自治的最佳方式。忽视道德建设的档案管理工作,如今展现除了对法律规范的片面强调,而导致法律规范的作用事倍功半,缺少道德支持的法律规范显得僵硬而无所适从于复杂灵活的现实管理,并滞后于现实的档案管理,因此也仅能为档案管理提供一个规范化的制度框架,若想实现真正的规范作用势必要通过德治的途径。

三 行为动机反思

档案管理道德行为既有来自管理主体的管理行为,也有来自服务对象的利用行为,还有各主体之间互动合作的交际行为,而每一种行为都是由于不同主体的不同动机所指引而发生的,这些动机包括不同主体的原因动机与道德动机。其中原因动机是主体行为最直接的行为目的,也就是"为什么"这么做,通过这种行为想要达到何种目的,是一种带有自然人身份的行为目的。道德动机则与主体的道德认知与道德情感相联系,其行为结果必然是符合道德规范的,是每个社会人经过道德理性思考后的行为选择。

(一)管理行为

档案管理的行为选择与主体所能获得的物质与精神收益相结合,即作为其生存发展所需的物质资源来源于职业所得,也可以说是档案管理主体从事档案管理相关活动的原因动机,以及其通过档案服务所获得的精神满足感与为社会贡献的成就感,也就是支配档案管理主体道德行为的道德动机。

档案管理主体将其所从事的各项工作视为一项职业而努力发挥所长,而这项职业所得的最为直接的收益便是薪金,用来满足其日常生活的各种物质与经济所需,脱离该岗位,也就意味着失去了基本的生活保障,如果基础生活所需尚不能达标的话,其他各种关乎生存发展的物质与精神上的生活资料更是无法得到满足。档案管理道德可以通过是否对他人或社会有利的标准进行判断,而这种行为由道德动机所支配,表现为档

第四章　国家综合档案馆责任伦理现状与困境反思

案管理主体通过为他人提供其所需的信息，解决档案利用者所遇到的现实难题，任何违背道德动机的行为将成为他人或者社会获取利益的阻碍。档案管理行为从整体上讲，不仅仅是个人行为，更是一种组织行为，为了档案馆的正常运转并且为社会做出应有的贡献，必须要明确其为社会所做贡献的道德动机以支配群体与个体的道德行为，从而在社会范围内产生积极影响，承担并履行应尽的社会责任。

就综合档案馆目前的社会化程度以及档案管理主体对其所从事工作的认识度而言，笔者认为，大部分档案管理主体似乎并未将档案管理工作视为其需要赖以坚守的一份职业，而仅仅是将档案管理视为一项谋求生计的工作。在这样一种并不十分积极的原因动机的直接作用下，档案管理主体的道德动机也尚未形成，或者说现阶段档案管理主体所表现出的是一种非道德动机，也就是说档案管理主体只是将档案信息资源提供给有所需要的利用者，以至于对档案发挥作用后所能产生的经济与社会收益并不关注。而且如果长期在此低级的原因动机下从事档案管理工作，也潜在着由于物质生活得不到满足而出现的不道德行为，因此能否将档案管理主体行为的原因动机提升到自我价值实现与满足的高度，才是档案管理主体道德动机能否形成的基础。

（二）利用行为

关于档案利用者的行为动机上文已提到过，如不是现实问题所需社会公众几乎不会主动利用档案，其查找档案想获得的收益便是解决其所面临的生活难题，与这样一种结果相对的原因动机便是单一且直接的。社会公众对档案的利用往往建立在自我利益实现的前提下，且对个人所需档案的查询与利用基本上不与他人利益发生冲突或联系，因此，社会公众对档案的利用行为看似与道德动机关系不大。那么，社会公众对档案的利用是否需要以道德动机为指导思想？档案利用行为的道德性与道德动机的关系又是怎样的？

首先，考虑到人行为动机与效果的辩证关系，如果社会公众在利用档案可能产生的利益与他人利益或社会利益发生冲突时，建立有利于他人或社会的道德动机是非常必要的。如果社会公众利用档案信息资源仅仅是为了获得与个人利益相关的信息，则以不损害或威胁他人或社会的利益为道德行为动机。无论从哪个方面入手都能够得出社会公众的档案利用行为均需要道德动机，以用来指导其利用行为有利于他人或社会的利益，或至少是其利用行为与效果不能危害到他人或社会的利益。

其次，社会公众的档案利用行为对他人或社会有益即为道德行为，与他人或社会利益不相干即为非道德行为，若损害他人或社会利益即为不道德行为。很显然，受道德意识支配下所表现出来的档案利用行为于人于己于社会都具有道德意义，如若受到薄弱的道德动机指引则有可能产生不道德的利用行为。实际上，现阶段社会公众所进行的档案利用行为基本上是为了维护自身的合法权利，几乎不与他人和社会的利益发生冲突，但也存在着少数利用档案谋取私利，或侵犯他人知识产权、名誉权等不道德的现象。基于此，笔者认为在任何情况下，作为社会个体的档案利用者应以道德动机为档案利用目的之一，一旦发生与他人利益或社会利益冲突的情况，能够及时地做出道德行为选择，维护档案利用的伦理秩序。

（三）交际行为

本书所指的交际行为是档案管理主体与相关主体在档案服务社会化方面所进行的各种形式的交流与合作，其中最为主要的交际主体包括文件形成者、大众传媒、社交媒体、档案业务外包公司。上述四类组织机构与档案馆的性质完全不同，从符合各自利益出发建立起的交际关系也不可能具有相同的原因动机。文件形成者更在乎现行文件的利用效果与可利用价值，很少能够顾忌文件办理完毕归档保存后的齐全完整；大众传媒与社交媒体更关注其所报道与传播的信息如何才能更加地吸引用户的眼球，提高自身的观看与点击率；档案业务外包公司主要从事关于档案信息技术的服务工作，作为营利性企业的每一项工作均与其所能得到的经济效益与所需投入的成本多少为目的，而综合档案馆在与上述组织机构合作的过程中，看似占据主动，实则可能成为某些组织机构利用档案资源谋利的工具。由此可见，这种形式合理的合作关系被程序化所控制，而正确的交际行为不能够依靠制定程序规范来履行，"自我与他人的关系问题，构成人生的一个很重要的事实存在，也是人类道德冲突和纷争很重要的一个根源"①。所以关系成为档案管理主体与其他各主体进行交际行为的纽带，"我们逐渐可以采用各种不同的方法来满足同一种需求，社会只有独一无二的需求，而没有独一无二的满足需求的方式"②。交流与合作的方式虽然有很多种，但是公平交际关系的道德动机应一致，即建立在社会利益基础上的道德动机，当相关交际主体均以满足社会公众的利益需求为目的时，各种积极的、摆脱程序化控制的、自由的交际关系才真正被建立起来。

第六节 本章小结

本章是对档案管理伦理现状的描述、分析与反思，虽然在调查问卷的设计上有所疏漏，同时存在样本数量少以及调研结果统计欠完善等方面的问题，但是笔者的初衷是呈现出档案管理主体对现阶段档案管理的伦理道德的认知，通过档案管理主体的个体道德观念，更好地反映档案管理伦理的真实情况。每个个体在社会生活中既以自然人的身份出现，又以社会人的身份生存，带有自然与社会两种属性，其中档案管理主体社会职能随着档案资源社会性价值的发挥而增多，在档案管理系统内部扮演着多种角色，对外则以档案服务者的社会人身份出现。档案服务对象的多元化也形成了档案需求多样化的局面，利用档案资源维护自身权益的意识逐渐提高。伴随档案管理社会功能的增加以及社会档案需求的提升，与档案相关的主体类型与规模不断扩大，由此一来，围绕档案这一客体资源的主体人伦关系愈加复杂难解，权与利的冲突愈演愈烈。与

---

① 张应杭：《管理伦理》，浙江大学出版社2006年版，第292页。
② [美]彼得·德鲁克：《德鲁克管理思想精要》，李维安等译，机械工业出版社2009年版，第70页。

此同时，综合档案馆所保存的档案资源从未真正为民所有，有限的档案资源很难满足公共的、带有差异性的档案诉求，在档案资源开发与建设直至服务的过程中，还受到来自档案管理系统内外部环境的影响，为档案管理提供机遇的同时，也诱发了传统背景下不可想象的道德困境。因而对档案管理主体的个体道德与群体道德，以及主体行为动机进行了理性的、客观的反思，旨在说明从档案工作建立伊始便存在着各种人伦关系、主客体关系，只是在档案资源简单利用的传统时代，道德难题并不明显，现当代社会结构的复杂化与主体权利意识的清晰化促使潜在的、新兴的道德难题浮出水面。因此，对档案管理伦理的现状以及主体伦理道德的准确把握，方能找出档案管理社会责任伦理的实现路径。

第五章　国家综合档案馆责任伦理认知及其关系梳理

　　一个组织绝不能像单个生物体一样,以自身的生存为目的,认为如果仅仅能延续后代就算成功了。组织是社会的一种器官,只有能为外部环境做出自己的贡献,才能算有所成就。[①]

——彼得·德鲁克

　　通过对档案管理主体及其伦理现状的分析,笔者认为:其一,档案管理主体职能的增加迫使其以多种身份立足于社会,对内处于上下级的夹缝中,对外以公共服务者的形象在国家与公众之间博弈,而同时又是带有自然属性的自然人。其二,档案服务对象的多元化直接导致了有限的档案信息资源与差异化需求之间的矛盾,档案利用主体信息获取能力与权利意识的差异也成为档案管理道德困境的重要因素。其三,档案管理权力来源看似单一,实则复杂,综合档案馆既从未摆脱国家权力机关的控制,又属于科学文化事业单位,因此综合档案既体现国家档案管理意志又具有服务社会的职责,且除档案的保管权外,对于档案如何开发获取、利用服务并无实权。因此,角色冲突、对象冲突、依据冲突以及价值观冲突,归根结底是由于权力冲突引发的利益分配失衡,而且受到外部社会整体环境的影响,特别是信息技术的发展加重了社会主体对其

---

① [美]彼得·德鲁克:《德鲁克管理思想精要》,李维安等译,机械工业出版社2009年版,第165页。

个人信息与自我权利的维护意识，传统意义上的档案管理规范伦理体系已经很难适应现代社会复杂的管理伦理关系，建立在社会道德责任层面的伦理观呼之欲出——一套完整的档案管理伦理理念包括档案管理道德原则、档案管理伦理观以及档案管理目的与其发展规律的统一。档案管理与责任伦理的同构有着相同的价值导向，是现阶段档案管理外部控制与内部控制的需要，也是群体道德认知与个体道德信念培养的需要。此外，档案管理社会责任伦理的实现厘清了档案管理主体与各类相关主体之间的关系，以及不同关系间相互作用的机理。

第一节　档案管理责任伦理理念的确立

如果说观念是主体对事物的主客观认识并指导主体的行为决策的话，那么理念则是观念的升华，是留在主体大脑中的事物表象或事物本身，更强调主体大脑深层次的感知与印记。确立档案管理伦理理念应首先明确档案管理的伦理原则，规范档案管理伦理观，实现合目的与合规律的统一。

一　档案管理责任伦理原则

伦理原则是用来指导主体进行道德行为选择，以协调人伦关系的基本规范，也是对档案管理伦理关系的本质概括。基于现代社会档案管理现状以及档案管理所肩负的社会使命，笔者认为档案管理的最为主要伦理原则应包括维护正义、以人为本、义利合一与公平服务。

（一）首要原则：维护正义

"正义"一词最初被亚里士多德（Aristotle）应用于人的主体行为，近代哲学家将"正义"作为评价社会制度的一项道德标准，罗尔斯（Rawls）在《正义论》中提出"正义的首要主题是社会的基本结构，是社会主要制度分配基本权利和义务，决定由社会合作产生的利益之划分

第五章　国家综合档案馆责任伦理认知及其关系梳理

的方式"①。罗尔斯正义观的两个正义原则体现的是公民权利的平等自由与机会的公正平等原则，正义感是每一个社会主体内心最为渴望也最为期待的道德原则，档案资源又是现行社会制度下权利与义务分配的体现，因此无论从档案服务社会的角度还是档案管理主体自身角度而言，树立正义感并且维护社会正义都将是档案管理主体与档案管理的首要原则。此外，"正义形式的背后是我们的社会生活和现实的利益关系，抽象的正义理念需要通过把握其在社会生活中的现实形态来予以揭示"②，档案管理的社会化服务必须通过与其他主体合作的方式才能实现档案服务的社会属性，不同主体之间的合作也势必会产生一定的利益之争，普遍意义上的正义观成为不同主体合作的伦理基础。然而，不同主体在档案服务社会化方面的分工不同，在临时组成的道德共同体内部出现了利益的冲突与分化，怎样分配不同主体的权利与义务实则与彼此间的利益关系相联系，不同利益关系性质有着不同的、具体的正义原则。个体与个体之间体现为交换正义，用以维护每一个个体的每一项权利与义务得到保护。个体与群体之间表现为分配正义，也就是将群体利益按照个人贡献进行分配，确保每个人的付出与收益成正比，维护个体的自尊的同时也激发个体参与合作的热情。从另一个角度而言，参与合作的主体是带有共同的利益追求的道德共同体，具有共同的价值观与利益追求，但同时也是一个自由人的集合体，因此，合作的同时也要确保参与者的个人自由，在实现共同利益的同时尊重人的自我价值，也是维护正义的价值体现。

（二）基本原则：以人为本

很显然以人为本将"人"作为管理的基本要素，尊重人的权利、发展人的价值、成全人的自由，因此以人为本不仅是档案管理伦理的基本原则，而也是现代社会管理以及各行各业管理的基本伦理原则。康德曾

---

① ［美］约翰·罗尔斯：《正义论》（修订版），何怀宏等译，中国社会科学出版社2011年版，第6页。
② 邓丽敏、曹刚：《论正义的形态和功能》，《伦理学研究》2010年第5期。

以作为主体而存在的人的普遍实践意义上提出"人是目的"的思想，他的核心在于强调每一个人均是目的，而不是实现某种目的的手段。① 人作为某种行为的目的能够实现人之所以为人的自我价值肯定，也是消除人与人之间关系、权利、身份、尊严不对等性的唯一管理理念。从人是目的的观念出发，档案管理关于人本的含义包括两个方面，其一，管理的目的以全部档案管理主体的共同利益为基础与目标，而不是仅满足少数人或某一部门的利益追求以人本主义作为档案管理的基本原则。其二，每一个档案管理主体的思想、观念等主观意识是平等且应该受到尊重的，人是目的的观念应作用于全部管理活动的目的，而不是某一项管理活动的目的。档案服务关于人本的含义则对应于档案服务的对象——档案利用者的权利对等，重视每一个社会主体的档案利用需求，改变以往档案为少数人服务的目的。总之，档案管理的以人为本应顺应人的本质特点，鼓励发挥人的主体性与主导性，承认并肯定人的价值和尊严，以人本性、人的有限性和人的利益需求为管理主题。另外，人是历史的人也是社会的人，在施行人本主义原则时，必然将人放在宏观背景中，联系具体的历史与社会背景进行管理，不然的话，档案管理道德此时便可通过社会环境对人的主观意识造成负面影响，"伦理道德的根据在于人性向善的自觉规范。道德作为人类规范人性、完善人性的需要，是人类永恒的追求"②。伦理道德关于人性向善的自觉规范作用是现代人本管理追迹人的理性并完善人的德性的重要基础，也是建立并保持和谐人际关系的必要措施。

（三）普遍原则：义利合一

义利之辩并非现代管理的产物，而是我国传统文化在管理实践中的体现，自诸子百家起，"义"与"利"的内涵与关系便成为讨论的中心延续至今，虽然诸子百家对"义"与"利"孰轻孰重的问题始终存有争

---

① ［德］伊曼努尔·康德：《实践理性批判》，李秋零译，中国人民大学出版社2011年版，第123页。
② 张应杭：《管理伦理》，浙江大学出版社2006年版，第47页。

第五章 国家综合档案馆责任伦理认知及其关系梳理

议，但就"义"是一种美德，也是一种善，能够指导人的道德行为这一层面是能够达成共识的，"利"则代表利益，与"义"相辅相成。义利关系并不是相对的，而是具有辩证统一性质的道德与利益之间的关系，仁义道德的另一面便是利益，只讲义不讲利，或者只讲利不讲义显然割裂了人以及社会生存的基本法则，基于此，义利合一便成为人类管理所要遵循的普遍道德原则。孔子和孟子强调"义"重于"利"，而荀子注重讲究"义利并重"，最早提倡义利合一的是墨家，且墨家的"利"指的是社会公共性质的利，而不是个人的私利，这与我国档案管理的性质完全一致。

义利合一的道德原则实际上是对道德与利益关系的指导，在个体层面表现为个人与个人、个人与集体、个人与社会之间的关系，在群体层面表现为组织与组织、组织与社会之间的关系。档案服务社会化的过程中，各种关系交错复杂，私利与私利、私利与公利的冲突在所难免，在法律约束与道德规范的双重作用下，档案管理主体普遍能够认识到公利的重要性，单纯就档案管理的"义"与"利"关系问题则尚存争议。档案对于社会的仁义道德简单明了，即为国家、社会以及公众提供所需的档案信息资源，但是在档案管理所能获得的"利"上却并不是十分清晰，其原因来自档案服务所获得的经济利益与社会利益均不明显，而且在其所能收获的两种"利"之间的轻重问题也存有争端。科学文化事业服务的性质决定了档案管理的社会利益明显要高于经济利益，但是不考虑经济成本，忽视投入产出比的泛档案现象不仅加重了档案管理的负担，还很可能为档案管理的社会收益带来负面影响。

(四) 最高原则：公平服务

罗尔斯的正义论是对传统契约论的继承，并试图提出能够取代功利主义价值观的、具有正义性质的社会结构，也就是建立在公平基础上的社会正义。档案管理无论从其保存还是利用角度，无疑是带有服务性质的社会实践活动，与社会正义之间存在着必然的联系，因此，实现社会范围内的公平服务即为档案管理的最高原则。公平是一种带有普遍认可的平等价值观，这种平等观因主体判断标准以及时代的不同而呈现不同的内容与表现形式,公平也因其作为伦理道德价值标准而具有某种内在合理性。刘雪丰认为现代社会对公平的解释可归为四个层次:"其一,起点的公平。指的是平等的规划和人人享有同等机遇的权利。其二,人获得与自己投入相称的收益,也就是人们常说的等量劳动得到等量工资。其三,结果的公平。是指人们在最终的分配上的平等。其四,公平来自认同。因为每个人都在群体中生活,都是某个团队的一分子。假如你对所处的群体是认同的,你的公平感就产生了。群体可以小到一个家庭,也可以大到整个社会。"① 具体到档案管理,首先,起点公平意味着人人享有档案信息资源利用的权利,并且平等享受档案信息资源的内容,由于档案的特殊保密性与档案利用意识的不足,起点公平似乎很难实现。其次,付出与收益的公平以及结果的公平,是全社会所追求的目标,同样也包括档案部门。最后,认同意义上的公平,随着档案与档案管理社会认可度的提升,档案管理主体作为群体其被认同感有所增加,但从个体认同感来讲,并非所有的档案管理主体拥有这份职业认同感。简言之,关于认同层面的公平尚有可发展的空间,而前三个层次的公平相对较难实现,因此,笔者将公平服务看作档案管理的最高原则,或者说是可望而不可即的原则。

二 档案管理责任伦理观

档案管理伦理观是主体关于档案管理中的伦理问题的态度与看法,树立正确的伦理观是主体道德内化的首要条件,也是实现档案管理群体道德规范的前提。积极的档案管理伦理观要求主体能够正确处理好其自为自在的存在与自由意志之间的关系,确保主观信念与良心的一致,并且能够清楚地认识并权衡现当代档案管理的道德需求与各方利益。

(一) 主体的自为存在与自由选择

"伦理性的东西就是自由,或自在自为地存在的意志,并且表现为客

---

① 刘雪丰:《行政责任的伦理透视——论公共行政人员的道德责任》,湖南师范大学出版社2005年版,第113页。

第五章　国家综合档案馆责任伦理认知及其关系梳理

观的东西，必然性的圆圈。这个必然性的圆圈的各个环节就是调整个人生活的那些伦理力量。"① 每一个人都是社会生活中自为自在的独立个体，人本原则实际上是针对人自由选择意志而提出的，尊重人便意味着尊重人的存在，尊重人的存在便要为社会个体提供思想自由、意志自由的空间与必要条件，无论是分工还是合作或是服务都不应以社会这样一个集合为最终目的，而是要实现个体的自由，丧失自由的主体即便能够遵循所谓的外在约束而尽量避免触犯硬性的规定，也势必会被动地成为道德所控制的对象而出现道德异化的现象。或者说，只有基于在自由理性的支配下的思想才是具有知性意义的思想，而对知性理解的充实与完善需要主体不断地积累来自外界的知识，真正意义上的自由人是靠理性指导行为的人，能够根据自己的利益原则去行动以保持自身的自为存在。

斯宾诺莎（Spinoza）是这样描述自由的："凡是仅仅由自身本性的必然性而存在，其行为仅仅由它自身决定的东西。反之，凡一物的存在及其行为均按一定的方式为他物所决定，便叫做必然或受制。"② 主体的道德实践依靠理性与意志作为其行为的前提保障，理解自由与必然的关系才能真正获得思想意志上的自由，受制于自由意志以外的行为，也就是斯宾诺莎提到的主体的存在与行为被他物所决定，则表现为消极的道德自由，"所谓消极的道德自由是指个人在道德抉择中，为摆脱外在力量的制约，避免异己力量对实现自身目的的限制所进行的一种选择能力"③。消极道德自由的结果很可能会导致主体的道德行为与其内在的道德意志相抵触，理性并不是任何时候都意味着自由的，很多时候理性只不过是思想的一种表现形式，消极道德自由即是"受制的理性"取代了"自由的理性"。此时，积极的道德便显得尤为重要，"积极的道德自由指主动克服各种力量对自身行为的强行限制，在社会道德面前不是被动地顺应和服从，而是主动地按照这种道德要求自由选择和自由行动"④。

---

① ［德］黑格尔：《法哲学原理》，范扬等译，商务印书馆2013年版，第165页。
② ［荷兰］斯宾诺莎：《伦理学》，贺麟译，商务印书馆1981年版，第4页。
③ 张应杭：《管理伦理》，浙江大学出版社2006年版，第80—82页。
④ 张应杭：《管理伦理》，浙江大学出版社2006年版，第80—82页。

积极的道德自由并非内在道德的压制,而是主体内在道德的升华,内在的道德认知与道德理性克服了来自内外部的阻碍因素,从而真正地实现了主体自为自在的自由行善的最终目的。

(二) 信念与良心的一致性

信念构成了主体心灵对客观存在事物或现象认识的最为基础的成分,良心通常被看作主体内心的道德法庭,信念与良心的一致是主体道德的较高境界。"主观意志的法在于,凡是意志应该认为有效的东西,在它看来都是善的。"① 如果信念是主体道德意志的一种思维能力的话,良心便是行为主体道德意识的集中体现,良心往往能够反映出主体的行为动机、意愿,而不是将外在于社会层面的规范、指令等作为行为产生的动机,信念与良心的分离势必会造成主体道德意志的瓦解,丧失道德判断能力从而做出不道德的行为。而良心并不是我行我素的主观唯心主义,道德良心属于社会层面的心理现象,主体将社会层面的道德原则与规则内在化,并为自己认同且自觉遵守的实践产物,正因如此,社会主体对良心的道德判断总是以社会道德为判断标准,"只有充分经历了道德社会化的人,即在道德修养中充分认识自己所选择的道德的价值,这样的人才能真正形成道德意识,产生合乎善的、真实的良心"②。构成主体内心观念的要素的变化也必定为内心所察觉,有些观念为大多数人所认同,人人皆以这样的观念作为道德行为的指导前提,这样的观念便成为了具有社会性的、内化为主体内在的道德信念,也就是说具有意志力作用的主观信念也应以社会责任为基本的道德要求。信念是一种能够为良心提供行为正确与否的能力,而良心又是影射道德行为正确与否的镜子,监督与测评信念的构建,因此,信念与良心的一致性不仅是主体道德的要求,也带有社会道德发展的必然性。

(三) 道德的需求与利益的存在

社会个体所树立的正确伦理观,要正确地认识到其作为社会人的自

---

① [德] 黑格尔:《法哲学原理》,范扬、张企泰译,商务印书馆2013年版,第133页。
② 李德顺、孙伟平:《道德价值论》,云南人民出版社2005年版,第101页。

第五章　国家综合档案馆责任伦理认知及其关系梳理

由与必然之间的联系，并且要始终保持信念与良心的一致，才能保证其行为是道德的，是善的。回归到实际工作中，作为档案管理主体为什么需要伦理道德？正如埃德温·哈特曼（Edwin Hartman）所言："做一个有道德的人有时是要付出代价的，可能需要自我克制，甚至自我牺牲。"[1] 然而，我们处在一个被利益包围着的社会，越是复杂的社会对利益的追求越是激烈，利益是社会个体必然要直面的最现实的问题，每个社会个体每时每刻都以各种不同的方式履行着自身的义务，同时也伴有收获。对于个体而言，其收获的物质与精神财富与其所付出的能否成正比，是个人利益能否满足的关键，对于群体而言，组织的利益能否得到满足、组织内部的利益能否公正分配，便是组织利益能否实现的内外部延伸。而利益本身就是带有个体性与社会性的双重属性，其中个体性利益表现为一种纯粹的个人利益以及其在社会利益中所得到的那部分，社会性利益又涉及大部分社会个体或者是全部社会个体的利益满足，因此，个体的贡献与利益的分配成为道德需求的基点。假定生活在无道德的社会，每个社会个体均按照各自的方式从事各种社会实践活动，抑或是不作为只为了分割他人的利益，那么社会将处在道德混乱中，人人自保而又人人不保。换言之，道德的需求是与利益满足相适应的，也是社会发展最为关键的、无形的管理要素，无道德或不道德者终将会成为利益的奴隶而失去其之所以为人的自由，或者说，即使从个体自身利益角度出发，也能得出道德存在的必然性这样的结论，唯有如此，积极的伦理观才能自发、自觉地形成。

三　合目的与合规律相统一

"目的"与"规律"二者均不属于客观事物所具有的某种属性，而是主观意识作用的结果。虽然现代美学者认为合目的与合规律是一种美，且这种规律是带有事物发展的内在联系与必然趋势，但是康德美学的真

---

[1] Edwin Hartman, *Organizational Ethics and the Good Life*, New York: Oxford University Press, 1996, p. 12.

正意义在于区分美学与认识论对规律的看法。笔者认为，无论是主体还是客体都不是"目的"或"规律"的指代，所谓"目的"是客体存在的功能或价值导向，将客体的诸多功能与价值按照某种目的有机地组合起来并发挥作用，被视为形式合目的性，而将上述目的与主观美感相结合时，则是一种带有主观意识的合目的性，且这种主观合目的性通常与主体对客观事物规则相联系，客观事物所展现出的带有一定规则的现象则可以被视为其发展的规律，因此"规律"是被认识的。也就是说，客观事物存在与发展的规律是被主体认识的，主体行为的目的也必然要符合并顺应其所认识的客观发展规律，倘若主体的目的与自身所认识的发展规律相违背，那么，其行为结果很可能与最初目的相背离，也就失去了美的价值，甚至是恶的。就档案管理道德主体认知而言，其合目的性体现在个体、组织与社会公共三个层面，由于美的规律与主体的目的在主观意识层面是统一的，因此个体的价值选择必然与主体职业认知规律相统一，组织的价值选择应与组织历史发展规律相统一，公共价值选择需与社会自然发展规律相统一。

（一）个体价值选择与职业认知规律相统一

社会个体在进行行为选择时，总是先进行价值判断，从而选择适合其自身利益的行为加以实施，而个体的身心发展因先天素质、外部因素、内在机能等呈现阶段性、差异性的特征，个体的价值判断与行为选择又必然要与其自身的发展规律以及主体所从事职业发展规律相统一。在这个过程中，个体基于道德理性努力保持自我存在的欲望即为一种信念，基于道德理性以他人利益为先即为良心，基于道德理性为他人服务即为善行。档案管理主体在其进入这个行业开始，其价值选择便以档案管理主体的外在身份与其年龄、经历等的发展相协调。如图 5-1 所示，档案管理主体自其入职到退休或转行分为三个阶段，即入职初期、入职中期、职业后期，处于不同阶段的主体又对其所从事的职业有着不同的价值判断，以指导主体的职业认知并进行道德行为选择。

每个人成长到一定阶段都要进入社会接触各个行业，初入职的主体

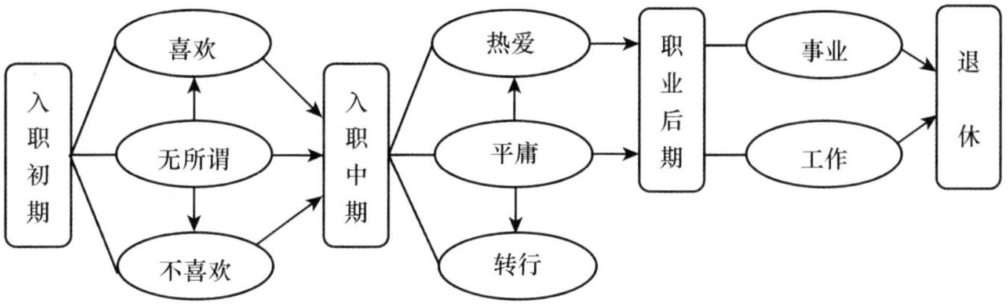

第五章　国家综合档案馆责任伦理认知及其关系梳理

图 5-1　主体价值选择与职业发展规律的关系

对其主动或被动进入的行业也都有内心的行业价值选择，表现为喜欢、无所谓喜欢不喜欢、不喜欢；随着时间的推移，无论拥有何种心态的个体均将进入职业中期阶段，也是对后期职业素养养成的关键阶段。在这个阶段中，影响主体价值选择的因素既有来自主体内在的职业认知，也有来自外在的其他诱因，由此，从业者的心态很可能发生了质的翻转，由喜欢变为不喜欢，由不喜欢变为喜欢，无所谓变为喜欢或不喜欢；也可能在原有基础上的职业信念坚持与升华，喜欢到热爱，无所谓者继续平庸地被动接受这样一份工作，不喜欢者也可能转入他行。到了职业后期，又有一部分从业者选择了另谋生计，抱有职业平庸心态的主体仍然将其每日所从事的活动视为一项任务或者工作直至退休，而那些将职业信念升华的主体则将其所从事的活动看作一项长期坚守的事业，即便退休也仍念念不忘。在这一系列的变化中，职业自身的规律势必要紧随社会总体发展规律而变化，还要随着时间的推移而变化，但是这些客观的规律都不能改变主体对职业的认知，真正影响主体职业行为选择的因素是主体内在的职业价值判断。主体对事物或观念的接受有主动被动之分，主动接受的代表其认为是正确的，被动接受的则意味着不正确，内心的正确认知观念越多，主动的行为选择则越具自主性，自主性越高的行为选择符合主体的内心信念也就更能够实现升华，反之自主性较低的行为选择往往使得主体中途放弃。

（二）组织价值选择与组织发展规律相统一

笔者曾在第三章对档案管理伦理的发展的一般性与特殊性规律进行

深度揭示，在组织外部符合一般社会管理由行政到管理再到服务的责任伦理规律，以及由权治到法治再到德治的规范伦理规律，在组织内部则呈现具有档案管理特色的文档一体化到分化再到文档一体化、图情档一体化的管理伦理规律，还有能够体现档案服务的由封闭管理到被动利用再到主动服务的档案职业伦理规律。档案管理是一项价值性、事实性与规律性相统一的活动，档案馆作为一个客观存在物，因具有对象性的活动而维持其存在的地位，档案馆的实践活动对象既包括内存的客体档案资源，也包括外在的档案利用者，而这些档案管理实践活动的对象是需要档案管理主体发挥动手动脑能力去维系的伦理关系，因此，档案管理活动不是简单的主观思想活动，而是一项经验的事实性活动，这种经验性意味着档案馆的价值选择必然要符合其历史发展规律，从这一层面讲，档案管理工作解决的不是思想范围内的问题，而是要面向社会以及社会公众的实际生活。"实践具有的价值性质是实践本性的体现。实践活动本质上就是创造属人关系的价值活动，创造价值正是实践不同于动物本能活动之所在。"① 一个组织的价值选择与实践活动规律之间的关系，实际上是认知理性与实践理性之间的关系，在这种关系中，认知理性表现为一种反思，这种反思来源于实践活动的既成性事实，因此主体认知理性的前提便是一种分离，又因主体因素外在于事实又超出了事实，所以理性为实践提供的更像是一种蓝图，而不是现实参与，这也正是人们常说的理论与实践脱节，与其说是脱节，不如说是理性与经验的区别，也正因如此，组织的理性层面的价值选择必然要与经验层面的事实规律相统一，将实践经验的结果与理性价值选择联系起来。

（三）公共价值选择与社会发展规律相统一

公共价值与个体价值相对应，个体的价值要与其自身的发展规律相统一，组织的价值要与组织的历史发展规律相一致，那么公共价值也必然要遵循社会的发展规律，而且公共价值又是指同一客体对不同主体的

---

① 李楠明：《价值主体性——主体性研究的新视域》，社会科学文献出版社2005年版，第9页。

第五章 国家综合档案馆责任伦理认知及其关系梳理

满足程度及所能产生的效益,公共性价值存在于社会公众共同的生产生活之中,档案资源与生俱来的公共性也意味着档案管理的公共价值选择需与社会总体的发展规律相协调。

首先,公共价值表现为社会层面的价值属性,全社会共享公共价值的产品或服务,虽然不同地域、不同种族、不同年龄等差异化因素会出现一些特殊的标准,但是总价值准则具有高度的一致性,且这样的一致性价值标准仅与所处社会的时代背景有关。其次,公共价值选择以公共理性为前提条件,公共理性又是能够反映社会公众平等、自由的道德理性,道家始终提倡保持一种无知、无欲、无争的自然状态,他们认为诸如仁、义、礼等世俗的道德规范会诱发社会主体去追求私利的欲望,虽然道家讲求的是一种"无"的状态,但是对于现代公共理性而言,也是摒弃私利、诱惑、欲望的至善境界。再次,公共价值是带有社会层面意蕴的道德反思,"在伦理的世界:人与价值存在的二维解析,每个具体的实体公共价值背后形成一个伦理的精神支撑"[①]。公共价值得以存在并思考的前提也说明了社会道德的提升,罗尔斯所提出"无知之幕"的最终目的正是实现基于社会公共价值基础上的正义。最后,公共价值与社会发展规律相统一也带有一定的必然性,不同阶段的社会主体所遵循的社会道德规范不同,成就了社会主体不同的内在道德标准,所追求的公共利益也不同,表现出的公共价值自然也不同。

第二节 档案管理行为选择中的责任伦理

前文对关于责任伦理概念已进行了简要描述,责任反映的不仅仅是具有法律规定性质的责任或义务,更表现为一种与主体内在信念相结合的道德自觉。如果说制度化的规范伦理过于呆板,片面地强调主观道德意识又带有人格化倾向的话,那么建立在责任基础上的伦理观不仅能够促使主体正确看待对人对己对社会所肩负的社会责任与义务,还能够在

---

① 徐椿梁、郭广银:《伦理的世界:人与价值存在的二维解析》,《学术界》2013年第7期。

主体道德与利益中实现平衡。作为一项以服务最高善的档案管理活动而言，围绕档案服务社会化建立起的各型各类档案管理责任伦理关系既是现阶段社会发展的需要，也是社会记忆长久保存的道德使命。

档案的社会性是来源于社会实践活动的一种天然属性，因此，社会责任也就是档案管理活动的根本任务，无论是档案的传统性长久封闭保存还是档案的现代性社会的公平利用，说到底都是档案管理社会责任的体现。也就是说，档案管理责任伦理并不是一个新兴的观点，自档案管理活动开始便具有了社会性的责任，档案管理责任在其服务社会化的道路上由传统意义上的法律责任与政治责任逐渐向道德责任转型，并呈现出新的特点。

一 责任伦理的存在

20世纪90年代初期，责任伦理开始进入学界的视野，起初大多数文章对比责任伦理与法律之间的关系，直到21世纪初，学界开启了对责任伦理相关主题系统深入的挖掘与引用，而后责任伦理逐渐为各界所重视，如行政责任、环境责任、网络责任、学术责任等等。总体而言，我国学者对责任伦理的研究仍然显得有些"政"化，一个较好的趋势体现在社会层面的责任伦理慢慢地得到了广泛关注；遗憾的是，作为一项社会性极强的档案管理却在责任伦理的研究与实践中不仅仅是滞后的，甚至几乎无人提及。一个组织之所以能够存在，无论在其内部还是外部，或是其能否控制的因素，只要是能够影响该组织的效益和成果的，即为其管理的责任。于企业而言，经济效益必然是第一位，于非营利性的公共事业部门，社会效益显然要成为管理的核心责任，基于此，档案管理的最为基本也是最为核心的责任必须要建立在以社会为基点的伦理道德中。

关于责任伦理的理论研究虽然起步很晚，但是责任伦理的实践存在却可以追溯到古代，诸如"父慈子孝"的家庭责任伦理、"己所不欲勿施于人"的人际交往责任伦理、"敬业乐群"的职业责任伦理、"天人合一"的环境责任伦理、"治国、平天下"的国家责任伦理、"天下兴亡匹

第五章　国家综合档案馆责任伦理认知及其关系梳理

夫有责"的社会责任伦理等被当代社会主体口口相传的传统文化思想精髓不胜枚举，而且这些思想实际上都是责任伦理的价值体现。与此同时，责任伦理思想中包含着权利与义务互为前提的关系，换句话说，只有在权利范围内开展各项工作才能获得相应的收益，超出权利以外的，不但不能获得收益，还很有可能受到制裁。这也是道德意志与道德自由的一种关系表现，只有在履行义务的前提下才能收获相应的幸福，反过来，个体或组织因获利而更加主动地、自愿地在权利划定的范围内去履行义务。由此可见，责任伦理的存在具有历史与社会发展的必然性，但更为确切地说，责任伦理的存在是个体或集体乃至社会所固有的本性，而且始终存在于主体意识可以触及的位置，等待着主体伦理道德观提升至可以自由、自觉、自主地发现并承担其所应尽的社会道德责任。

二　责任伦理的类型

责任是一个范围非常宽泛的概念，包含着对人对己对社会，对事对物对环境等诸多方面，因此责任伦理根据不同的划分标准有不同种类型，本书仅就档案管理社会责任角度以及履行义务的责任主体进行责任伦理类型的归纳（见图 5-2）。

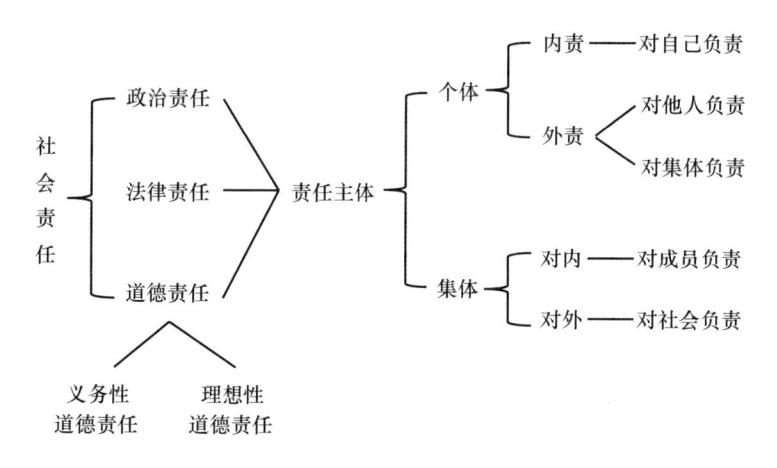

图 5-2　责任伦理存在的类型

档案管理责任伦理与其所肩负的社会责任密切联系，现代档案管理所肩负的社会责任应包括档案管理政治责任、法律责任以及道德责任。首先，政治责任指的是政治官员所制定的决策应符合社会公众的档案需求并推动相应的政策实施，其关注点除责任主体的政治行为是否符合法律规范和程序正义以外，更加注重行政策略与操作结果的社会正义考察。档案管理系统中，能够体现公共政治权力的部门显然是档案行政管理部门，2018年机构改革之前，我国长期处于档案局馆合一的特色并没有将档案行政管理部门的政治责任很好地发挥出来，"服从"成了档案行政管理政治责任的最佳履行方式，而且局馆之间貌合神离的状态使得档案管理的政治功能弱化，政治责任伦理关系较为简单。与政治责任相似的法律责任则针对所有的档案管理主体，既包括行政管理主体，也包括业务管理主体。

法律责任是档案管理行为因果关系最明显、表现最直接，也是现代档案管理履行最为认真的一项责任，若不违反法律便不会招来惩戒，这样一种因果关系体现出很强烈的制度与体制色彩。当代制度与体制下的法律责任伦理依据法律条文对档案管理主体的道德行为进行客观约束，把个体的行为统一到社会法律规范中。相对于政治责任的可追溯性与裙带性，法律责任需要专门的评价机关依据法律规定对应负法律责任的行为主体依法处置，但是政治责任的追究也要保持在法律所规定的范围内，从这一层面讲，二者又有交叉。

道德责任的评价依据是个体或群体的行为是否符合道德标准与道德原则，反映的是个体是否对他人以及社会尽责，并履行相应的义务。道德责任并没有具体的标准，合道德的未必是合规定的，在现实的档案管理活动中，各主体的行为是自由的、自觉的，因此道德责任伦理是各主体在从事档案活动中自然而然形成的一种责任和义务关系。其中义务性的道德责任是基础，体现为权利调节下的义务与职责的履行，而理想性道德责任为义务性道德责任的升华，是一种大仁大爱超出权利与义务范围的终极社会责任伦理。

档案管理责任主体分为两个层次，档案管理个体与档案管理群体，即档案工作者与档案管理部门。个体责任是指档案工作者既要对自己负责，又要对他人与集体负责，对自己负责也是档案工作者内在道德提升的过程，每个人在尽责后都有追求利益的权利，如果不懂得对自己负责，任由本性发挥则也很难做到为他人、为集体乃至为社会负责。对他人负责从他人的利益出发，先人后己始终站在合作者与利用者的角度看问题。对集体负责需克服私利的诱惑，融入组织生活中，以档案管理的社会责任为宗旨提高自我道德素养，与组织共同进步。群体责任，也就是档案管理部门作为一个组织的责任，一方面要对内部的档案工作者负责，为其提供物质生活保障、精神空间、良好的工作环境等一切能够提升档案工作者职业幸福感的资源。另一方面要对外负责，尤其指对普通的档案利用者，利用各种现代化设备设施为档案服务社会化收集资源、开展服务，满足档案利用者的现实需求解决实际问题。

三 责任伦理的特点

基于社会层面的责任伦理具有普遍性、前瞻性、阶段性与自律性的特点。

其一，责任伦理具有普遍性。作为社会生活的主体的人，都有其存在所应尽的社会责任，既要对自己负责，还要对赖以生存的自然界和社会负责；从时间上，人要对历史负责、对现在负责、对未来负责。随着人与人之间交往频繁度与复杂度的深化，人类的活动空间也越来越狭窄，社会生活各个领域界限越来越模糊，责任伦理范围从个人扩大到了行业乃至整个社会，甚至是国与国之间的责任，因此，责任伦理像是一张网覆盖整个人类社会活动范围，且任何人不可逃避这样一种普遍意义上的责任。

其二，责任伦理具有前瞻性。就主体的社会责任而言，对历史负责是对历史的尊重与维护，将更多的精力放在当下社会的发展与建设上，且应更加关注未来社会的动态，是人类社会发展的需要。档案对于社会记忆的重要价值不言而喻，而对未来负责也是为他人负责、为社会可持续发展负责的一种表现形式，这与我国档案管理提倡的构建社会记忆一脉相承。基于此，无论从档案管理自身发展还是国家社会记忆层面，档案管理责任伦理都应强调前瞻性。

其三，责任伦理具有阶段性。社会的发展也意味着主体应尽的社会责任不同，我国古代社会责任伦理思想体系非常全面，具体到生活实践中，普通百姓以家庭为主要的生活单位，并不是每个人都有参与社会分工的责任，虽然对社会仍然履行着不同的义务，但完全不可能会达到现代社会的广泛参与度，而是以服从为主。精神文明发展到一定程度，制度形式的行政责任伦理潜移默化，人与人之间的责任伦理关系和伦理原则通过制度和体制的形式发挥作用。直到现当代社会由管理到服务，人的重要参与价值得以彰显，基于平等理念的社会正义才被正式提出。因此，从社会发展历程来看，责任伦理呈现出阶段性的特征，而对未来社会责任伦理的价值体现以及具体表现，此时更是无从得知。

其四，责任伦理具有自律性。责任主体的行为通常出于自觉性与自主性，通过自由意志的支配，正确地认识权利与义务之间的关系，并能够承担其行为可能引起的后果，而责任伦理关系的确立与实践便源于行为主体自觉地遵守社会公认的道德原则，因此，责任伦理表现为高度的自律性。自律性质的责任伦理是社会个体从社会整体价值观出发，基于自我完善、为他人着想、为社会发展的道德理念出发，主动承担相应的责任并履行各种社会义务。

第三节　档案管理与责任伦理双向协调同构

现代意义上的管理建立在对人的管理基础之上，是主观与客观内在统一、有目的的一种社会实践活动，道德原则与伦理规范也成为现代管理的思想精髓。换言之，管理与伦理在协调人与人之间关系上是一致的，因此，管理与伦理二者同构是必要的且是可行的。

一　二者同构的必要性

人是自然的人，也是社会的人，在人的内心世界里，始终存在着善

第五章 国家综合档案馆责任伦理认知及其关系梳理

与恶两种势力,当主体趋恶思想占据主动时,主体道德理性需与外部控制的有效性相一致。以伦理立法,即道德与法律的组合立法模式,结合外部社会文化环境共同协调控制,抑恶扬善。与此同时,趋善的个体内在价值也有助于主体道德情感的提升,并自主地融入群体管理生活中,这不仅能够强化主体道德理性,还有利于个体对自身存在感以及被认同感的满足,提高心理道德素质,进而提高自身的道德能力。

(一)档案管理外部控制的需要

顾名思义,档案管理的外部控制指的是来自档案部门外部的控制主体以国家法律法规等非档案管理系统内部的规定对档案管理各项工作进行社会性的监督、约束、管控、惩戒等行为。档案管理是一项社会性较强的工作,从馆藏档案资源的来源直至档案服务的对象都与社会各界紧密相连,而档案管理的"权"与"利"也同样来自国家与社会,可以说,档案管理的外部控制是非常必要且是至关重要的。遗憾的是档案管理目前仍面临外部控制缺失的现象,一方面档案管理看似具有极强的外部控制性,档案管理活动服从国家宏观管理,这样绝对服从的外部控制并不完全是良性的,服从的背后意味着自主性的丧失。另一方面,档案管理处在社会的边缘,不需要档案时长期无人问津,即便有需要时也只是拿来利用,仍不会引起重视。如此看来,似乎只有遭遇重大危机时国家和社会公众才能意识到档案资源的重要价值,当然又没有谁希望国家和社会经常处在危机的状态。

此外,档案管理主体从主观上也并不是十分愿意接受来自外部的控制,外部控制具有强制性与外部性的特征,并不总是与档案管理主体意愿相一致,被监督、被控制很可能带来工作量的加大或是主观思想的压制,而且外部控制主体与控制标准均不是档案管理系统内部,很可能与实践工作相违背。但是,现阶段,外部控制的整体方向也是以社会公共利益为前提的,又与档案管理的社会性相吻合,外部控制显然也有其可实施的价值,基于此,由谁来进行外部控制以及外部控制的依据是什么便成为最为关键的外部控制因素。

对于档案管理而言，外部控制的主体除国家权力机关、监察机关等带有国家意志力的监管主体外，还应加强媒体的监督，发挥舆论的作用，强化档案馆的正面形象，同时也利用媒体舆论的社会效应，促使档案管理主体时刻保持积极的道德行为，避免消极道德行为引起的负面舆论。此外，最为重要的外部控制应来自社会公众，现代社会档案管理以服务社会为目的，档案资源的直接受益者享有外部监督的权利，然而，社会监督是现阶段档案管理最匮乏的一项。至于档案管理外部控制的依据或者说是形式包括伦理立法与社会道德规范，也就是要在法律规范的制定中加强伦理的成分，并且能够从社会公共价值与公共利益出发，运用具有社会性的道德规范进行管控，提高外部控制的公平公正、公开透明、贴近实际。

（二）档案管理内部控制的需要

档案管理的内部控制是相对于外部控制而言的，与之相对的档案管理内部控制的主体来自组织内部的领导班子、内部专门的监察部门，以及档案管理主体自身，而控制标准则以档案管理专业化的规章制度与档案管理道德行为规范为主，其控制目的建立在符合组织利益基础上。外部控制是对内部控制的辅助，内部控制才是档案管理的核心和基础，与外部控制的宏观性、社会性与强制性相比，档案管理的内部控制则体现为微观性、内部性与自愿性。虽然没有外部控制系统的庞大与复杂，但是内部控制更显得微观与细致，控制内容既包括对组织机构的设置与部门衔接，又包括实践工作具体的操作方法与技能，还包括档案管理主体的主观道德意识等关于组织及组织成员的一切行为、环境、文化、思想与危机。

内部控制完全取决于管理主体的思想认识水平，能够将实际行为和行为结果与预定的标准和目标进行比照，找出存在的差异或错误进行纠正，维持组织内部运行的良性秩序。而对于管理主体个体而言，如果缺少内部控制而任由主体根据自我认识进行管理与服务的话，在档案馆内部便会出现混乱无序、不作为与乱作为、道德腐败等现象，后果不堪设

第五章 国家综合档案馆责任伦理认知及其关系梳理

想,因此,无论从组织层面还是个体层面,内部控制是任何一项工作不可缺少的管理要素。档案管理内部控制的第一步是要按照符合档案与档案管理自身的逻辑组织各项工作,第二步则要使档案管理主体与其所从事的管理活动相匹配,从而发挥主体的优势在岗位上有所成就。此外,档案管理内部控制还需要伦理道德的介入,在组织内部树立以组织利益为基础的道德规范,形成人人尽责的工作氛围,认清所面临的道德问题、所肩负的组织责任与社会责任,掌握道德推理方法,明确何为"对"、何为"好"、何为"善",最终达到档案管理主体对组织信任、忠诚的管理与伦理目标。

二 二者同构的可行性

管理之所以自带有伦理的属性,是因其带有自然性与社会性,而且管理是自律性与他律性、目的论与义务论自相矛盾的伦理活动。管理是一项系统性的活动,是群体力量的体现,因此,管理表现为群体伦理,对伦理规范的形成、伦理秩序的养成,个体道德观念的习得具有一定的外在约束作用。而伦理道德是主体信念与良心相一致以达到内在精神的自律,表现为一种自我管理式的特殊管理模式,有助于规范群体管理秩序,弥补规章制度的不足,通过主体内心的自我管理实现群体道德的"善"。

(一) 管理:群体道德的约束

管理不是纯粹的主体对客体的管理活动,而是主体与客体相互协调统一的、带有目的的实践活动,其中主体才是管理实践的第一要素,主体的情感、观念、意识等主观思想孕育在管理中,同时也受到技术、自然等外在环境的支配,因此管理必然内含伦理性。彼得·德鲁克曾说过管理最初的基本原则是关于人类的管理,且涉及人们在共同事业中的整合问题。① 管理涉及人以及人的价值观、道德观,并且管理作为一个整

---

① [美]彼得·德鲁克:《德鲁克管理思想精要》,李维安等译,机械工业出版社2009年版,第8页。

体的过程体现为一种群体伦理，而且管理中的任何一项活动，比如计划、组织、指挥、协调、控制均是一项独立的群体活动，又是完整地活动在整个管理过程中。诚如每一个社会个体都有着各自的伦理观一样，在这样的复杂群体生活中呈现善、恶、美、丑等多种形式的伦理理念，在群体道德生活中也会受到功、名、利、欲的诱惑；管理在群体道德规范中便起到了这样一种约束作用，可以说管理的现代化水平越高，越是需要建立与之相匹配的精细化、健全化的规章制度，对群体内部道德规范的一致性起到了协调的作用。

"关乎道德的全体生活可分为几级：原始的，最幼稚的，是无意识的循自然的社会性，而以个人意志服从全体的意欲。进一级，对于个人意志的要求与全体意志的要求之间的互相对待，已有明了的意识；然而还没有对于全体意志的尊敬，但有遵循全体意志的合法性。再进一级，为要征服自己意志中反对道德的冲动，而吸入道德命令于自己的意志之中；这是努力道德性的范围。最高一级，在生活过程中，达到个人意欲与全体意志的浑融；那时候美的灵魂与道德性，不过用语上的区别罢了。"① 蔡元培对道德级别的划分正是群体生活中个体道德与群体道德之间的辩证关系，个体道德从服从到遵守再到吸收直至融合于群体道德，如果没有良好的管理环境与管理策略，个体道德观能否与群体道德相融合还是异化便无从谈起了。换句话说，管理能够规范并调节群体道德，促进个体道德的进步与群体道德的一致，因此，在管理层面，管理与伦理的同构不仅是可行的，而且是必须的。

(二) 伦理：个体道德的规范

相对于外在管理对群体道德的约束性，伦理则与之相辅相成地在个体道德规范领域发挥着重要作用。伦理实际上是一种特殊的管理方式，且伦理不仅代表着思想的关系，也带有实体层面的个体、家庭、机构、社会、国家，与管理的组织结构交相呼应，可以说，伦理道德本身就带有管理的特殊性以及社会性的意义。伦理之所以能够作为个体道德的规

---

① 蔡元培：《中国伦理学史》，东方出版社2012年版，第242页。

第五章　国家综合档案馆责任伦理认知及其关系梳理

范,其原因在于个体既是自然存在的人又是社会存在的人,作为自然人的社会个体有维持自我生存和发展的个人利益需求,而作为社会人其又有着维护社会存在和发展的社会利益需求,这样一来,社会个体便要面临正确处理个人利益与社会利益、个人利益与组织利益等各种冲突。

首先,个体道德规范的养成需要通过对社会伦理道德以及社会文化的整体把握,重塑个人价值观、信仰,并以此规范个体道德行为,实现个体的道德目标,"作为社会成员的人,仅仅具有善观念和正义感是远远不够的,除此之外,仁爱心是一种必不可少的、更高的道德能力"[1],通过这样的认识和把握既体现为个体思想道德观念的进步,也是实际道德能力的提升。其次,用以协调人际关系的个体道德规范需借助伦理道德,个体单纯地适应并按照在社会中所处的地位尽其所应尽的义务,这样一种德性或许只能被称为尽职尽责或正直,而事实上每个个体都生活在现实社会的复杂人际网络关系中,必须要与其他人建立各种各样的合作关系,此时伦理道德便成为协调人际关系的重要准则,以形成和谐的人际关系氛围。最后,个体的自我控制与成长也需要伦理道德的约束与规范。伦理道德既然是建立在处理人际关系基础之上的,那么在本质上就具有社会性与群体性,因此也表现为一种客观性的准则、规范指导个体的行为,对于个体而言,当自身的非理性占据上峰时,伦理道德便起到了很好的控制非理性的作用,防止恶的行为的发生。经历了这样的控制与约束过程,个体道德也有所成长。而个体的人又是管理的第一要素,个体道德直接影响着管理效能的实现,管理也需要个体崇高的道德素养,因此,在伦理层面,管理与伦理的同构也是可行的。

三　二者同构的价值导向

从某种意义上说,管理是对主体社会实践活动的一种宏观调节,而伦理是关于人与人之间关系的准则与规范,二者的最终目的都是协调人际关系,以构建良性的社会活动秩序,因此,管理与伦理在价值导向方

---

[1] 曹刚:《道德能力是构建和谐社会的价值基点》,《思想政治工作研究》2007年第6期。

面是一致的。具体到档案管理活动中表现在以下两个层面，即个体道德向档案管理伦理发展的趋势以及档案管理伦理与主体自我管理的趋同性。

（一）个体道德向档案管理伦理发展的趋势

他律与自律之间始终存在着可以互相影响、互相转换的可能性，他律性带有个体之外的客观社会性意义，若不能转换成个体内在的道德修为，他律也就失去了外部控制的作用，而个体的内在道德品质也直接影响着他律性规范的制定内容与形式。然而，对于从事档案管理活动的组织而言，个体道德的内在性也代表着每一位档案管理主体的独立性特征，仍然是存在于主体思维中的抽象的东西，这些抽象的道德品质必须要与符合大多数人道德要求的组织伦理相一致。个体的道德观念是抽象的也是不固定的，很可能受到来自外部的社会、政治、经济、文化等因素的干扰很可能发生质的改变，也就是说，如果没有组织伦理的话，对于管理而言，个体道德认知的变化很容易使得原本无形的组织群体伦理瓦解或者消失。现阶段的档案管理以他律为主、自律为辅，虽然看似加强自律性优于强制性的他律，而实际上他律完全向自律转化几乎是不可能实现的。强调他律向自律的转化是站在个体的角度，借用伦理精神促进内在道德的升华，对于组织而言，他律的伦理道德是该组织存在与发展的重要法则。

如图 5-3 所示，个体道德向群体伦理转化是一个过程性的活动，作为社会人，个体往往会受制于情感，而能够影响情感的因素则来自社会、经济、政治、科技、文化、信仰等，这也是作为自然人尽可能适应事物本性的需求所致，因此个体的价值观、道德准则具有可变性。人与人之间总会存在不同程度的、相同的价值观、准则与规范，能够引导不同个体共同的社会实践活动，并足以协调彼此间的利益关系，即表现为一种善，建立在小范围内的群体伦理便得以形成。小范围群体伦理规范再向正式规模的组织伦理转化，到了这一阶段，个体利益的满足源自其道德理性的指导，主体能够明确认识到个体利益与组织利益的关系以及组织伦理规范对其内在道德的积极作用，最终促进个体内在道德与组织管理

第五章　国家综合档案馆责任伦理认知及其关系梳理

伦理的协调一致性。

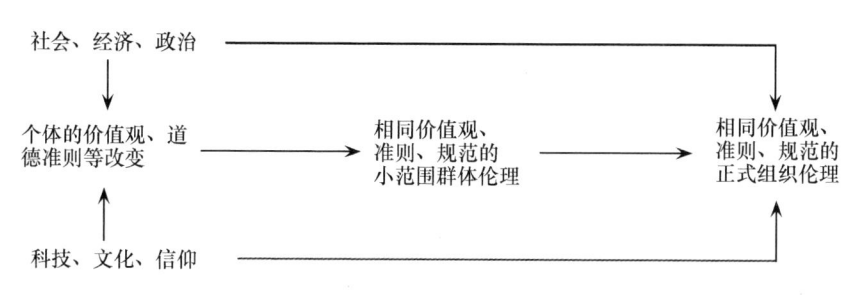

```
社会、经济、政治 ────────────────────────┐
        │                              │
        ↓                              ↓
个体的价值观、道    相同价值观、        相同价值观、
德准则等改变   →   准则、规范的   →    准则、规范的
        ↑         小范围群体伦理      正式组织伦理
        │                              ↑
科技、文化、信仰 ──────────────────────┘
```

图 5-3　个体道德向组织伦理转化

（二）档案管理伦理与个体自我管理的趋同性

档案管理伦理表现为规范伦理与个体伦理两个维度，规范伦理以制度、法规等形式构成对群体道德的诉求，个体伦理是管理者以自觉自省的形式对个体道德的诉求，二者体现了档案管理伦理的张力，也是内在与外在、主观与客观、普遍与特殊的统一，组建了档案管理伦理的基本内容。如教军章所言："就中国目前所处的社会变革时期而言，个体的道德理性是有限的，个人的道德意志也是有限的。"[①] 在各种伦理观念的冲突与外部利诱的环境中，个体对善恶界限的认识愈发模糊，甚至明知是恶的也认为是应当做的，这样的道德观念一旦形成对档案管理必将造成重大损失，因此，档案管理伦理在进行以规章制度为主的规范道德建设时，不可忽视管理主体的内在道德修为，而个体的道德修为主要来自习得的道德阶段，在实践经验中养成一种始终从善的"习惯"，档案管理伦理的个体道德的养成与个体自我管理的初衷、过程、形式与最终目的都是一致的，也就是为了提高个体的综合素质与道德能力。

德鲁克提到自我管理时讲过发现自己的长处能够帮助主体发挥长处，克服短处并改掉不良习惯，他认为："一个人的长处与他的表现，多半是一致的，但是，一个人的长处与他的价值观之间，有时却会出现冲突：

---

① 教军章：《行政伦理的双重维度——制度伦理与个体伦理》，《人文杂志》2003 年第 3 期。

一个人最擅长的事情，不见得是他觉得最有意义的事。如此一来，他的工作也许便不值得投入毕生精力。"① 每个人都有自己的价值观与伦理观，组织也一样拥有组织的价值观与伦理观，作为组织中的个体要认识到自己的价值观应与组织的相一致，或者至少是无限接近，将"我做了什么"的索取思想转换成"我能做什么"以及"我应该做什么"的贡献思想，为自己、他人、组织及彼此间的相互关系负责。自我管理实际上并没有脱离组织伦理，反而在组织伦理的外在规范下合理地进行着个体道德修养，在提高个体道德素质的同时，也将外在的组织伦理真正地融入了内在道德观中。

第四节　档案管理责任伦理关系

上文已对责任伦理概念进行了深入揭示，责任反映的不仅仅是具有法律规定性质的责任或义务，更表现为一种与主体内在信念相结合的道德自觉。如果说制度化的规范伦理过于呆板，片面地强调主观道德意识又带有人格化倾向的话，那么建立在责任基础上的伦理观不仅能够促使主体正确看待对人对己对社会所肩负的社会责任与义务，还能够在主体道德与利益中实现平衡。作为一项以服务最高善的档案管理活动而言，围绕档案服务社会化建立起的各型各类档案管理责任伦理关系既是现阶段社会发展的需要，也是社会记忆长久保存的道德使命。

随着现代社会结构的复杂与社会档案意识的提升，致使与档案管理活动相关的主体规模与类型不断增加，加之宏观社会环境的开放与人文环境的互动，主体间围绕档案开展的活动愈加频繁多样，除档案系统内部各职责伦理关系外，为数众多的是来自与档案系统外部各主体间所承担的责任伦理关系（见图5-4）。

---

① ［美］彼得·杜拉克：《21世纪的管理挑战》，刘毓玲译，生活·读书·新知三联书店2000年版，第170—171页。

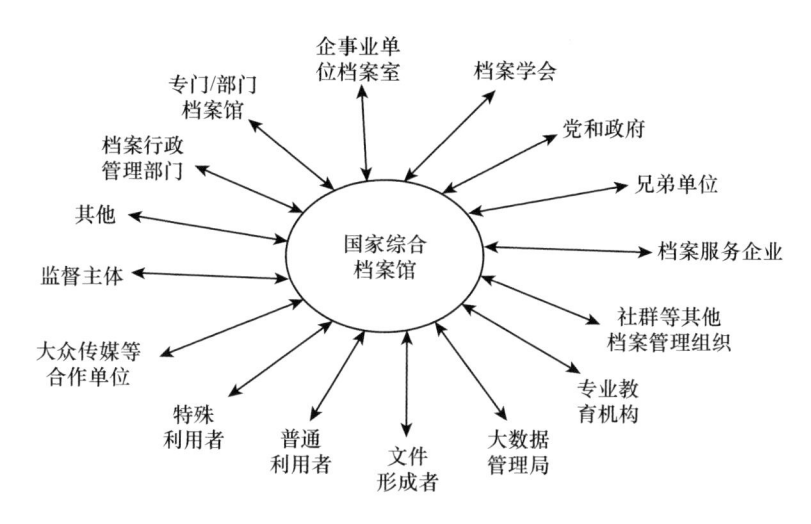

第五章 国家综合档案馆责任伦理认知及其关系梳理

图 5-4 与国家综合档案馆相关的伦理关系

一 档案管理系统内部的协作关系

档案管理系统内部之间的伦理关系，集中在档案主管部门与档案业务管理部门、上下级、平行部门之间三种，也可以从横向与纵向关系角度来区分档案管理内部的伦理关系，无隶属关系的平行部门即为横向关系，有隶属关系的上下级之间即为纵向关系。在以科层制为组织结构模式的档案管理系统内部，纵向的组织关系代表着权力的结构性分配，横向的组织关系代表着义务的责任性分配。横向关系主体包括国家综合档案馆之间、档案主管部门与国家综合档案馆之间、国家综合档案馆与专门档案馆之间、国家综合档案馆与部门档案馆之间、国家综合档案馆与企事业单位档案室之间的业务关系。因此，档案管理体现着自上而下的权力划分以及依据劳动分工所履行相应义务的分工与协作式的责任伦理关系。

对于档案管理系统整体而言，最终的目的是一致的，即安全完整地保存国家和社会有长久保存价值的档案资源，并为国家和社会提供可供利用的档案资源，由于我国档案系统"一个机构两块牌子"的特色，导致系统内部复杂的伦理关系。2018年档案机构改革之后，大多数档案局划归同级党委办公厅,档案馆成为党委直属事业单位,2020年版《档案法》将"档案行政管理部门"改为"档案主管部门",机构改革后的局馆分离,从体制上捋顺了档案行政与档案事业之间的关系,实现二者各司其职,相互促进,从国家综合档案馆的角度看,转变为事业单位,工作人员恢复技术职称的评定,有利于促进国家综合档案馆进行科学研究,推进与地方志编纂委员会整合开展对地区党史或地志工作、建设专业人才队伍等。然而,档案机构改革有利有弊,当下我国事业编制同公务员或参公编制相比,待遇上有一定差距,如何处理好机构改革引起的核心问题,即定职责、定机构、定编制("三定")问题成为新伦理问题,如若处理不当,必然会影响档案工作者的积极性。档案主管部门仍需承担调节组织内部、组织内部与外部关系的责任,在此过程中,如何协调机构改革后引起的内部伦理关系,以及如何执行《档案法》赋予档案主管部门在档案管理与档案监督等方面的职责也将成为新伦理问题。在体制严密的系统内部,上下级之间的矛盾冲突不是特别明显,"服从"始终是上下级之间最为普遍的伦理关系,或许很多时候无声的"不作为"或"乱作为"也算得上是一种"不服从"的表现形式。无隶属关系的平行部门的权力均来自上级下放权力的分配,处于平行关系的各部门之间由于岗位责任以及岗位贡献值的不同,或许会出现权力与责任分配不对等以及获利不均等情况,也导致了部门之间责任推诿现象的发生。档案管理系统内部之所以说是协作的关系,其重点便落在"协调"上,档案管理系统内部的权力与责任,最高的权力来自国家,最终的责任落在社会,所能获得的利益也属于整个档案管理系统。一个系统内部之间的分化很可能导致权利分配不均引起的内部矛盾,而一旦内部矛盾激化则社会责任与义务必难履行,档案服务社会化的目标也因此难以实现。因此,建立在协调合作基础上的档案管理内部伦理关系是极为迫切的,当然也是档案服务社会化目标能否实现最基础、最关键的一组关系。

二 国家综合档案馆与档案学会之间的协调关系

不同于美国档案工作者协会的统筹协调作用,我国档案学会是以档

第五章　国家综合档案馆责任伦理认知及其关系梳理

案专业人才培训与专业知识普及为主的，由学术性群众团体组成的非营利性组织。一方面，档案学会可以说是国内档案专业性（学术型与技能型）人才的聚集地，这里更加有利于学术共同体与职业共同体道德观的养成，能够促进档案管理伦理规范共识的达成，并得到很好的宣传与普及，内化于各个分委员会委员及档案专业人才的主观道德体系中。另一方面，档案学会可在开办论坛的基础上，创新档案教育内容，为培养档案专业人才的继续教育，不同于学校教育对理论知识的情有独钟，继续教育侧重于不同岗位的技能培训。积极调动现有档案学基础理论、档案整理鉴定、档案文献编纂、档案信息化技术、档案保护技术、企业档案、档案传媒宣传七个专业学术（技术）委员会，以及各省、自治区、直辖市的地方学会组织开展档案职业技能与职业素养的培训课程或讲座。档案学会可以根据档案社会责任以及档案职业道德标准的需求增设档案伦理相关课程，帮助档案管理主体更好地进行自我角色定位、价值定位，发挥档案学会在档案管理主体道德习得阶段的主体作用。

三　国家综合档案馆与党政机关之间的价值关系

价值关系不是仅存在于主体与客体之间的作用关系上，主体与主体之间也存在着价值关系，表现为人对人的一种效用，在这样的关系中，相互作用的人彼此间既为价值主体，又为价值客体。作为价值主体，档案部门与党政机关之间都有满足自身利益的需求，档案部门能够从党政机关处获得制度与政策上的支持，同时反映国家意志的党政机关档案也由档案部门进行统一保管。与此相适应，因其档案资源保存于档案馆内，党和政府享有档案资源的拥有权，档案部门成为党和政府的代言人以及档案资源的保管员。作为价值客体，档案行政机构既是政府的机构，也是党的机构，同样也是档案部门权力的直接来源，档案部门为党政机关提供后台保障，妥善保管国家重要档案资源，严守党和政府的重要机密，巩固党和政府的政治、经济地位，尤其体现在国际社会的竞争与合作中。由此可见，档案部门与党政机关之间存在着彼此依赖、彼此需要的关系，互为彼此创造物质与精神的财富，价值关系也是一种带有平等意味的关系，各个主体均有需求与满足，主体之间存在着权利与义务、索取与奉献之间的矛盾。价值关系中带有道德认知、道德情感等有关主体间道德价值观念的关系则可以称之为伦理关系，档案部门与党政机关之间的伦理关系也同样要遵循内在的应然合规律性，各主体以内化的道德保持这样一种合乎社会应然规定的价值关系。

四 国家综合档案馆与相关部门之间的博弈关系

图书馆、博物馆、纪念馆等相关部门在档案资源的保存与利用，以及外在规定性政策方面存有一定的交叉，且都属于国家文化事业单位，共同肩负着为国家和社会提供精神文化资源的重要使命，在各自的管理系统中遵循一定的规则、履行各自的义务、获取各自的社会收益。这些部门与档案部门之间具有极为相似的属性与道德责任，同时存在着权力与利益的交错，因此建立在档案部门与上述相关部门之间的伦理关系是一种权力的博弈关系。

一方面，档案馆与相关部门之间馆藏资源的部分交集，有些具有档案价值的文物、资料等由于各种原因被保存于上述部门，根据《档案法》第18条，"博物馆、图书馆、纪念馆等单位保存的文物、图书资料同时是档案的，依照有关法律、行政法规的规定，可以由上述单位自行管理。档案馆与前款所列单位应当在档案的利用方面互相协作，可以相互交换重复件、复制件或者目录，联合举办展览，共同研究、编辑出版有关史料"。另一方面，档案部门与上述部门在资源的开放利用权方面也存有交叉，根据《中华人民共和国政府信息公开条例》（以下简称《条例》）第16条，"各级人民政府应当在国家档案馆、公共图书馆设置政府信息查阅场所，并配备相应的设施、设备，为公民、法人或者其他组织获取政府信息提供便利"。

从伦理角度讲，每个部门都有其在社会服务中扮演的角色，并根据角色的不同履行不同的义务，档案部门与上述相关部门在各项职责的交叉中要遵循部分同样的道德规则，并各自为争取最大的社会收益进行策略的制定与选择。在这样一种部门间的权力博弈中，档案部门不能轻易

第五章 国家综合档案馆责任伦理认知及其关系梳理

效仿其他部门的做法，毕竟各个部门兼有不同的社会职责；由于所存资源的不同，档案部门不可能以博物馆与图书馆一样的方式对外开放馆藏资源，原因在于其他部门的第一职责是为社会公众提供能够满足其精神需求的文化资源或产品，而档案馆的第一社会责任则是安全完整地保存党和国家的重要档案资源，能面向社会公众开放的是很少一部分，且时间滞后的档案资源。然而，正因为所存馆藏资源的特殊性，档案部门能满足社会公众对真实性精神资源的需求，也只有档案资源才能还原较为真实的历史，并且能够蓄力社会记忆。因此，竞争并不能作为档案部门与其他相关部门之间的主导关系，而且各部门服务社会的目的是高度一致的，立足于各自馆藏特色的客体资源，履行各自的社会义务，与之对应的社会收益也是不可等量对比的，档案部门要在长期的博弈中避免权利失重。

五 国家综合档案馆与档案服务企业之间的伙伴关系

在档案管理部门与所有相关主体的关系中，除与政府间的资金来源外，其中经济伦理关系最为直接且频繁的便是与从事档案相关业务的企业之间，这里指的档案服务企业包括为档案馆提供必备软硬件设施的企业，与承担档案馆业务外包工作的企业两种类型。经济伦理关系中必然蕴含经济权利与义务，从道德原则上讲，权利与义务又应该是对等的关系，因此，档案部门与档案服务企业之间表现为伙伴关系，互惠共生。《档案法》第 24 条指出："档案馆和机关、团体、企业事业单位以及其他组织委托档案整理、寄存、开发利用和数字化等服务的，应当与符合条件的档案服务企业签订委托协议，约定服务的范围、质量和技术标准等内容，并对受托方进行监督。受托方应当建立档案服务管理制度，遵守有关安全保密规定，确保档案的安全。"一方面，企业也是一个经济独立体，即便是在经济利益的驱动下，企业也需要得到他人的认可，并且通过为档案馆提供必备的设备设施或者软硬件技术服务实现自我存在的价值并获得相应的经济收益。当档案服务企业与档案馆之间建立起联系后，意味着企业承担起了档案部门赋予其的任务，尽职尽责地完成任务，为档案部门解决所需的各项物质与技术支持，与此同时，档案部门也有义务为合伙企业提供必要的条件和经济回报。另一方面，因为档案管理的社会性，与其建立伙伴关系的企业也必须切实履行对档案利用者和社会负责的义务，同档案部门一起实现档案资源的安全保管、方便利用，尤其是档案业务外包公司在进行档案信息化建设过程中，想利用者之所想，站在人性化的角度为档案资源的利用服务着想，此外，保密意识的树立对于外包公司人员而言，也是极为重要的道德理性。

六 国家综合档案馆与文件形成者之间的对话关系

国家档案局发布的《档案馆工作通则》第 6 条对综合档案馆的档案接收范围给予了明确的划定："1. 本级各机关、团体及其所属单位具有永久保存价值的档案，省辖市（州、盟）和县级档案馆同时接收长期保存的档案；2. 属于本馆应接收的撤销机关、团体的档案；3. 属于本馆应接收的中华人民共和国成立以前的各种档案。"上述接收范围表明了综合档案馆馆藏档案的来源的同时，也指出了文件形成者的范围。文件形成者与档案管理者的社会责任出发点是不一致的，前者更加关注文件的现行效用，文件形成部门的社会义务直接与其承担的社会职责相关，文件不过是其履行社会义务较为普遍的且直接的一种工具，后者则注重的是档案的长久保存价值，档案资源对于综合档案馆而言是其存在的根本，也是档案馆履行社会义务的重要资源。

事实上，文件形成者与档案管理者的职能分化是近现代社会分工的结果，二者本就带有天然的历史关联性，因共同的服务对象而具有共同的社会伦理关系与伦理目标。因此，文件形成部门与档案部门理应加强对话，建立二者共同的伦理道德规范，并将这种文书档案管理伦理规范内化为主体的职业道德意识，从而自觉地履行社会道德义务。值得一提的是，作为大量产生文件的政府机构，同时也作为档案馆经费的统筹者，而档案部门不仅为其保存着有长久利用价值的档案，也是政府信息公开的合法场所，是拉近政府与公众距离的窗口，在二者之间存有权利与义务对等的伦理关系，双向沟通与对话无疑是二者最

第五章 国家综合档案馆责任伦理认知及其关系梳理

佳的伦理关系协调方式。

七 国家综合档案馆与普通利用者之间的服务关系

"服务"是现代社会档案管理的最终目的。档案管理的目的之一便是服务社会,如果只是封存在档案库房中,那么尘封的档案资源便失去了其存在的价值,如果没有人利用这些档案中的信息,那么为了所谓的潜在价值而浪费现有人力、物力、财力等资源的行为也是值得反思的;而实际上,各级各类档案馆的库房中早已存在许多无人问津的档案资源,占据着有限的空间。档案利用者在档案服务社会的过程中扮演着最为重要的角色,是档案资源的直接受益群体,然而很多人却对档案闻所未闻,这样一种服务理念与利用意识出现了明显且强烈的反差。作为档案服务主体的档案管理部门首先必须认清自己与档案利用者之间的关系,即服务,或者说,档案部门与社会公众之间表现为主动"服务"关系。而且这种服务关系在档案管理道德层面带有绝对的奉献精神,奉献意味着不可以向利用者索取任何包括经济、物质等形式的回报,如果说档案管理主体在这样的服务关系中能够获得什么样的收益,或许只有那种为他人谋取利益与幸福后的职业满足感。就档案管理伦理道德而言,面对档案利用者,档案管理主体有的仅是一种职责范围内的资源服务义务,不可以权力压制档案利用者的需求。反而档案利用者理论上应享有档案利用与服务监督的权利。而现实的情况却不是理想中的形态,档案部门与档案利用者、各种不同类型的档案利用者在档案服务的活动中自谋其利,似乎都没有达成某种共识性的伦理原则,这也是现阶段档案服务伦理道德规范建立的切入口。

八 国家综合档案馆与特殊利用者之间的扶持关系

"公平服务"是现代档案服务伦理的终极目标,每个社会个体都公平享有档案利用的权利,但是并不是所有的社会个体都具备档案利用的能力,档案资源服务的不均衡乃是一种常态。本书所指的特殊利用者包括两种类型,一类是指由于文化、知识、技术等导致的档案信息获取能力较差的群体,特别是偏远地区的社会个体,几乎接触不到档案;另一类是指由身体条件等原因导致不能以正常手段利用档案信息资源,例如部分残疾人或生活不能自理的重病患者。就伦理道德而言,每个有生命的个体都享有平等的权利,当然并不是所有的社会个体都会去行使这样的权利,而一旦该主体因自身利益受到威胁需要借助档案的力量进行维权,作为档案管理主体就有道德义务去扶持、帮助,尽最大可能地实现特殊群体的档案需求。这样一来,似乎又产生了新的道德问题,如果对特殊群体的扶持度高于普通利用群体,是否出现新的不平等利用现象?对于这种矛盾,笔者认为主要与档案利用者的内在道德观相关联,利用者的积极道德观也是出于利他思维,但是如果具有消极道德观的档案利用者或许也会出现不平衡的心理落差。道德从来就没有固定的标准答案,对于档案管理服务伦理而言,能够满足档案利用者的档案需求即为"善",在档案利用需求这一点上所有社会个体是平等的,至少在这一层面要达成绝对的道德共识内化于主体内心,在如此正向的信念中,完全可以听从"良心"的指挥而进行道德行为选择。

九 国家综合档案馆与媒体之间的合作关系

档案部门与媒体之间在服务社会与社会效益方面是双赢的,因此表现为合作关系,这里讲的媒体并非诸如《中国档案报》这类专业性的媒体,而是指面向社会公众的大众传媒。在服务社会的义务方面,档案部门与大众传媒均以信息的社会共享为出发点,不同的是档案信息资源并不能任由档案管理主体对外公布,而大众传媒则可以通过各种渠道搜集社会公众所感兴趣的信息资源,有时甚至真伪尚不能确定,另外,档案通过媒体向社会展示的是积极的、真实的、正面的信息资源,而媒体所报道的资源质量则参差不齐。之所以说二者的合作是双赢的,也同样体现在为社会公众提供信息的义务层面,以及二者所能获得的社会收益层面。一方面,档案部门能够为大众传媒提供其他任何渠道无法获取的翔实的史料,提高媒体报道的可信度,大众传媒则能够促进档案信息资源宣传形式的多样化。另一方面,在众多虚假信息混杂的当代,社会主体

第五章　国家综合档案馆责任伦理认知及其关系梳理

更需要一些可信度较高的真实信息,通过报道真实可靠的档案信息资源,媒体能够提升在社会公众心中的正面形象以加深其社会影响力,档案部门也因此为社会公众所熟悉和了解,有助于改变档案部门边缘化的社会地位。基于此,笔者认为,档案部门与大众传媒之间因合作所产生的社会收益得到了较为合理、公平的分配,也证明了合作的双赢价值,而且在这样一种合作关系中,档案部门作为资源的提供方应该占据主动地位,积极开展多种形式的合作。

十　国家综合档案馆与其他主体之间的共生关系

国家综合档案馆与上文提到的九大主体之间的伦理关系,是档案管理历史发展过程中的传统伦理关系体现,然而随着时代发展、技术进步以及社会档案需求的提高,国家综合档案馆与"新"主体之间产生了新伦理关系,这些"新"主体包括社群等社会组织、教育机构、大数据管理局与档案管理监督主体。

首先,社会性群体组织,如公益团队、志愿者团队、维护社会记忆的民间团队等,在其从事社会实践活动过程中所形成的原始记录对该组织、其活动领域对应的事业乃至整个社会都是有益的,将其活动过程中产生的历史记录合理、有序地整合并保护好,既是该组织的使命,也是档案管理部门的责任,因此,国家综合档案馆与社群等社会组织之间体现为指导关系,即帮助社会组织规范其档案管理体系,维持其记录的可用性与传承性。"天津记忆"团队自成立十几年来,始终与天津市档案馆、天津市各区档案馆保持着良好的沟通与合作关系,共同为天津市地方文化的保护与传承贡献力量。

其次,国家综合档案馆与教育机构之间表现为一种共赢关系。教育机构不单指设有档案学专业的高等教育机构,还包括从事档案职业技能培训的专业教育培训学校或团队,以及中小学教育机构。理论与实践的鸿沟问题困扰着档案教育者,也使得档案学专业学生感到迷茫,加强实践部门与教育部门的融合,能够有效缓解这一困扰。目前,各地方综合档案馆普遍与当地档案专业教育机构保持一定的联系,共建实践教学基地，接待专业学生的参观、交流、实习等专业活动。同时，在教育培训、开办讲座等方面，实践专家与高校学者互相借鉴、互相学习，提高档案基础理论的应用型以及档案实践理论的深层次，企业家进课堂、专家型馆员的双向机制也印证了上述观点。对于中小学教育机构而言，国家综合档案馆为其提供教学可用的档案资源，建立爱国主义教育基地，如北京市档案馆、广州市档案馆等国家综合档案馆引导并接待中小学生到馆参观学习，苏州工商档案管理中心编纂《苏州丝绸记忆》系列丛书，并以提高互动性走进中小学生，也有国家综合档案馆利用"6·9"国际档案日等契机开展档案进校园等活动，在取得了较好的档案宣传与利用效果的同时，为中小学生带来一场知识的盛宴，也为档案学专业的大学生群体提供了走近专业志愿服务的机遇。

再次，数据技术的迅速发展模糊了学科边界，也加速了行业间的合作与竞争，其中，大数据管理局的成立迫使档案界重新思考与定位自身的发展前景，一场数据之争引发了国家综合档案馆与大数据管理局之间的竞争关系。然而，从文件或是记录，抑或是数据与档案之间的关系来看，文件或记录均为档案的前身，数据则是不同阶段的文件或记录直到档案的最小单元，也就是说，从文件或记录到档案，数据的表现也可以说是从现行数据到历史数据的转化，基于这个层面而言，国家综合档案馆所保管的历史数据并未改变。因此，档案管理主体面对大数据时代所带来的挑战不应感到恐慌，相反，这是一个促进档案现代化管理的机遇，运用新技术深入挖掘档案资源，实现"传承发展中华优秀传统文化，继承革命文化，发展社会主义先进文化，增强文化自信，弘扬社会主义核心价值观"[①]。与此同时，提高档案管理主体的专业技能，加强与相关主体的合作，结合处于不同阶段的数据资源，提高档案的社会服务水平，

---

① 全国人民代表大会常务委员会：《中华人民共和国档案法》，2020年6月20日，第十三届全国人民代表大会常务委员会第十九次会议修订通过。

第三十四条：国家鼓励档案馆开发利用馆藏档案，通过开展专题展览、公益讲座、媒体宣传等活动，进行爱国主义、集体主义、中国特色社会主义教育，传承发展中华优秀传统文化，继承革命文化，发展社会主义先进文化，增强文化自信，弘扬社会主义核心价值观。

做好档案社会化服务工作。

最后,《档案法》新增"监督检查"章节规定档案管理监督主体与监督范围等具体内容,由此引出了国家综合档案馆与监督主体之间的沟通关系,本书将于第六章结合实践调研数据对国家综合档案馆监督主体类型与监督方式进行细致阐述。此外,随着国际交流与合作的日渐深入,中国档案话语权的问题、中国档案国际地位问题、档案在维护中国企业在境外权利的作用等国际化"档案伦理"关系也是值得关注与探讨的新时代话题。

第五节 本章小结

一方面,档案管理是一种与现代性管理理念相适应的组织管理,以组织生活的人为管理对象,建立适应外部环境的管理模式。另一方面,档案馆因其馆藏资源的社会性以及档案管理的社会服务性又体现为一种对外的社会管理,因此档案管理蕴含着一定的社会正义伦理观与服务社会的伦理信念。基于此,笔者在确立档案管理伦理理念后,提出了档案管理与伦理二重构建的管理模式,是对管理的科学性与人性趋善的诠释。科学规范的管理能够遏制个体趋恶的思想,主体内在的道德修为又是科学管理实现的前提。科学管理与人伦管理的协同构建也是档案管理发展规律的动态呈现,人治时期的档案管理是"禁忌式"的管理,在一切禁止的背后也增加了档案管理的社会神秘感,法治时期的档案管理又以"准则式"为标志,由知之何为"不能做"过渡到了何为"应该做",他律的伦理规范由此产生,档案管理主体认识到了有义务去从事的职责范围。从他律走向自律必然要经过一个习得的过程,最佳的道德习得方式不是强制性的法律规范,而正是建立在社会层面上的道德责任,"如何做"也随之成为个体道德能力养成的重要理念,包括档案管理主体自身的内责以及与其他相关主体互动的外责。

现阶段我国档案管理伦理正处于他律与自律同步管理的初级阶段,以他律为主的外在伦理约束占据主动地位,档案管理主体对其岗位职责及其所应尽的义务有着较为清晰的认识，但对其所肩负的社会责任却知之甚少，因此，强化主体责任伦理意识显然是档案管理社会责任实现的首要步骤。现代意义上的档案服务正呼吁档案管理主体的角色转型，由档案保管者向为社会各界提供档案信息资源的服务者转变，并且赋予档案管理主体与其新型角色相配套的权利，传统管理背景的管控机制应向符合道德规范的伦理机制转型。总而言之，无论是以群体道德为管理目标的他律管理模式还是以个体道德为管理方向的自律伦理规范，皆有一定的科学性与向善性，但也存在一定的压制性与片面性，结合我国现阶段的政治、经济与文化环境，只有科学管理与伦理道德相结合的形式，才是档案管理良性伦理秩序养成的重要渠道，也是档案管理主体职业幸福感提升的必要手段，更是档案管理社会责任实现的有效路径。下一章节将细致分析国家综合档案馆责任伦理的实现维度、实现策略与监督机制。

第六章　国家综合档案馆责任伦理的实现维度与监督

> 人类最大的幸福就在于每天能谈谈道德方面的事情。无灵魂的生活就失去了人的生活价值。
>
> ——苏格拉底

新中国成立70周年之际,中央档案馆还原开国大典彩色影像引起了社会广泛关注,体现了国家综合档案馆作为社会记忆资源保存机构的责任意识。随着2018年档案机构改革的推进,国家综合档案馆社会服务功能得以优化,由此引出了国家综合档案馆基于社会服务层面的责任问题。结合上文关于国家档案馆责任伦理的认知与实践,本部分运用问卷调查法客观分析国家综合档案馆的内部责任与外部责任,厘清责任间的关系。以重要时间节点为横轴坐标,以档案社会化参与形态为纵轴坐标,构建国家综合档案馆的社会责任维度模型并分析不同责任维度的内涵与特点。根据国家综合档案馆在社会发展中的角色与地位,其所承担的责任可分为基于岗位职能与业务层面的底线责任,基于资源开发与宣传层面的文化责任,以及基于服务社会与维护记忆的道德责任。明确国家综合档案馆社会实践中不同的责任表现形态与适度空间,有助于国家综合档案馆树立责任意识,完成其所肩负的社会责任使命。

与此同时,档案管理责任伦理的实现需建立与之相适应的责任伦理意识与责任伦理机制,形成规范化有序化的伦理秩序以及有效的监督机制基础。现阶段国家综合档案馆责任伦理的实现离不开对其责任履行的监督，2020年，新《档案法》增加"监督检查"章节，分述六条内容规定档案行政管理部门对档案工作责任、档案管理情况、档案管理主体等方面的监督检查职责，同时规定在监督检查过程中的责任担当等问题。基于法律所规定的行政监督精神与档案管理主体监督机制认知现状的调研，分析得出档案管理责任监督能够有效规范档案管理主体行为，并确定外部监督、内部监督、用户监督、舆论监督、同行监督为档案管理责任监督的五种主要方式。档案管理责任监督的实现需建立在构建责任监督机制、明晰责任监督主体的权责关系、增强档案管理主体意识等路径基础上。

第一节 责任的"广"度

2008年至2014年间"公共档案馆"概念的兴起，引起了档案界关于国家综合档案馆社会功能的拓展研究。公共档案馆社会责任涉及内容广泛，包括文化责任、法律责任、道德责任等。[1] 公共档案馆还具有促进社会矛盾化解、提升社会文化软实力、推动公平文化形成、协调利益者和谐存在的社会责任。[2] 此外，公共档案馆的社会责任还体现在人文关怀、保存记忆、维护正义、信息服务等多个方面。以国家综合档案馆为研究对象的学者认为，国家综合档案馆的社会责任定位于社会信息化、政治民主化、经济全球化的社会大背景下；[3] 肩负构建和存储生态记忆、提供生态文明建设参考信息、助推生态文化建构与发展的历史责任。[4] 同样在政治、经济、文化、道德等方面均承担着一定的社会责任。[5]

---

[1] 潘玉民：《论公共档案馆的文化责任》，《档案学研究》2010年第1期。
[2] 周林兴：《文化强国战略下公共档案馆的社会责任及实现机制研究》，《档案学研究》2014年第4期。
[3] 简莹莹：《公共档案馆社会责任研究》，硕士学位论文，福建师范大学，2011年。
[4] 康蠡、周铭：《生态文明建设中国家综合档案馆的责任及实现》，《云南档案》2015年第6期。
[5] 薛丹阳：《浅谈公共档案馆社会责任》，《兰台世界》2015年第5期；蔡娜：《信息时代我国档案馆的社会定位与精神重塑》，硕士学位论文，四川大学，2006年。

第六章　国家综合档案馆责任伦理的实现维度与监督

通过对现有研究成果的分析可以看出，国家综合档案馆的社会责任体现在社会各个方面、各个层次，随着服务型社会进程的推进，国家综合档案馆也承担着为党和国家、各行各业、社会公众服务的职责，2018年机构改革的实施，弱化了国家综合档案馆行政职能的同时，强化了国家综合档案馆社会服务的职责。社会公众维权意识以及社会公众档案需求意识的提升，也促进国家综合档案馆为社会提供多样化、灵活化的服务。《档案法》第10条规定："中央和县级以上地方各级各类档案馆，是集中管理档案的文化事业机构，负责接收、收集、整理、保管和提供利用各分管范围内的档案。"当代社会，具有文化事业属性的国家综合档案馆，其职责不仅是"于内管档"，更是"于外服务"，本书以档案的社会化服务为研究起点，通过问卷调查法总结国家综合档案馆责任类型，构建并分析其社会责任维度，以明晰国家综合档案馆的责任担当。

一　责任与社会责任

从主体认知角度来讲，责任代表着意识、思维、态度，表现为责任使命与责任担当，即个体应该做的事，并且能为自己的行为后果负责。作为以社会个体或群体而存在的主体，对其行为结果的考量要超出个体或群体的自然范围，即要为自己行为对他人产生的结果负责，体现为一种利他思维。其中，国家综合档案馆的社会责任是其作为社会组织的一部分所应承担的外部责任。

（一）责任

"责任是人们或一个群体对团体成员作为某个角色而承担的任务或从事的某项事情的评价（角色责任），其至少包含三项要素、两组关系。简单地说，即人、事、论。两组关系分别指：{人—事}和{[人-事]—论}，人们对某种事实、进而对造成这种事实的原因的评价。"[①] 责任是一个涉及范围较宽、认知形态较抽象的概念，在某种思维意识的引导下主体所进行的一系列行为，该行为必然会导致积极的或消极的结

---

① 沈顺福：《论责任伦理的基础》，《齐鲁学刊》2019年第5期。

果，行为主体则要承担由其意识引导行为产生的结果。从这层意义上讲，责任的内在形式表现为思维或意识，外在形式表现为某种行为，主体能在多大程度上对其行为结果负责便是责任评价的标准。根据不同层次、不同角度、不同领域、不同形式，责任可划分为多种不同的类型，但不可否认的是，责任存在于任何一个主体的思维意识中，表现于任何一种行为，没有哪一种行为不会产生一定的结果，行为的获利需建立在主体对其行为结果承担的基础上，而这种行为的承担既可能是对自己负责，也可能需要对他人负责。

（二）社会责任

按照责任形成与发挥作用领域的不同，可将责任分为家庭责任、职业责任、社会责任等，可以说，社会责任是主体对其行为能够为社会产生的影响承担后果的一种责任类型，是一种高于个体或群体为内部负责的他者思维，更多地表现为义务行为。相较"责任"定义，"社会责任"将｛人—事｝与｛[人－事]—论｝两组关系定位在共同的社会环境背景下，指"一定的社会历史条件下社会成员对社会发展及其他成员的生存与发展应负的责任，具体包括两方面的内容：一是组织或个体在社会生活中应承担的责任；二是该组织或个体对自身的不符合社会规范的行为而承受的各种后果即受到责任缺失带来的惩罚"[①]。社会责任行为主体身处社会大环境所形成的网中，如蝴蝶效应般紧密联系且相互影响，注重｛[人－事]—论｝中"论"所带来的一切结果，发挥"优论"的积极影响、降低"劣论"招致的后果危害。社会责任将主体的职、权、责、利有机地交织在一起，以"利他"的思维规范行为，发挥社会共同体的主体价值，共同营造和谐的社会责任规范。

二 责任类型

国家综合档案馆作为社会组织的一个细胞，既要承担以自然组织形态存在的内部责任，也要承担以社会组织形态存在的外部责任。根据国

---

① 简莹莹：《公共档案馆社会责任研究》，硕士学位论文，福建师范大学，2011年。

第六章　国家综合档案馆责任伦理的实现维度与监督

家档案馆的职责内容，笔者以开放式问卷面向公众征集国家综合档案馆的社会责任类型问卷，共回收70份，经问卷结果归纳出现阶段社会公众所认可的国家综合档案馆应承担的社会责任类型有以下六种：岗位职能责任、基础业务责任、资源开发责任、文化宣传责任、服务社会责任、维护记忆责任。

其中，岗位职能责任指履行好党委、政府及上级、同级档案行政部门所规定的机构职能和目标责任。基础业务职能指负责征集、接收、保管、管理具有重要历史价值和社会价值的原始记录，分类整理，确保档案的完整性、准确性、安全性和保密性。资源开发责任指做好馆藏及行政区域内档案史料发掘、编研工作，利用现有的和已挖掘的档案信息，最大限度地发挥档案的史料价值，推动国家综合档案馆成为进行科学研究和利用档案史料的中心。文化宣传责任指对公众开放档案、普及档案知识、展示历史资料，引导社会公众铭记历史，不忘初心。服务社会责任指在职责范围内为单位和公众提供各种类型的档案利用，为社会提供便捷的档案服务，物尽其用，彰显档案价值，实现自身社会价值。维护记忆责任指保护历史、保存历史记忆、构建和存储社会记忆、提供文明建设参考信息，助推文化建构、传播与发展。此外，所回收问卷中，也有受访对象提到国家综合档案馆具有保护公民隐私的责任，因该责任属于道德层面的责任，因此，笔者未将其列入关于国家综合档案馆社会责任的二次调研范围内。

结合开放式问卷调查结果，笔者选择国家综合档案馆管理主体为调研对象，针对主体对上述六种责任类型的认可度与认知度进行调研，共回收问卷252份。认可度代表档案管理主体对六种责任的认同程度，认知度代表档案管理主体目前对六种责任的认识与履行程度。根据调研数据可知，国家综合档案馆管理主体对其所承担的六种社会责任认可顺序为：基础业务责任＞维护记忆责任＞资源开发责任＞服务社会责任＞文化宣传责任＞岗位职能责任（见表6-1）。然而就目前实践现状而言，国家综合档案馆管理主体对其所应承担的六种社会责任的认知度为：岗位职能责任＞维护记忆责任＞基础业务责任＞服务社会责任＞资源开发

责任 > 文化宣传责任（见表 6-2）。

表 6-1　国家综合档案馆社会责任类型的主体认可度

	基础业务责任	维护记忆责任	资源开发责任	服务社会责任	文化宣传责任	岗位职能责任
5	151	155	148	142	142	131
4	65	55	58	66	64	62
3	31	34	39	38	38	50
2	3	5	6	4	7	8
1	2	3	1	2	1	1
平均值	4.43	4.40	4.37	4.36	4.35	4.25

表 6-2　国家综合档案馆不同类型社会责任的主体认知程度

	岗位职能责任	维护记忆责任	基础业务责任	服务社会责任	资源开发责任	文化宣传责任
5	70	53	47	53	49	50
4	57	76	67	59	59	60
3	92	90	108	105	104	96
2	23	20	19	27	29	36
1	10	13	11	8	11	10
平均值	3.61	3.54	3.48	3.48	3.42	3.41

表 6-1 和表 6-2 反映的问题代表着国家综合档案馆管理主体对其承担社会责任的应然与实然的认知意识。就应然层面而言，档案管理主体普遍认可上述六种责任，平均分值在 4.43—4.25（满分 5 分）之间，差异并不明显。但是就现阶段档案管理主体对上述六种责任的认知度均不理想，平均分值仅在 3.61—3.41（满分 5 分）之间。同时，通过数据可以看出，档案管理主体对岗位职能责任的认可度相对最低，但责任履行得相对最好；对基础业务责任的认可度相对最高，但责任履行得相对

第六章 国家综合档案馆责任伦理的实现维度与监督

适中；对资源开发责任的认可度相对较高，实际认知度却也不够理想；文化宣传责任的认知度也较认可度低；对其他两类责任的认可度与认知度持平。上述结果说明档案管理主体客观上承认国家综合档案馆应肩负的社会责任，但是主观层面尚未达成高度的认知，责任履行程度有待提升。根据调研结果以及责任的作用范围，笔者将上述六种责任进一步划分为内部责任，即岗位职能责任与基础业务责任；外部责任，即服务社会责任、文化宣传责任、资源提供开发责任与维护记忆责任，厘清不同责任类型间的关系。

三 内部责任

内部责任的明确与履行是国家综合档案馆外部责任实现的前提条件与基础保障，体现为基于法律规范层面的责任类型。法律规范赋予国家综合档案馆基本职能作为存在的基石，其责任体现在履行岗位职责与业务职责，国家综合档案馆的内部责任可以理解为档案管理主体在进行档案日常管理各项工作中所涉及的各类责任总称。

（一）内部责任具体内容

岗位职能责任是以国家综合档案馆各个职能部门为对象的责任划分，各职能部门需按照法律规范等予以划定职能责任。如福建省档案馆根据内设办公室、征收鉴定处、保管利用处、编研开发处、信息技术处、机关党委（人事处）6个机构，[①] 具体机构职责见表6－3。2018年机构改革后，天津市档案馆与天津市地方志编修委员会办公室合并，内设办公室、人事处、行政保卫处、规划部、方志指导部、年鉴指导部、宣传部、接收征集部、整理部、保管部、利用部、编辑研究部、网络与信息化部、技术保护部、机关党委办公室15个机构。[②] 天津市北辰区档案馆结合本馆实际情况，将年度任务进行分解，将责任落实到每个科室、每名干部，

[①] 福建省档案馆机构简介：《福建省档案馆机构编制情况》，2020年6月，福建省档案信息网（http://www.fj-archives.org.cn/dazw/jggk/jigjj/）。

[②] 天津市档案馆（天津市地方志编修委员会办公室）：《内设机构》，天津档案方志网（http://www.tjdag.gov.cn/tjdag/zwxx60/jggk66/jbzn/index.html）。

制定以个人为单位的岗位目标责任，明确每个人的工作职责。[①] 岗位职能责任，因岗位不同而拥有不同的职能权限，同样也需承担与岗位权限相匹配的任务目标，并履行完成各职能岗位的目标任务。

表6-3　　　　　　福建省档案馆内设机构及其职责

办公室	负责综合协调单位日常工作。承担文电、机要、保密、文秘、信息、档案、财务、督查、信访、统计、资产管理、安全保卫、后勤保障等工作。配合做好全省档案事业发展规划编制、相关档案规范与标准研究制定等具体工作。承担《福建档案》编辑出版工作。联系省档案学会。协调法律顾问工作。
征收鉴定处	配合做好立档单位档案规范化以及全省重点档案保护、开发项目的组织、评估、申报等事务性工作。承担省级机关、团体、企事业单位和其他组织及省级重大活动、重要事件、重点建设项目等形成的各种进馆各种载体档案资料的接收和相关资料的收集工作。承担著名人物档案、历史档案以及史志、家族谱、契约等档案文献遗产征集工作。承担档案资料整理编目和档案价值鉴定与重要档案等级划分、馆藏特藏档案筛选工作。
保管利用处	承担档案资料入库工作和全宗卷的完善与管理工作。承担档案馆指南规范的制定与审核工作。承担档案库房管理和馆藏各种载体档案资料保护、检查、检测工作。承担馆藏档案解密、划控和开放认定工作。承担各种载体档案的利用、咨询和馆际、区域间的共享利用服务。承担档案资料利用统计分析。承担政府公开信息查阅工作。
编研开发处	配合做好档案文献遗产的抢救保护、研究开发、宣传推广与组织申报等事务性工作。承担馆藏档案史料研究、考订、开发和省档案馆史志、专题档案资料、档案书籍编纂出版工作。承担档案编研合作和学术研究工作。承担档案展览、文化产品开发和宣传工作。承担国际、地区间档案学术和档案文化的合作交流工作。
信息技术处	配合做好档案信息化、推进数字档案共享等事务性工作，配合做好新媒体及网站、数据库、应用系统和数据中心机房建设、维护和管理的具体工作。承担馆藏档案数字化工作及数字档案保存、管理、交互、共享工作。承担档案异地异质备份和灾备工作。承担档案抢救与修复工作。承担档案科研工作。
机关党委（人事处）	负责单位党群、干部人事、离退休干部工作。

[①] 北辰区档案局：《北辰区档案局召开2016年岗位目标责任书签状会》，2016年3月，天津市档案方志网（https://www.tjdag.gov.cn/zh_tjdag/gwxx/xxdt/bsxx/details/1593423300032.html）。

第六章　国家综合档案馆责任伦理的实现维度与监督

按照档案法律法规的要求，国家综合档案馆的基础业务包括档案的收集、整理、保管、鉴定、统计编目、开放利用、提供服务等，每一项业务都被规定了相应的责任范围。不同的岗位职能对应着不同的业务责任，以北京市档案馆开放鉴定处业务职能为例，该处室主要负责组织开展馆藏档案资料的开放鉴定工作；指导档案移交单位开展进馆档案开放预判和形成满30年档案初审工作；负责本馆档案开放鉴定委员会办公室工作；完成领导交办的其他工作。其他各处室同样负有各自的业务职责。[①] 相比岗位职能责任的确立以组织管理为背景，基础业务责任则是与具体岗位对应的实践工作为前提进行确立的，即每个岗位、每项业务工作都有要按照一定的业务标准完成更为具体的业务工作。

（二）内部责任主体关系

国家综合档案馆作为社会组织机构，由多个职能部门构成，各个职能部门又由多个个体构成，在人员构成关系上，属于包含与被包含关系，三者构成国家综合档案馆的内部责任履行主体。从其责任履行关系来看，内部责任更多体现在基础业务往来过程中，三者之间的责任关系表现为自上而下的责任分解与责任监督与自下而上的责任落实以及相互间的合作（见图6-1）。

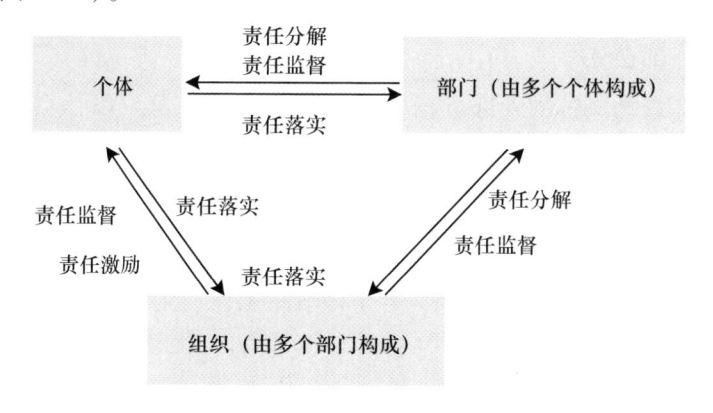

图6-1　国家综合档案馆内部责任主体关系

[①] 北京档案馆机构职责：《北京市档案局（馆）各处室职责》，北京档案信息网（http://www.bjma.gov.cn/bjma/300478/301148/301191/index.html）。

首先,国家综合档案馆的内部责任表现为自上而下的责任分解,即由档案馆根据任务计划,结合各部门的业务职能进行任务分解,明确各职能部门的主体责任,在由各部门根据个体的岗位与技能优势分解岗位责任,落实个体岗位目标责任。同时各职能部门负责监督检查个体职责履行情况,组织负有监督检查各职能部门、个体的责任履行情况的责任。其次,内部责任体现为自下而上的责任落实,即个体或部门根据岗位目标责任或职能责任有计划地完成所承接的业务工作,并接受主管部门与组织的监督检查。再次,在责任分解、监督、检查、履行的过程中,组织、部门与个体应建立在合作基础上,传统的命令式责任机制过于僵化,不利于主体能动性与创造性的发挥,组织或部门应在适当的范围内开放责任空间,激发主体的责任意识,达到主体责任履行的最佳效果。又次,不同个体间、不同部门间的良效沟通、良好联动式合作模式有助于提高工作效率并营造友好和谐的工作氛围,促进集体观念养成。最后,组织有责任为个体提供较为优质的责任履行环境,如必要的责任激励机制不仅可以达到责任高效落实的目的,还能够将个体的岗位责任内化于意识中,上升到道德层面的主体责任,内化主体责任意识,变被动为主动,以积极的心态应对外部不断变化的环境与激烈的竞争。

四 外部责任

国家综合档案馆的外部责任表现为高于法律规范、以社会需求为导向的道德责任,外部责任受到社会发展、技术进步、国际环境等因素的影响,是内部责任的深化,也是内部责任履行效果的外在形态。笔者以1959年中央档案馆成立、1980年《关于开放历史档案的几点意见》(以下简称《意见》)的发布、1983年《档案馆工作通则》的发布、2000年《全国档案事业发展"十五"计划》决议的通过四个时间节点为横轴,以档案利用到档案服务的社会参与形态为纵轴,构建国家综合档案馆外部责任空间维度(见图6-2)。其中,资源开发责任是其他三项责任的基础,只有在馆藏资源充分挖掘与利用的前提下,才能够发挥档案资源服务于文化建设、服务于社会、服务于维系记忆的功能,主体责任也因

第六章　国家综合档案馆责任伦理的实现维度与监督

资源价值的实现得以体现。其他三项责任是资源开发责任的延伸，档案资源较大范围地发挥作用、得到较高的社会认可度，能够为主体资源开发责任的履行提供动力与平台。

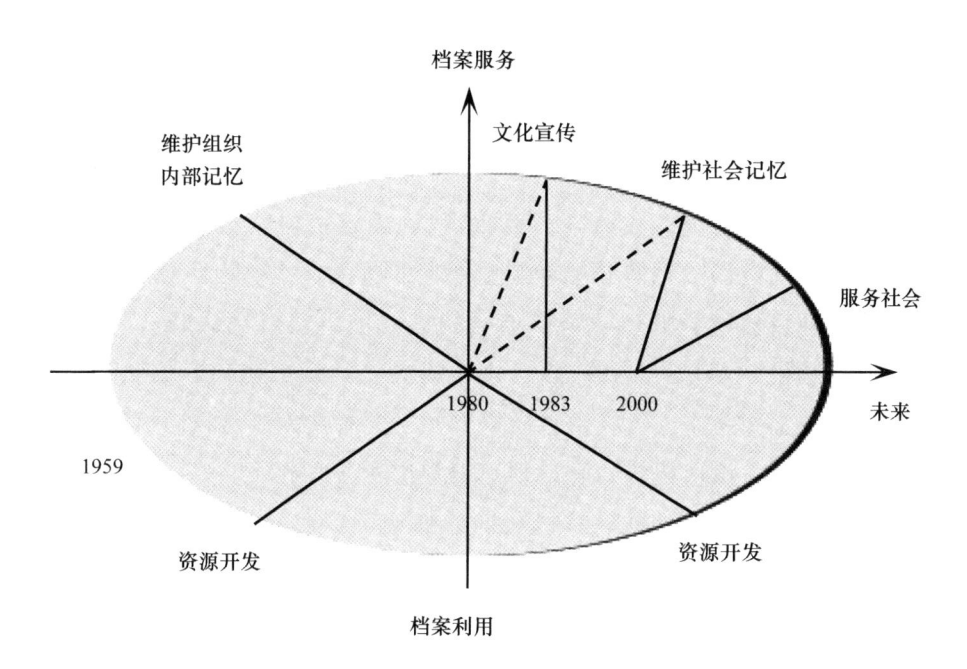

图 6-2　国家综合档案馆外部责任维度

注：其中虚线代表过渡阶段、实线代表正式开始。

（一）资源开发责任

我国档案资源开发历史悠久，古代及近代的档案史料以利用为主，一方面，档案用于政治辅佐、官员任免、统治制衡、政令颁布等事务，另一方面，以文献史料作为资源进行档案文献编纂，挖掘并创新档案的现有价值与潜在价值，编纂成果主要用于政务及史学研究。民国时期，专门负责档案管理的部门逐渐形成，为日后档案资源的内部开发与利用提供了平台。1949年中央军委发布《关于收集革命历史文件和其他史料的通令》，为档案资源开发做好资源储备工作。1956年《国务院关于加强国家档案工作的决定》（以下简称《决定》）强调档案工作的任务就是要在统一管理国家档案的原则下建立国家档案制度，科学地管理这些档案，以便于国家机关工作和科学研究工作的利用。《决定》明确了档案管理工作的目标与方向，即为机关内部工作与科学研究提供可用资源。1958年，国家档案局提出"以利用为纲"的方针，1959年中央档案馆成立后，并于同年6月提出了"进一步提高档案工作水平，积极开展档案资料的利用工作，为社会主义事业服务"的档案工作新方针。[1] 此时档案史料仍以内部利用为主，档案服务于社会主义事业表现为间接性。

1980年国家档案局发布《意见》，明确规定了向全国史学界和有关部门开放可开放历史档案与革命历史档案的范围，《意见》为档案资源的社会化利用提供了机会。1983年《档案馆工作通则》第18—20条要求档案馆积极主动开展利用工作，设立阅览室、编制检索工具和开放目录，印发档案馆指南，为利用者提供方便。同时要求省级以上和有条件的档案馆要设立编研机构，有计划地编辑出版各种档案史料汇编。1987年《中华人民共和国档案法》的发布更加规范了档案开放的年限、利用手续、馆际合作等多方面的内容，为档案的社会化利用提供了便利的条件。1988年财政部、国家档案局发布《开发利用科学技术档案信息资源暂行办法》，肯定了档案作为科研、生产、管理等各项工作的资源地位，开发利用档案信息资源是档案提供利用工作的拓展和深化。2000年《全国档案事业发展"十五"计划》的决议中突出档案资源的信息价值。[2] 至此，档案成为社会各界可利用的信息资源，档案资源的开发迈上了新的征程，建立档案目录中心、拍摄档案文献纪录片、构建专题档案信息库、借助网络提供档案资源利用、开发档案信息产品等多样化的档案资源开发成果问世。

纵观档案资源开发责任的历史轨迹，封建社会受君主专制体制固化影响，档案的利用多服务于统治阶级，为特定群体提供档案利用服务，档案利用的政治性特点相对突出。近代档案利用责任多体现为对已筛选

---

[1] 国家档案局：《中国档案年鉴2008》，中国档案出版社2010年版，第627—692页。
[2] 国家档案局：《中国档案年鉴2008》，中国档案出版社2010年版，第627—692页。

归档文件的查找与调阅，机关内部档案利用多为需求推动下的被动实现，这与当时的社会背景、档案机关定位与具体职能密切相关，处于传统利用到现代利用的过渡时期。档案的利用、开放，档案资源地位的肯定，在法律规范层面为国家综合档案馆履行档案资源开发责任提供保障，当代档案资源的开发呈现出渠道广泛化、形式多样化、内容立体化、主体多元化、技术智能化等特点，档案资源开发责任从需求的被动性满足转化为主动性的社会功能实现。

（二）文化宣传责任

通过上文对资源开发责任的历史梳理可以看出，1980年以前档案主要用于机关内部，尚不能作为文化宣传的重要资源。以1980年开放历史档案为转折点，历史档案与革命历史档案可被用于史学研究，为历史研究者提供第一手资料，从某种程度上说，档案通过史学研究者的挖掘与利用并将成果向有需求、感兴趣的利用者或读者推广，可以看作档案服务于文化建设的雏形。国家综合档案馆作为主体开展档案的宣传工作始于1983年《档案馆工作通则》（以下简称《通则》）的发布，《通则》第22条规定档案馆应积极开展史料研究和编纂工作，有计划地编辑出版；第23条规定，档案馆应举办各种形式的档案展览。[①] 编辑出版与档案展览均为档案资源宣传的形式，是国家综合档案馆围绕特定主题，利用馆藏资源，选择合适的方式向社会公众普及档案与档案知识，因此，1983年可被视为国家综合档案馆文化宣传责任的开端。

国家综合档案馆文化宣传责任在于通过传播媒介将档案资源向社会公众进行宣传，弘扬我国传统文化、革命历史文化以及新时代社会主义特色文化。档案文化宣传思维从为维护皇家和封建政治服务到为革命斗争和宣传服务、为文化传承和研究服务，再从为政府管理服务向为社会大众服务转变；传播内容逐渐从以政治为主导的内容管理发展成侧重社会文化的传播。[②] 档案信息传播作为一种信息流动和共享的过程经历了

---

① 国家档案局：《中国档案年鉴2008》，中国档案出版社2010年版，第627—692页。
② 刘昆鹏：《档案文化传播的轨迹、转向与发展趋势》，《黑龙江档案》2019年第5期。

辅助工具传播、文字传播、电子传播及数字传播四个阶段的时代变化，未来它将有可能走向智能化的档案信息传播时代。① 国家综合档案馆文化宣传责任特点突出表现为方式的创新性、内容的广泛性与对力度的深度把握。如沈阳市档案馆将其文化宣传责任定位于高质量，把"故纸堆"打造成讲述城市历史的"活教材"；跳出封闭圈，让"老档案"担当起档案宣传舞台的"新明星"；突破旧思想，使"新理念"激发出转型发展的"新动能"。② 新时代的档案文化宣传责任应打破惯性思维，用发展的眼光深度开发档案资源，同时借助新技术的高效传播最大限度地开发用户群体，如利用档案信息网、官方微博、微信等公众平台发布档案资讯与档案资源开发成果。

（三）服务社会责任

本书所述服务社会责任指的是国家综合档案馆以社会公众为对象所开展的资源服务工作，标志着国家综合档案馆工作模式从被动利用到主动服务的转变。从这层意义上讲，国家综合档案馆的社会化服务发展于2000年《全国档案事业发展"十五"计划》的决议的通过，决议提出举办各种形式的档案展览或陈列；建立区域性档案资料目录中心，实现资源共享；加强对外宣传。此后，国家综合档案馆利用馆藏资源拍摄纪录片、编辑出版物，拓宽档案资源社会化服务渠道。同时，开展面向社会公众的服务内容，2001年武汉市档案局举办家庭档案建设、管理研究会；2004年中国档案报社在沈阳召开家庭档案工作座谈会，围绕家庭建档的理论研究与实践工作进行学术研讨与经验交流。③ 21世纪初，时任国家档案局局长的毛福民同志在多次会议上发表关于档案服务机制、拓展档案馆社会服务功能的讲话，档案服务成为档案事业发展的新名词，档案服务于社会各方面、服务于民生民计的呼声将国家综合档案馆的社会服务责任推向了新高度。

---

① 骈园园、史辉：《档案信息传播方式的历史演进分析》，《档案天地》2017年第6期。
② 马秀艳：《解放思想——开创新时代档案文化宣传新篇章》，第十六届沈阳科学学术年会论文集（经管社科），沈阳，2019年3月。
③ 国家档案局：《中国档案年鉴2008》，中国档案出版社2010年版，第627—692页。

第六章　国家综合档案馆责任伦理的实现维度与监督

档案社会化服务有两大特征：一是专业性；二是关注多方参与，凸显与其他领域的交融，具有综合性。[①] 也就是说，国家综合档案馆一方面要以主体的角色、专业的能力、专业的内容为社会公众提供信息化、便捷化、多元化的档案服务。部分国家综合档案馆开展的远程服务、一站式服务、馆际联动服务为社会公众的档案利用提供高效的方式；新兴的查档小程序、查档 APP 为利用者的远程查档提供了可能；网上虚拟展厅、立体化的资源开发成果展示、档案文化创意产品的开发等更加符合公众需求的档案获悉方式，上述创新服务有效地提升了档案的社会认可度。另一方面，积极地鼓励、扩宽参与渠道，形成以社会公众为主体的新服务模式。这要求档案管理主体首先要明确自身社会责任定位，提高社会服务意识，向社会公众普及档案与档案知识。另外，积极带动社会公众的参与热情，将档案资源的开发权利交给社会公众，比如通过征集专题档案资源、口述史料收集、档案众包业务等方式加大社会公众可参与的范围与力度，与社会公众共同建设档案信息资源库，为社会留存记忆资源。

（四）维护记忆责任

相比基于史料研究的资源开发责任，基于现实服务的文化宣传责任与服务社会责任，国家综合档案馆维护记忆责任则是一种面向未来的责任，用今天的方式留存昨天的记忆为明天的发展服务。1980 年档案开放以前，档案的记忆价值作用于机关彰显于机关内部，为维护组织记忆而存在。1980 年以后，档案开放实现了档案维护社会记忆的价值，而真正意义上的档案记忆责任研究始于 20 世纪 90 年代，随着后现代主义思潮在档案学领域的深入渗透，学界关于档案记忆观的理论研究日渐兴起，"档案记忆观"的提出为我国档案事业构建提供了崭新的思维路径，并被视作 21 世纪档案学学科领域的前沿范式。[②] 档案具有记忆属性，不等于档案就是"记忆"本身，档案要成为社会记忆，还需经过社会认知、记

[①] 黄霄羽：《档案社会化服务的概念解读》，《档案学研究》2013 年第 3 期。
[②] 陈明：《档案记忆观理论与实践成果研究述评》，《档案天地》2019 年第 11 期。

忆重构等一系列复杂过程，国家综合档案馆的责任便是要为记忆的构建寻根溯源、查考取证、辨识真伪、序化完整真实地保存记忆、呈现记忆。

历史不断在延伸，记忆持续在生产，档案资源开发兼具历史传承和记忆生产的双重责任。[1] 档案对于记忆不仅有建构与维护的作用，还有修改与重塑的功能，人们对于客观事物的认知难免增添主观情感，或者在信息爆炸的今天真假难辨的信息充斥着人类生活，可以说，新时代真实记忆的构建与留存更需要档案的力量加以考证。此外，不同社会群体追求发展的个性化决定了他们不仅关注传统的宏大叙事，更关心与自身发展相关联的"小故事"。正是在这一背景下，与普通民众发展有关的社会记忆，尤其是非官方的社会记忆受到越来越多人的关注。[2] 无论是历史记忆、民族文化教育还是社会平凡事件的宣传，国家综合档案馆在这个过程中都要承担起维护记忆的社会责任，用馆藏资源建构昨天的记忆，用专业力量留存今天的记忆。

第二节　责任的"适"度

社会档案需求的提升以及社会档案意识的提高，致使档案管理主体在社会活动中的角色日渐多样，国家综合档案馆主体责任问题也得到了关注。现有成果关于国家综合档案馆责任的研究集中于社会责任和文化服务。周林兴从宏观、中观、微观三个层面论述了档案馆社会责任得以实现的要求，他认为"公共档案馆社会责任的实现是一个全局性的系统工程，需要得到国家层面的宏观规范与引导、中观层面的社会参与和支持以及微观层面的自身发展与提升"[3]。徐海静认为："公共档案馆的责

---

[1] 添志鹏：《记忆再生产视角下档案资源开发的思路与策略》，《档案与建设》2019年第11期。

[2] 倪丽娟：《从历史记录管理到社会记忆建构——档案馆参与社会记忆建构本质规定性分析》，《北京档案》2019年第10期。

[3] 周林兴：《文化强国战略下公共档案馆的社会责任及实现机制研究》，《档案学研究》2014年第4期。

第六章　国家综合档案馆责任伦理的实现维度与监督

任内容主要表现在通过传播文化为社会经济发展服务，体现服务型社会的人文关怀，以及保存历史原貌和维护正义。"① 文章提到文化责任以及服务社会的范畴，并未对文化责任和社会责任进行明确界定。潘玉民完整地表述了公共档案馆的文化责任类型，并提出："开展文化建设是公共档案馆的文化责任，公共档案馆的文化责任为文化传承责任、文化服务责任、文化传播责任、文化教育责任、文化交流责任和文化建构责任。"② 可见，现有成果多将责任研究视角定位于责任范围与责任类型上。

公共档案馆概念的弱化，又带来责任问题探讨热度的下降。然而，国家综合档案馆具有档案利用服务中心、爱国主义教育基地的属性功能，其社会服务职能有增无减，也决定了国家综合档案馆的社会责任属性更需要清晰化、规范化。2019年，党的十九届四中全会通过的《关于坚持和完善中国特色社会主义制度 推进国家治理体系和治理能力现代化若干重大问题的决定》中，33次提到责任，涵盖责任制度、责任担当、权责与问责、责任追究、权责关系、责任法定化、主体责任、责任意识等多个层面，涉及国家治理的各个方面。同时，2020年《档案法》增加了责任相关条款，如第12条强调档案工作责任制；第27条规定档案开放鉴定责任主体；第42条突出档案工作责任监督，可见，档案工作责任意识需提高到全新的社会责任认知层面。

现有研究成果关于责任的范围与类型已有一定的研究积累，但是关于责任履行与责任适度问题却缺少代表性的理论研究成果。而在图书馆责任研究与管理实践中却不乏对中庸与适度问题的思考，具体体现在"中庸适度原则在图书馆决策、调查研究、指挥协调、建立健全岗位职责、检查考核中所发挥的重要作用"③。在"图书馆管理中应确立'和为贵'的管理原则，努力构建和谐图书馆，同时应掌握'不偏不倚'管理

---

① 徐海静：《公共档案馆的社会责任研究》，《浙江档案》2014年第11期。
② 潘玉民：《论公共档案馆的文化责任》，《档案学研究》2010年第1期。
③ 王君学、牛丽莉：《论中庸适度原则在图书馆管理中的应用》，《青岛大学师范学院学报》2004年第3期。

方法，把握'厚德载物'的管理策略"①。且图书馆责任适度问题的研究于近几年也呈上升趋势。图书馆的服务对象是读者，国家综合档案馆的服务对象则既有机关、单位等群体，也有以个体形式存在的社会公众，服务对象决定了国家综合档案馆的责任类型，又因其服务内容不同体现出责任深度的不同。责任范围与类型，即责任广度研究能够指导主体为谁负责，责任适度，即深度研究则能够引导主体如何履行社会责任，笔者结合专家访谈与问卷调研结果，分析不同类型的责任适度。

一　责任适度的内涵与价值

责任适度的内涵应从中国传统的道德观谈起，国家综合档案馆的责任适度价值则体现在档案社会服务实践中。

（一）责任适度的内涵

适度，在中国传统文化中体现为中庸之道。据朱熹注，中庸为不偏不倚、无过无不及之意，是儒家的伦理道德准则，为常行之礼。儒家中庸的含义不是平庸，而是适中，无过无不及。《三字经》对中庸的论述为："中不偏，庸不易。"程颐说："不偏之谓中，不易之谓庸；中者，天下之正道，庸者，天下之定理。"中是适中的意思，不易是不改变的意思。即中庸就是坚持适中适度，不偏不倚。也就是说，适度某种程度上是指事物保持其质和量的限度，纵向深度的空间范围，即为适度的活动空间，正确认识事物的度，方能准确把握其量，理解其质。

责任体现为他者思维，即为他人着想之意，同时也具有为主体行为负责，承担行为结果之意。在具体的行为执行过程中，应遵照即定的规范、标准，履行主体职能范围内的责任，也要将社会道德纳入行为意识的思考范畴，站在利他的角度审视自身行为，因此，主体在执行行为、履行职责的过程中需考虑职责范围，同时需进行道德评判，既要防止"过"，又要防止"不及"。责任适度难以用量化的指标体现，从理论层面讲，责任适度意味着主体在履行其职能时以责任为行为理念，对不同

---

① 尚艳秋：《现代图书馆中庸管理艺术》，《内蒙古科技与经济》2012年第3期。

第六章 国家综合档案馆责任伦理的实现维度与监督

的责任类型划分层次与实现目标,规范不同类型责任的空间范畴,在确保尽职尽责的基础上,发挥主体作用提高责任履行标准。

(二)责任适度的价值

于国家综合档案馆而言,责任适度概念的提出有利于国家综合档案馆厘清其现阶段的责任范围以及不同责任可发挥服务作用的空间。根据专家访谈调研结果分析,国家综合档案馆的责任有岗位职能责任、基础业务责任、资源开发责任、文化宣传责任、服务社会责任、维护记忆责任六种类型。上述六种责任类型因管理对象与服务对象的不同被赋予了不同程度的责任实现空间,如岗位职能与基础业务责任为国家综合档案馆存在的基础,责任实现空间以求真为尺度建立在法律法规规定的责任与义务范围内。资源开发与文化宣传责任为国家综合档案馆外在形象的展示窗口,责任空间以求善为尺度建立在资政参考与史学研究层面。服务社会与维护记忆责任以求美为尺度建立在社会道德价值观基础上,以社会的发展与需求为导向,保护并传承家国记忆。

于档案管理主体而言,责任适度概念的提出有利于档案管理主体感知责任的分量,从而提高档案管理主体的责任意识。主体责任意识的提升,能够改变传统思维下以目标任务为导向的工作心态,激发主体的创造创新能力,以主动的、积极的、热情的态度提高能力,适应现代社会的快速发展。同时,责任适度也能够为档案管理主体营造可发展、可探索的弹性空间,赋予责任主体一定范围的、适当的权限,在岗位目标责任与社会道德责任的纵轴中可自由权衡,也是对主体能动性的一种正向激励。

按照责任适用范围以及责任内容,笔者将调研所总结的六种责任类型划分为三个空间层次(见图6-3),第一层为基础层的底线责任,即岗位职能责任与基础业务责任;第二层为中心层的文化责任,即资源开发责任与文化宣传责任;第三层为最高层的道德责任,即服务社会责任与维护记忆责任。

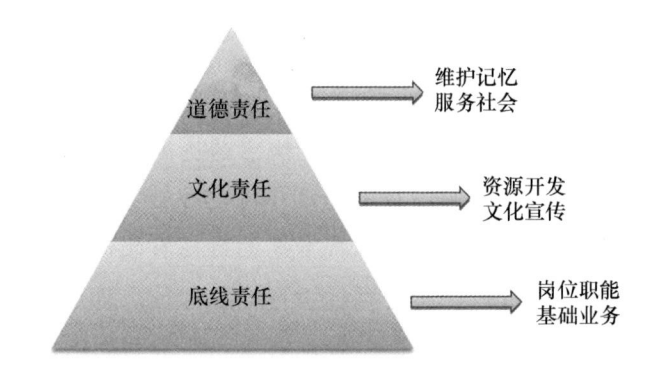

```
       道德责任  →  维护记忆
                   服务社会

     文化责任    →  资源开发
                   文化宣传

   底线责任      →  岗位职能
                   基础业务
```

图6-3 国家综合档案馆责任层次结构图

二 底线责任

所谓底线责任，意在强调具有基本、根本等属性的责任类型，国家综合档案馆的底线责任包括岗位职能责任与基础业务责任。其中，岗位职能即履行好党委、政府及上级、同级档案行政部门所规定的机构职能和目标责任；基础业务责任即征集、接收、保管、管理各种具有重要历史价值和社会价值的原始记录，分类整理，确保档案的完整性、准确性、安全性和保密性。

（一）底线责任的表现形态

国家综合档案馆的底线责任是其存在之基、立馆之根，具体的责任内容与表现形式体现在档案法律规范中。《档案法》第10条规定："中央和县级以上地方各级各类档案馆，是集中管理档案的文化事业机构，负责接收、收集、整理、保管和提供利用各分管范围内的档案。"此处强调国家综合档案馆的基本业务职能范围。再如《档案法》第11条至第17条指出档案馆应接收范围、接收方式以及政府信息公开相关事宜；第18条提到档案馆与图书馆、博物馆等单位合作关系；第19条突出档案的现代化管理与档案安全管理；第27条至第28条明确档案开放与利用的条件；第31条划定档案馆保护捐赠者权利的义务；第32条赋予国家授权档案馆的公布权。上述法律条文确立了国家综合档案馆的基本业

第六章　国家综合档案馆责任伦理的实现维度与监督

务职能范围，换言之，国家综合档案馆的基本业务职责履行要受到法律的约束，如违背规定，触及红色底线，则要受到法律的制裁。《档案法》第48条已经对违反规定的相应行为进行了界定。

诚然，《档案法》处罚规定以行为为基础，而所界定的行为不仅是国家综合档案馆及档案管理主体应遵守的，同样也是围绕档案实践活动的其他主体应遵守的。《档案法》所规定的国家综合档案馆基本职责在实际工作中会受到地域、时间、人员等多种因素的影响而不同，因此，除档案法规规定的职能外，各级国家综合档案馆结合自身管理特点与地方特色，在不违背上级法的前提下，制定可操作性更强的规章制度。在具体的职责履行过程中，同时需遵照相应的标准规范及其他政策性文件，完成以岗位目标责任为代表的业务职能责任。

2020年初，国家档案局发布《关于做好新型冠状病毒感染肺炎疫情防控期间档案工作的通知》，第二部分认真履职，做好疫情防控期间的档案工作，即是在对国家综合档案馆的底线责任做出规定，通知强调疫情防控期间，档案部门工作不能停，勇于担当通过多渠道、多形式的方法做好原始记录的收集归档工作，同时运用网络和电话等形式开展查档和政府信息公开等服务。在此号召下，全国各级各类档案馆坚守基础业务职能，河南省档案馆、天津市东丽区档案馆等部门，深入防控指挥一线及时收集疫情防控档案；福建省档案馆、天津市档案馆等部门加大疫情防控档案的收集与征集力度；上海市档案馆、山东省档案馆等部门在疫情防控期间坚持在线档案服务工作等。根据2018年度全国档案行政管理部门和档案馆基本情况摘要统计，全国共有各级各类档案馆4136个，其中，国家综合档案馆3315个，占档案馆总数80%的国家综合档案馆是其他各级各类档案的示范，国家综合档案馆在本次突发公共卫生事件中展现了极强的执行能力，面对突发紧急情况克服困难坚守岗位职责，是对其底线责任最佳形式的担当表现。

（二）底线责任的适度履行

党的十九大报告中，"底线"一词多次出现，底线思维是基于对世界本质和规律的认识与把握的思想方法，是世界观与方法论、真理性认识与行动规范的统一，体现了马克思主义哲学智慧。本书所指的底线责任是相对于中心层与道德层而定义的，实际上即便是底线责任，也有其责任履行的空间适度。虽然底线责任是法律法规所规定的责任范围，但就法律规定而言，只是告诉行为主体应当做什么，并没有告知主体应当如何做，所以，如何做便是底线责任的适度空间，而此空间范围可以在各项职责中得以体现。

如档案收集工作，《档案法》规定，中央和县级以上地方各级各类档案馆具有收集分管范围内相关单位形成的档案的职责，收集便是档案馆收集责任的基础线，面对到期应归档的档案，档案部门接收进馆，立卷归档，完成岗位职责。然而，"档案馆大量的、有效的、精华的信息提供给利用者就是其履行责任的最好途径。要做好这个工作，必须有大量的前期的高质量的档案文件管理工作为保证，如古语所言'各安其分、各守其责'"①。因此，走出档案馆开展多渠道、多类型的档案收集与征集工作，以丰富馆藏可利用档案资源，为其他各项职能责任的履行做好资源储备工作，是底线责任空间范围的深入。从这层意义上讲，底线责任的适度履行，体现为被动变主动的工作思维，以主动性扩展职责适合空间，更好地发挥国家综合档案馆最为基础的岗位职能与业务职责。

2018年档案机构改革之后，档案部门改变了局馆合一的管理模式，档案行政职能弱化的同时，档案馆的业务职能得以拓展，意味着国家综合档案馆的底线责任空间将被扩充。与此同时，信息科技、数据管理等部门的兴盛促使档案部门面临全新的挑战，档案部门的业务职责也必然要重新思考，传统背景下的档案收集、保管、利用等职责已不完全适应现代化的档案管理目标。由于业务交叉引发的职责交叉问题需得到重视，以扎稳档案部门的生存根基，徐拥军建议："中央编办研究国家信息资源管理有关机构的关系，统筹档案部门、数据管理部门、文件管理部门、政府信息公开主管部门、保密行政管理部门、信息化主管部门、图书馆

---

① 孙观清：《档案工作者的社会责任》，《档案学通讯》2007年第5期。

第六章　国家综合档案馆责任伦理的实现维度与监督

等国家信息资源管理有关部门的机构设置、职能配置和人员编制,从而优化部门间关系,形成结构合理、运行高效的国家信息资源管理体系。"① 通过与各相关部门建立合作协调机制,提高档案部门在新时代国家信息资源管理中的话语权,深化业务职责空间的同时,提升专业能力以适应由于环境变化引起的业务职责扩展。"档案机构专业能力必须覆盖全态别的档案管理;从保存与管理的内容来看,档案载体、保存档案的空间环境、档案内容及档案所具备的潜在价值都应该成为具体档案管理的内容。"②

三　文化责任

国家综合档案馆的文化责任包括资源开发责任与文化宣传责任,其中资源开发责任即做好馆藏及行政区域内档案史料发掘、编研工作,利用现有的和已挖掘的档案资源,将档案史料的价值发挥到最大,成为进行科学研究和利用档案史料的中心。档案文化宣传责任包括对公众开放档案,普及档案知识,展示历史资料,引导公众不忘历史,铭记初心。从责任内容上讲,文化责任处于底线责任和道德责任之间,起到承接过渡的作用,既是法规规定范围内的职责,同时也不局限于法规规定,甚至超出法规规定职责。

(一) 文化责任的表现形态

国家综合档案馆的文化责任实践形态,需从档案资源为文化建设服务谈起,从孔子编《六经》开始,档案文献就在文化传播与传承中发挥着重要的作用,新中国成立后,对档案资源服务于文化建设起到了推动作用,尤其是1980年提出档案开放政策以来,档案资源服务于社会各方面文化建设的价值更加凸显。从法律规范的规定来看,《档案法》第33条指出:"档案馆应当配备研究人员,加强对档案的研究整理,有计划地组织编辑出版档案材料,在不同范围内发行。"这里强调了国家综合

---

① 徐拥军:《机构改革后档案工作面临的问题与对策》,《档案学通讯》2019年第5期。
② 钱毅:《机构改革背景下档案机构专业能力的建设》,《档案学通讯》2019年第5期。

档案馆有责任吸纳专业人才，充分挖掘馆藏档案资源，利用档案资源组织编辑研究工作，并出版发行，为社会公众提供可参考的原始资料，丰富档案文化体系。除《档案法》所规定的档案编研工作以外，结合时代发展特色，电子文件、数据资源、网络资源已成为当下档案资源新形式，面对新载体形式所进行的档案资源建设，是时代赋予国家综合档案馆文化责任的新使命。

一方面，新文化责任使命要对多种不同类型的档案资源进行鉴定、整合，按照一定的标准建设专题档案资源库，在建库过程中建立同界同区域、同界跨区域、跨界同区域、跨界跨区域的合作机制，实现档案资源的共建共享。如福建省档案馆与本省其他档案馆建立资源共建共享体系；与本省图书馆、博物馆、画社等部门合作宣传专题档案文化；与台湾档案部门签订《海峡两岸档案交流合作框架备忘录》；与新加坡文物局签订《中国福建省档案馆和新加坡文物局谅解备忘录》，根据谆解备忘录，福建省档案馆与新加坡晚晴园——孙中山南洋纪念馆开展资源共享合作。同时挖掘馆藏特色侨批档案资源，与新西兰、美国、日本、泰国、菲律宾等地进行合作巡回展，宣传侨批故事所反映的乡愁文化，且每年都组织馆员出访国外进行交流。福建省档案馆的经验值得推崇，利用特色档案资源，打造特色档案文化，并建立多方合作，兼顾"请进来"和"走出去"，实现各合作方、合作地域之间的文化交融，推动地方档案文化、地方特色文化建设。

另一方面，新文化责任使命需对已整合档案资源进行深度开发与宣传，2018年机构改革后，大部分国家综合档案馆进行转型，突出文化事业单位的属性，部分国家综合档案馆与地方志委员会合并，加强资源开发服务于地方文化建设。国家综合档案馆进行资源开发要做好馆藏及行政区域内档案史料发掘、编研工作，同时做好文化宣传工作，利用现代信息技术进行多维立体的档案展览，线上展览可以突破时空界限。比如在本次疫情防控过程中，沈阳市档案馆（沈阳市文史研究馆）专门推出线上超媒体档案文化产品《印象沈阳》，通过大量照片、美术作品、音频与视频等档案材料，利用手机移动互联与档案应用数据库链接，对不

第六章 国家综合档案馆责任伦理的实现维度与监督

同历史时期的沈阳城市发展及辉煌成就进行回顾与梳理，满足了各界公众在疫情期间足不出户在线观展和了解沈阳档案文史的需求。新文化责任使命要求国家综合档案馆既要加大档案开放力度，又要对社会公众宣传档案知识，满足社会公众精神文化需求。

（二）文化责任的适度履行

如上文所述，国家综合档案馆的文化责任以其能为党和国家以及社会公众所提供的资源为目标，而档案资源建设是实现这一目标的关键环节，国家综合档案馆服务于国家文化体系体现在档案资源的深层次开发方面，因此，国家综合档案馆文化责任的适度空间可进一步分为三个层次，即文化责任空间基础层的资政参考，内容层的史学研究，以及发散层的故事解读。

首先，纵观历史长河，档案作为政务活动的原始记录，是资政参考的重要凭证，现代档案编研的首要责任依然要服务于政务，为党和国家的政策决定提供参考依据。2020年2月，《国家档案局关于做好新型冠状病毒感染肺炎疫情防控期间档案工作的通知》第三部分服务大局，充分发挥档案资政作用，要求各级各类档案馆深入挖掘馆藏档案资源，将党和政府应对疫病疫情、自然灾害等突发事件档案资料，特别是2003年抗击"非典"疫情的有关重要工作情况，汇总编辑成档案参考材料，及时报各级领导同志参阅和提供给有关疫情防控职能部门作工作参考。广东省档案馆迅速组织开展《档案资政参考》编报，截至2月11日，省档案馆共编《省卫生厅向省抗非领导小组报送的我省防治非典型肺炎阶段性总结和下一步工作计划》《抗"非"时期医疗废水废物处理及空调设备使用档案选编》《抗"非典"时期社会捐赠款物管理工作档案选编》等7期疫情防控档案资政参考，先后得到省委5位领导的10次批示，为广东省新冠疫情防控工作提供重要参考。

其次，文化责任的第二层即挖掘馆藏史料，以内容全面性、真实性、完整性为史学研究服务，20世纪80年代，档案开放的提出为史学研究提供了便利的可用资源，档案资源服务于史学研究应改变过去等待历史学家到馆查找所需档案资源的情境,而应该对档案资源进行深度编研,实现编研成果体系化、综合化的特点,以供有利用需求的史学研究者可以借助档案馆的编研成果快速查找到所需史料素材。2018年,辽宁省档案馆与北京线装书局合作影印出版完成共计12辑345册《黑图档》,内容涉及清代陪都盛京地区政治、经济、文化、司法诸方面,盛京上三旗包衣佐领和盛京总管内务府的设置沿革,以及该机构运行过程中的行政管理。该成果为清史研究者提供了系统化的参考资源,节省查找原件的时间成本,提高研究效率。国家综合档案馆在史料编研过程中,可选择与史学研究相关组织或个人合作编研,以专业视角共同进行档案资源开发与利用工作。

最后,文化责任的最高层次体现在档案资源开发服务于社会公众,在过去很长的一段时间中,档案以神秘色彩著称,往往忽略了档案资源的趣味性与故事性。党的十八大以来,习近平总书记多次强调要讲好中国故事,讲故事容易,讲好故事却并非易事,档案中藏着极其真实可信的好故事,即便这些故事可能是令人欢心愉悦的,也可能是令人伤心悲愤的,但都不可否认这些故事的真实性。用当代人的视角去建构历史,其目的便是要尽可能地接近真实,历史的建构者在追求真实的道路上不断探索。于社会公众而言,借助档案进行维护自身权利的事件并不会每天上演,但是可读性较强的故事却可以多次读取,也可以相互传播,这对提高社会档案意识无疑也是很有价值的。相比前两项责任,传统编研尚可以满足,而对于潜在的、分散的故事赏析者而言却明显滞后,若想讲好中国故事,挖掘好素材显然是第一环节,而宣传则是第二环节。选择社会公众喜爱的宣传平台以及体验方式,通过虚拟展览、宣传片、微博、微信公众号、抖音短视频等更容易被社会公众所接受的渠道,强化故事传播效应,以此提升国家综合档案馆文化责任的深度。

四 道德责任

道德责任是国家综合档案馆责任的最高层,责任内容以围绕社会整体需求以及可持续发展为依据,以服务社会和维护记忆为目标。服务社

第六章　国家综合档案馆责任伦理的实现维度与监督

会责任包括为社会各类群体和不同个体提供多样化的档案资源以及便捷式的档案服务，实现档案资源的社会价值。维护记忆责任指保护历史，保存记忆，为构建与存储社会记忆、提供文明建设参考信息，助推国家文化的建构、传播与发展。

（一）道德责任的表现形态

国家综合档案馆的道德责任以档案法规的总体精神为前提，着眼于社会服务层面，用发展的眼光审视动态性的问题，即建立在为他人负责的社会责任基础上。每个个体既是自然人，也是社会人，社会人存在的意义是以实现其社会价值为宗旨的，而其社会价值的实现则是通过承担社会责任来体现的。每一个以社会形态立足的组织同样也要承担与其权利相应的责任，国家综合档案馆就其社会责任而言，主要体现在服务于当前社会的现实需求以及服务于未来社会的潜在需求两个方面。

《档案馆建设标准》中提到档案馆的建设应满足档案馆作为安全保管党和国家重要档案的基地、爱国主义教育基地、档案信息服务中心、已公开现行文件利用中心和政府信息查阅的法定场所的设置要求。通过该标准可以看出国家综合档案馆，除底线责任和文化责任之外的更高层次需求。服务社会要求国家综合档案馆在职责范围内为相关单位以及社会公众提供多元化、多样化、便利化的档案服务，实现社会价值。2018年3月，由上海市档案馆牵头，在江苏省、浙江省、安徽省档案馆的共同努力下，签订《开展民生档案"异地查档、便民服务"工作合作协议》，于当年11月发布《长三角地区民生档案"异地查档、便民服务"办事指南》。长三角地区异地查档机制的建立，实现了长三角区域范围内国家综合档案馆跨地域、跨馆际查询与社会公众切身利益相关的馆藏民生档案，且手续简便，申请人出示有效证件，填写相关查阅信息，符合条件的申请人只需等待所查档案的送达即可。这一"让档案信息多跑路、让群众少跑腿"的服务机制节省了利用者的时间成本，降低了利用者的经济支出，提高了办事效率，此后山东省、福建省等多地档案部门也与省内各级国家综合档案馆开展民生档案联动服务机制，满足社会公众的现实需求。

服务于当前社会的现实需求是借助已形成的档案史料来实现的，而服务于未来社会的潜在需求则需对现当代的记忆进行维护与保存，甚至是抢救濒危记忆，国家综合档案馆在此过程中担负着记忆挖掘、记忆存储、记忆守护的责任。1992年，联合国教科文组织发起世界记忆工程，目的是保护和保管世界文化遗产，世界记忆工程尤其关注图书馆和档案馆保存的文献遗产，以及口述历史等记录。截至2019年，我国已有《中国传统音乐录音档案》《清代内阁秘本档》《纳西东巴古籍》等13项珍贵文献遗产入选《世界记忆名录》。在入选项目申报过程中，档案部门起到了举足轻重的作用，如福建省档案馆、广东省档案馆借助馆藏特色联合推荐，国家档案局申报的《侨批档案》于2013年成功入选，为保护特色文献遗产献策献力。再如中国人民大学团队建设数字记忆综合创新平台项目成果之一的"我的北京记忆"，集文字、图片、音视频、地图等多种记录形式于一体，以贴近大众喜好的方式记录北京城市文化与城市故事，为北京留存丰富的记忆资源。

（二）道德责任的适度履行

"传统观点认为，一个档案工作者最大的责任即管理好档案，为来自于社会各方面的用户提供服务，这无疑是正确的，但以社会发展的客观状况来看，这一点远远不能满足社会对档案及档案人员的期望。"[①] 近年来社会公众档案意识的增强对国家综合档案馆的服务工作提出了更高要求，社会公众的多样化需求与国家综合档案馆服务能力之间的矛盾决定了国家综合档案馆道德责任的空间适度范围。然而，道德责任的适度空间因公众需求的预测难度及其对服务不断提升的诉求，导致该层空间范围难以量化，在履行道德责任、追求道德责任适度最大化的过程中，国家综合档案馆应始终以社会道德的标准规范服务行为，以求善为服务价值的最高追求。

---

① 孙观清、黄新荣：《再谈文件档案工作者的社会责任——兼与姜龙飞先生探讨》，《档案学通讯》2008年第5期。

第六章　国家综合档案馆责任伦理的实现维度与监督

"任何一个人在社会中都被赋予了某一种角色或多种角色，每一种角色都承担相关的社会责任，从而使其人有其社会地位及影响，文件档案工作者也不例外。文件档案工作者这个社会角色所包含的社会责任取决于其存在的社会状况如制度、文化、法律等，它具有发展变化以与社会状况相适应的特点。"[1] 社会道德标准内化于日常服务，更凸显于国家危难之时，面对新冠肺炎疫情，国家综合档案馆能站在何种高度审视自身工作，完成为国贡献的责任使命也能够体现出国家综合档案馆的社会道德责任高度。前文已多处列举在疫情防控紧急时刻，多地档案部门积极采取行动，从开发档案资源为疫情防控提供参考，开发曾经的战"疫"故事，树立社会公众的战"疫"信念，到坚持岗位责任开展线上展览与线上查档服务工作，从广渠道的收集与征集疫情防控档案资源留存战"疫"记忆，到档案工作者下沉社区、街道参与到防控一线，以专业素养与服务热情，深入国家需要的各个岗位，彰显档案人的社会道德责任，也体现档案在突发紧急情况下的资源力量，将基本的档案服务上升到道德服务层面，便实现了国家综合档案馆道德责任的适度深化。

第三节　责任伦理的实现策略

档案管理社会责任的实现客观上要求各相关主体需正确处理公与私、私与私之间的伦理关系，从以人为本的"爱人"思想重视精神层面的道德境界，在道德与利益面前能够做出正确的价值判断，实现档案公平公正共享的最高道德理想。建立在管理与伦理二重构建基础上的档案管理责任伦理应从主体意识、管理机制出发，在档案管理内部与外部均能够形成良性的道德秩序，有效地解决现阶段档案管理面临的道德困境。

一　强化档案管理责任伦理意识

意识并非简单经验的主观印象，亦非单纯的主体心理活动，而是主

---

[1] 李扬新：《我国档案公共服务政策研究》，《档案学通讯》2009年第2期。

体大脑对外在现象的感受或是经验的总结,可以说,意识是主体知识理性、道德情感与主观意志的完美统一,也是主体思维活动外在表现与内在反省的结合。由于主体意识带有主观性、能动性的特征,因此,主体从"善"与行"善"的道德意识对社会责任伦理的实现尤为重要。

(一) 自律意识

社会义务带有一定的强制性,社会责任则是被主体意识到的"义务",社会主体又由形形色色的社会个体组成,并在社会生活中充当着各种角色,也因此承担着各种社会责任。程东峰将角色定义为责任伦理的逻辑起点,他提到"责任依附于角色,角色是人们认识责任的中介"①。随着社会主体的成长与经验的丰富,其扮演的社会角色也越来越多,因此对权力的欲望愈演愈烈,外在的他律不能完全解决主体的道德行为,倘若他律的规范不能够完全内化于主体的内在道德中,他律便遏制了行为主体的平等与自由,即便强制执行下去,也违背了原本的道德原则。基于此,道德责任的实现虽然依靠他律与自律的统一,但是其中的自律更为高级且因其主体的不同而不同,较难把握。

自律是所有社会个体都应该努力完善的自我道德价值追求,自律代表着自我约束、自我控制、自我实现与自我反思。社会主体在进行社会实践活动的过程中,首先,要遵循自然、社会、历史以及自我发展的规律,认识自己、了解自己,自愿地按照社会伦理道德规范约束自己,面对外界诱惑能够自我控制,压制住内心的恶。其次,还要依靠坚定的道德信念与从善的良心,为他人着想,无论是自我利益的满足还是成就他人得到利益收获都是主体道德价值的实现。最后,作为社会生活中的主体,任何人都应将道德理性视为自律的前提,理性的自律是与任性的自律相对的,所谓任性的自律是指社会主体自定义道德标准并依此执行,表面的自律实则是其所制定的道德标准本身就是非道德甚至不道德的,理性的自律则是社会主体通过对他律的学习与内化,在内心树立与社会道德相一致的、合理的个体道德规范,并对其内在道德标准与道德行为

---

① 程东峰:《角色论——责任伦理的逻辑起点》,《皖西学院学报》2007年第4期。

第六章 国家综合档案馆责任伦理的实现维度与监督

进行自我反思,扬善抑恶,形成良性循环。

外部力量对自律意识的养成仅起到微乎其微的作用,或者说是一种社会道德层面的影响作用,自律是自觉、自主、自由的主体道德意识,无论以何种形式进行的道德自律教育,无非是激发主体的道德情感以及道德认知能力,唤起主体良心从善的一面,最终的道德自律意识还是要依靠主体进行自我道德教育,进而与社会总体道德相融合。

(二)职业伦理意识

职业伦理意识与人的职业角色、职业素养、职业行为关联紧密,倪丽娟从档案信息在满足人的生存与发展需要过程中所发挥的作用出发来界定档案职业,即"档案职业是一项通过为人类提供系统的历史记忆来满足人类自我认知、自身权益维护与自我发展以及社会生活正常运行需要的社会事业"[1]。由此定义便可以得出档案职业意味着承担一定的社会责任,享有一定的社会权利,并且要处理各种社会利益关系,也就是说,档案职业带有权、责、利的韵味,也必然要与伦理道德相关联,因此,档案管理主体也必须要树立正确的、积极的、规范的职业伦理意识。第一,敬业。档案管理主体对自己所从事的职业首先要有清晰明确的认识,知道自己的职责所在才能尽岗位之责,履行岗位义务,同时还要认同并尊重自己的职业,肯定这份职业的社会价值,自我职业认同是档案职业伦理的核心意识形态。第二,乐业。乐业意识来自档案管理主体精神层面的价值体现,一份职业不能简单地被视为是维持基本生活保障的经济来源的手段,每个人都有从职业中享受幸福的权利,而这种无形的精神权利是否被接受,则取决于档案管理主体是否能够在档案管理中享受到职业幸福感,实现自我价值、职业价值与社会价值的完美统一。第三,守业。在认清了档案职业特色后,树立了乐业的职业奉献精神,接下来的任务便是忠于职守,勤勤恳恳地实现爱岗敬业的长远职业目标。档案职业伦理意识的三个层次,体现出档案管理主体对档案管理的价值认知、价值肯定、价值追求、价值实现的过程。

---

[1] 倪丽娟:《基于职业认知的档案职业发展审视》,《档案学研究》2015年第1期。

(三) 社会档案伦理意识

香港中文大学王庆节将"道德感动"作为伦理意识的起点,他认为:"只要有一些人或很多人在日常生活中为一些事所感动和不断地被感动,那就说明道德的存在是明明白白、不可置疑的事情。正因为如此,我将道德'感动'作为我们的伦理意识以及我们研究人的道德本性的一个起点和人的道德意识的明证。"[①] 这样一个很有意思的观点引起笔者对社会公众在档案利用中是否存在道德感动的思索,人会被某种"好"或者"善"的东西或行为感动,但并非所有的感动都是道德感动,有时甚至会出现虚假的感动,只有那部分出于"善意"或"善行"被道德情感认可而形成的感动才是道德感动。基于此,笔者大胆假设社会公众的伦理意识同样建立在被档案与档案服务的道德感动之上。

一方面,档案是"真"的,因而带有一种天性的"美",社会公众通过利用的行为认识到档案的这种真实美。例如纪念抗日战争胜利70周年时期,诸多档案部门借助各种不同的传播渠道公布抗战时期珍贵的档案史料,社会公众因此对战争有了真实的认识,再次激起了社会公众的爱国主义情怀,无论其情感上的反应是否过于激动,都不可否认社会公众因档案这种真实美而触动了道德向上的情感。笔者认为,这样的情感即为道德感动,反之,虚假的信息是不能引起道德感动的,档案的真实性就是社会公众道德感动的重要资源。另一方面,社会公众利用档案能够解决所遇到的现实困境,获得物质与精神上的双重收益,利用行为与利益满足是由于档案服务的"善"而实现的,同样能够引起档案利用者的道德感动。

由此可见,道德感动似乎也可以作为社会档案伦理意识的起点,而上述两种路径,即档案信息资源的主动推送,档案服务的善行,是能够激发社会公众道德情感上的感动的有效途径。社会公众档案伦理意识的形成,也就意味着社会公众档案利用意识、档案活动参与意识、档案利用社会公德意识的形成。社会公众是档案服务社会化数量最多的群体,

---

① 王庆节:《道德感动与伦理意识的起点》,《哲学研究》2010年第10期。

第六章　国家综合档案馆责任伦理的实现维度与监督

也是现阶段档案服务的核心服务对象,因此,社会公众的档案伦理意识的高低直接决定档案服务社会化的效果与目标的实现程度。

二　运行档案管理责任伦理机制

机制本义即指有机体的内在构造、功能与相互关系,管理机制意指管理的结构及其内在运行机理;管理的伦理机制主要是用来调节主体间的伦理关系,而管理责任伦理机制发挥作用的基本路径在于通过对责任主体应履行的责任事项与其工作评价及在评价基础上的利益获取之间建立充分有效的内在关联,以促使责任主体切实履行自身肩负的社会责任。[①] 责任主体的道德与利益关系是档案管理社会责任伦理实现程度的要点,档案管理责任伦理机制的运行能够全面有效地协调责任主体道德与利益之间的关系。档案管理责任伦理机制的运行可以通过管理伦理的"自"运行与借助制度规范等载体的"他"运行两种方式来实现档案管理责任伦理机制。

(一) 档案管理责任伦理机制的"自"运行

强化管理主体的社会责任伦理意识的最终目的是要将社会道德责任感内化于主体的道德修养中,自觉地以社会责任约束自我道德行为,也是培养主体道德自律的基本点,这实际上就是社会责任伦理机制的"自"运行机制。这里要讨论的并不是关于机制的机制,而是力求分析社会责任伦理机制是如何依靠自身的运行机制进行调节,并最终实现档案管理社会责任伦理机制的初衷,即调节责任主体的社会道德与个人利益之间的关系。

伦理机制的"自"运行需要依靠主体道德自我调节、自我适应的自律能力,其中包括已经达成道德共识的目标机制、能够促进目标达成的动力机制、能够确保目标有效性的考评机制。具体到档案管理的伦理机制而言,首先,要建立一种能够进行伦理机制"自"运行的环境,这样的环境是兼有社会层面的制度、文化、经济与档案管理层面的价值观、

[①] 曹玉:《档案工作责任建设对策分析》,《中国档案》2011年第1期。

责任感的复杂性的环境氛围。其次，运行已在各主体达成共识的目标机制，目标机制的设立以符合社会档案公德或社会公共利益为宗旨，然后要对社会总体档案道德价值目标进行分层级、分类别、分主体的逐一推进。再次，带有社会总体道德意志的目标的达成必须以主体高度的自律为前提，因此，与总目标及各个分目标相匹配的动力机制尤为关键，可以通过道德教育、典范带动、道德感化等人性化的道德管理方式来强化动力机制。最后，当代社会处于高速发展的时代，每时每刻都有新的变化，伦理环境也一样随之变化，主体的道德目标随时面临失效的危机，基于此，伦理机制的自运行还需建立一套能够迅速感应外部变化并及时做出回应的、符合客观实际的自适应考评机制。

（二）档案管理责任伦理机制的"他"运行

事实上，无论是对于现阶段的社会伦理环境还是档案管理伦理环境而言，都极难满足"自"运行所必需的目标机制、动力机制以及考评机制，而且档案管理道德自律意识尚处于初步培养阶段，对于这种需要极高道德自律的"自"运行机制或许只能称之为档案管理责任伦理的理想模式。由此可见，档案管理责任伦理机制是不可能独立运行的，必然要依靠与相关社会制度的互动，甚至完全依靠相关制度来运行档案管理责任伦理机制，也就是所谓的"他"运行模式。

档案资源涉及社会实践活动的各个方面，档案管理伦理也因此渗透于社会生活的各个领域，档案管理的社会道德责任意识又因不同领域、不同层次的档案利用者的主体道德观而不同，加大了档案管理社会责任伦理机制的运行难度。然而，档案管理的这种无形的伦理机制以及其独特的社会价值，恰好成为档案管理的伦理道德与其他社会制度，甚至相关领域内的制度规范吸引并融合，在机制与制度、机制与机制间形成互动。社会道德主体的多样化以及道德作用范围的广泛化，致使社会公共价值基础上的档案道德观是很难实现的，但是档案管理始终是与社会责任相联系的，这样一种具有公共利益属性的社会实践道德观一旦被社会规范化的制度所吸收，档案管理的社会道德机制便有了可以依靠的载体，

第六章　国家综合档案馆责任伦理的实现维度与监督

虽然很有可能失去原本的一些价值属性,但却也间接实现了档案的社会责任。

能够实现档案管理责任伦理机制的载体制度可以有很多种,涉及各个行业、各个领域,甚至跨越时空,而这完全是因为档案资源的社会属性得到了社会个体的认同与保护。从档案管理主体角度而言,若要将档案管理社会责任伦理机制维持良好的秩序,主要依靠的载体是与激励、监督两种形式相关的制度。现阶段档案管理主体大多数处于习得道德阶段,这个阶段的主体能够明确区分个人利益与社会利益的区别,并且能够根据社会道德标准进行道德行为抉择[①]。但是处于这个阶段的主体还不能完全以他人利益为行为动机,这个时候基于他人的道德评价对主体道德情感的升华有很大的作用,因此,奖励或是激励往往比惩罚对于主体道德的习得更有效果。监督的作用则是在主体进行外在与自我道德教育之时,更好地引导主体的道德认知,尤其是当主体受到功利主义侵袭时,及时准确地调整主体的道德思维,重新进行道德判断,避免走入道德滑坡。

三　形成良性档案管理伦理秩序

档案管理伦理秩序形成的根源在于公共利益的需求,由最初的自然秩序到权力秩序,再到利益秩序,最终走向义务秩序,也是档案管理责任归属的价值体现。我国传统的"礼"文化虽然带有强烈的阶级意识,但体现了外在强制秩序与内在道德秩序相互作用对良性秩序建立的重要性,且注重强调个体内在的道德修养与社会义务。良性伦理秩序能够促使个体明确其岗位职责与社会责任,明确其所享有的权利,进而实现控制由角色冲突与权利冲突所引发的道德困境的目的。

(一) 良性伦理秩序及其形成

社会个体以自我道德价值实现为目标并最终达到个体善视为德性,是伦理秩序的内涵之一,作用于个体之间社会交往层面的伦理秩序体现

[①] 张应杭:《管理伦理》,浙江大学出版社2006年版,第75页。

为社会性，档案管理层面的伦理秩序则是关于档案"权利"的秩序。档案管理伦理秩序对于档案管理来说，既是一种伦理规范，也代表着档案活动的伦理环境，档案因其资源的特殊属性，与国家政治、社会制度紧密联系，从某种意义上讲，蕴含着国家意志，因此，档案管理的伦理秩序显然是权力与利益关系的代名词。理想型的档案管理伦理秩序要能够确保每个社会个体都能公平地获取档案信息，但是在权与利的博弈中，档案资源尚不能做到绝对的平等利用，在现阶段的权力结构下，权力是自上而下运行的，而利益则是由下至上集聚的，档案资源的利用权与收益同样如此，权力的金字塔式的分布结果是，位处高者资源占有率高，利用率却不一定是高的，位处低者对资源的获取与使用受限，直接影响其切身利益。影响档案管理伦理秩序的因素还有来自信息技术与网络的冲击，让原本就不平等的档案利用在普通利用者之间再次拉开了距离，是否对弱势群体给予道德关怀又成了新的伦理问题。基于此，笔者认为，理想型的档案管理伦理秩序不仅很难实现，而且看似渐行渐远，构建良性的伦理秩序才是档案管理较为务实的伦理目标。

良性的伦理秩序，或者可以称为和谐的伦理秩序，是指档案管理主体与社会公众及其他各类主体在长期从事档案活动中，形成的合理的、合规律的、合目的的伦理关系结构，并且共建了符合大多数人利益的档案管理与服务相关的道德规范，能够用来指导、协调各主体间的伦理关系，维持良好的档案管理秩序。每一种社会活动都应在合理的秩序中进行，伦理秩序又是社会秩序中能够起到规范、调节、稳定主体利益作用的特殊秩序，因此，伦理秩序是社会秩序不可缺少的，或者说伦理秩序的存在即为合理，且合理的伦理秩序也必然是合规律的。如前文所述，主体发展、组织发展、社会发展、历史发展都有着一定的规律性，而这种规律是客观的、不以主体意志为转移的，也就是说，档案管理伦理秩序也必然要符合客观发展规律，伦理秩序的调整也必然要与整个管理伦理以及伦理规范相适应。合理的伦理秩序有着独自的伦理目的和价值取向，而伦理秩序的目标仍然要以社会伦理目标与规范相吻合。如此说来，档案管理的良性伦理秩序正处于初步形成的阶段，虽然路途艰难，但却

第六章 国家综合档案馆责任伦理的实现维度与监督

似乎可以通过各类主体的努力去构建并维护。

（二）良性秩序对冲突的控制

伦理秩序不是一成不变的，既然是一种符合社会发展规律的秩序，也就意味着伦理秩序要随着社会环境以及主体道德观的变化而变化，而良性的伦理秩序仍要依靠道德规范进行道德调整。然而，主体间的利益关系也是不断变化的，而且随着社会分工的细化，每个个体的社会角色不断增加，角色的增加也带来了权利的多元以及利益需求的多样化，人与人之间的利益关系越来越复杂，权利之间的对立与冲突在所难免。主体内在道德的良性秩序能够在权利冲突时，发挥主体道德理性的作用，将其所学所悟的道德知识与道德情感系统化地整合起来，指导主体的道德行为，在自由意志的支配下实现自身道德秩序的规范化，由此对因角色冲突引起的利益纠纷进行合理控制。主体之所以可以在角色冲突时进行道德行为选择，是因为在其内在的道德体系中，存在着与其角色相对应的道德规范与道德秩序，该道德秩序使其不同的社会角色所拥有的权利整合在一个合理的范围内，只要保持主体内在道德秩序的清晰不混乱，在权利冲突之时可以及时地厘清所有的道德标准，识别道德影响，对比自我权利与他人权利，分析整个道德问题，进行道德责任评估，最终做出令自己与他人都满意的道德行为。

内在道德伦理秩序是对主体角色定位混乱引起的道德冲突的控制，但是档案管理是一项人际关系复杂的社会性实践活动，每个主体都有其各自的角色调整与道德秩序，而且每个主体都有维护自身合法权利的权力，主体权利又来自其所扮演的社会角色。如果将档案管理主体视为一个群体的话，这个群体的权利又是有限的，仅仅是作为档案管理主体角色的权利，如此有限的权利在上级权力的压制下、社会公众权利的维护下，形成了强烈的权利冲突，此时，符合大多数人的道德规范与利用需求的伦理秩序可以维护应有的和谐。和谐的伦理秩序首先意味着公平的正义，现代档案管理的公平正义并不依靠权力的制衡，而是以制度规范来保持这种和谐的伦理秩序，且这种制度是道德化的制度，公平正义观只有落实到国家层面的制度中才能对现阶段的伦理秩序起到规范的作用。权利的冲突未必是由于利益分配与所持有的权利失衡引起的维权性质的冲突，归根结底是由于权利分配的不平等引起的资源占有与利用的不均等，现阶段，也只有通过正义的制度对有限资源进行合理的分配与调控，以确保档案管理活动在和谐的伦理秩序中进行，对权利冲突引起的道德失衡进行审视与调整再规范。

第四节　责任伦理监督机制

2019 年，党的十九届四中全会《关于中共中央关于坚持和完善中国特色社会主义制度推进国家治理体系和治理能力现代化若干重大问题的决定》，强调坚持和完善党和国家监督体系。同年，《中华人民共和国档案法》[以下简称《档案法》（修订草案）] 首次提请审议，新增"监督检查"章节。2020 年 6 月 20 日，习近平总书记签署的第四十七号主席令，即新《档案法》修订通过，并予以公布。

《档案法》（修订草案）增设"监督检查"，从法律层面强调了监督对于档案管理的重要价值，肯定了监督检查在档案管理以及档案治理过程中的重要地位。新《档案法》则更为规范且严谨地明晰了监督主体范围、依据、内容、权责等。相比《档案法》（修订草案），新《档案法》第六章"监督检查"章节的主要变化是将档案监督检查主体由档案行政管理部门改为档案主管部门；明确了档案主管部门监督检查的依据；细化监督检查范围；规范法条表述，如档案人员改为档案工作人员，所属机构改为所属单位等内容。具体修改内容分析见表 6 - 4。

除第六章，《档案法》在其他条款中也对档案监督的相关内容做出表述，如第 8 条，明确档案主管部门对全国档案工作的监督和指导权利，县级以上档案主管部门以及乡镇人民政府对同级有关单位档案工作的监督指导权利；第 9 条明确机关、团体、企事业单位和其他组织对本单位档案工作的监督指导权利；第 24 条，有关单位在进行档案整理、寄存、开发利用和数字化等服务过程中，对受托方进行监督的权利。

表6-4　　新《档案法》与《档案法》（修订草案）
"监督检查"章节内容修改分析

新《档案法》	《档案法》（修订草案）	修改分析
第42条 档案主管部门依照法律、行政法规有关档案管理的规定，可以对档案馆和机关、团体、企业事业单位以及其他组织的下列情况进行检查： （一）档案工作责任制和管理制度落实情况； （二）档案库房、设施、设备配置使用情况； （三）档案工作人员管理情况； （四）档案收集、整理、保管、提供利用等情况； （五）档案信息化建设和信息安全保障情况； （六）对所属单位等的档案工作监督和指导情况。	第35条 档案行政管理部门依法对机关、团体、企业事业单位和其他组织执行档案法律、行政法规的下列情况进行检查： （一）档案工作责任制落实情况； （二）档案管理设施配备使用情况； （三）档案人员管理情况； （四）档案管理情况； （五）对所属机构档案工作监督指导情况。	①清晰界定档案主管部门职责，规定其监督检查应依据有关档案管理的规定； ②监督检查客体增加档案馆； ③监督检查内容细化档案工作责任制和管理制度、库房、档案管理收集、整理、保管、提供利用等具体环节； ④增加对档案信息化建设和信息安全保障情况的监督检查。
第43条 档案主管部门根据违法线索进行检查时，在符合安全保密要求的前提下，可以检查有关库房、设施、设备，查阅有关材料，询问有关人员，记录有关情况，有关单位和个人应当配合。	第36条 档案行政管理部门在检查过程中，在符合安全保密要求的前提下，可以查阅有关材料、询问人员、记录情况，对有关设施实施检查，被检查的单位应当配合。	①明确监督检查的前提，即"根据违法线索检查时"； ②细化可查阅有关材料范围，如库房、设施、设备等材料。
第44条 档案馆和机关、团体、企业事业单位以及其他组织发现本单位存在档案安全隐患的，应当及时采取补救措施，消除档案安全隐患。发生档案损毁、信息泄露等情形的，应当及时向档案主管部门报告。		①新增条款。 ②要求档案馆和机关、团体、企事业单位以及其他组织对本单位档案安全隐患进行自我监督检查，发现问题及时补救或向档案主管部门报告。
第45条 档案主管部门发现档案馆和机关、团体、企业事业单位以及其他组织存在档案安全隐患的，应当责令限期整改，消除档案安全隐患。	第38条 档案行政管理部门发现机关、团体、企业事业单位和其他组织存在档案安全隐患或者档案违法行为的，应当责令其停止违法行为，采取补救措施，消除隐患，限期整改。	①删除了关于档案违法行为的有关表述； ②突出强调外部监督，即档案主管部门发现上述44条自我监督主体存在档案安全隐患的情况，责令限期整改。

续表

新《档案法》	《档案法》（修订草案）	修改分析
第46条 任何单位和个人对档案违法行为，有权向档案主管部门和有关机关举报。 接到举报的档案主管部门或者有关机关应当及时依法处理。	第37条 机关、团体、企业事业单位、其他组织和个人发现本单位档案违法行为的，应当及时向档案行政管理部门报告。任何单位和个人对档案违法行为，有权向档案行政管理部门和有关部门举报。接到报告或者举报的档案行政管理部门或者有关部门应当及时依法处理。	①精简表述、突出重点； ②删减了档案违法行为的自我监督检查，将监督主体权限交给任何单位和个人，显然也包括自我监督主体。
第47条 档案主管部门及其工作人员应当按照法定的职权和程序开展监督检查工作，做到科学、公正、严格、高效，不得利用职权牟取利益，不得泄露履职过程中知悉的国家秘密、商业秘密或者个人隐私。	第39条 档案行政管理部门及其工作人员应当按照法定的职权和程序开展监督检查工作，做到科学、公正、严格、高效，不得利用职权谋取利益。	在原内容基础上，补充档案监督主体责任，即不得泄露履职过程中知悉的国家秘密、商业秘密或者个人隐私。

自1987年《档案法》实施以来，关于档案监督问题的探讨便随着《档案法》的实施而备受关注。学者们分别从档案监督的宏观与微观两个层面进行研究。宏观层面注重研究档案管理监督机制，指出档案监督存在的问题、不同的监督方式以及体制构建方面的问题。微观层面则主要从行政管理、业务活动、执法检查、舆论热点、《档案法》完善等角度切入，探讨特定的监督方式存在的问题与实施策略。近五年档案监督的话题集中在企业档案、科技档案、人事档案等专门档案的探讨，而对于国家综合档案馆的管理监督研究较少。无论何种监督方式，从其监督范围上看，均是对主体行为及其行为结果的规范与督查，从这层意义上讲，对主体责任的监督尤为重要。此外，关于责任问题，相比《档案法》较为粗线条的表述方式，新《档案法》明确并细化了档案整理、保管、开放、鉴定、信息化建设等各环节具体责任，将责任问题纳入了法律规定中，因而对责任的落实与履行须进行全方位的监督。

第六章　国家综合档案馆责任伦理的实现维度与监督

一　监督与责任监督

从一般意义上讲，监督指对某一情境下的过程、环节、内容等主体行为的动态要素进行监察与督促，规范主体行为并促使行为结果达到预期的目的。责任监督则是对责任履行与实现行为的监察与督促。档案管理责任监督是对档案管理各环节这一特定活动领域内各项职责履行情况的监察与督促。

（一）监督

监督的概念由来已久，我国古代，自从秦统一六国后，设立"御史"一职，用来监察朝廷官员是否滥用权力，实现中央对地方权力的约束，可看作监督的雏形。"'官本位观念'、'特权观念'这类古代的思想'糟粕'仍然在当代社会横行。从法家角度看来，人性本恶，'官吏为贪，民人为盗'。"[1] 监督表现为对权力是否"过满"的制约，也是对人性中"恶"的制约。而这种制约随着社会法治化进程的推进，在法律层面得以体现。2018年，第十三届全国人大一次会议表决通过了《中华人民共和国监察法》，其中第5条、第6条指出监察在适用法律上一律平等，保障当事人的合法权益；权责对等，严格监督；深化改革、健全法治，有效制约和监督权力。"监督作为社会分工与共同劳动的产物，其形态可划分为横向分权制衡型与纵向分权制衡型，监督的实质表现为权力的制衡。"[2] 可见，现代意义上的监督，其核心范围是对权利与责任的规范，是强化法治建设的保障，也是国家治理的长效机制，从这层意义上讲监督与权责相伴相生。

（二）责任监督

习近平总书记在中国共产党第十八届中央纪律检查委员会第二次全体会议上强调要加强对权力运行的制约和监督，把权力关进制度的笼子里。用制度规范制衡住权力的滥用，控制法律之外的权力，这是法治层

---

[1] 孙季萍：《中国古代权力监督制度评析》，《政治与法律》2001年第5期。
[2] 毛宏升：《当代中国监督学》，中国人民公安大学出版社2003年版，第156页。

面对权力的约束。同时，在党和国家重要会议讲话中，习近平总书记也多次提到权利与责任之间的关系，将职权与责任并举。责任既有来自法律法规规定的法律责任，也有出于主体内在准则的道德责任，体现为使命感，表现为担当精神，因此，责任监督在于监督主体通过一定的方式对行为主体是否履行所肩负责任的监察与督促，其目的是实现职、权、责、利之间的平衡。责任监督的核心与儒家的"善"较为接近，儒家主张的"谏议"思想其本质也是一种"监督"方式，是对君王德行的矫正，对最高统治者的"循循善诱"。可以说，责任监督也用以监督主体责任是否存在"过亏"的现象，监督各个主体是否履行自己的义务，是否做出超越权利与义务的"自然反应"。[①] 责任监督在一定程度上体现为自觉性，是对人性中"善"的遵守与弘扬。

（三）档案管理责任监督

档案管理责任监督，即监督主体通过一定的监督方式对档案管理主体在档案管理各项活动中所承担责任的履行情况进行监察和督促的过程。唐代文书的"勾检"制度、明代黄册的"驳查"制度可以反映出当时档案管理责任监督的形态，也是现代档案责任监督的思想来源。档案管理责任监督具有"合法"与"合理"两个维度，也就是合乎"法理"与"情理"。现代社会责任包括两层内涵，即法律责任和道德责任。[②] "法理"具有权威性，因此具有最高约束效力，"合法"是在国家法律体系中的合规，从法律层面考察规定责任的落实情况，如《档案法》第42条，规定档案行政管理部门对档案工作责任制落实情况的监督检查。"合理"指儒家思想中的合乎情理，主要指道德层面对于规则的执行与遵守，对个体或群体道德责任履行情况的判断。社会职能的扩大，档案管理部门承担起社会层面的责任使命，对其道德责任的监督悄然而生。

[①] 夏跃虎、徐小庆：《孔子责任伦理思想的价值评价》，《郑州航空工业管理学院学报》（社会科学版）2013年第1期。

[②] 夏跃虎、徐小庆：《孔子责任伦理思想的价值评价》，《郑州航空工业管理学院学报》（社会科学版）2013年第1期。

第六章 国家综合档案馆责任伦理的实现维度与监督

二 责任监督的必要性

"若问建档事,监督不可缺。"① 就内部管理而言,档案管理各职能部门负有各自的业务职能、岗位职责,就外部服务而言,档案管理负有存史、资政、育人的社会责任。责任监督即是对档案管理部门应做之事的监察与督促,具有一定的时代必然性。笔者从档案事业发展、档案工作发展以及档案管理主体发展三个角度切入,探究档案管理责任监督存在的必要性。

(一) 档案事业发展的需要

阶级社会背景下,档案长期被看作统治阶级彰显权力的工具,因此一度处于"封闭"状态,只有少数享有特权的人才可以窥得档案"真容"。从民国到新中国成立,从旧时代进入新时代的历史征程中,档案事业经历了封闭—半封闭—开放的过程。档案从"权力"的牢笼中渐渐被释放出来,随着民主权利的觉醒,档案事业的发展方向从存史、资政走向服务、育人。在这一转型过程中,档案事业面临着从满足少数人需要到满足多数人需要的挑战,同时由于档案利用主体多元化、利用形式多样化、利用内容多面化等原因,档案事业发展态势由内部为主转向内外兼顾,承担起越来越多来自社会层面的外部责任,对其内部责任的落实也提出了新要求用以满足外部责任的履行。而多维化的责任履行必然离不开监督的力量,《档案法》赋予档案行政管理部门一定的监督职权,监督检查范围包括设备设施等硬件、档案安全保管环境,也包括档案管理主体、档案工作责任落实情况、档案管理情况等涉及档案事业发展的各个方面。《档案法》作为档案事业发展的行业法,映射档案事业发展的原则与方向,将档案管理责任监督纳入《档案法》中,体现了责任监督对于档案事业法治化建设的重要价值,责任监督的迫切性与前瞻性对于推动档案事业发展具有积极向上的意义。

---

① 郑树义:《三峡移民档案抒怀》,2019 年 12 月,中国档案咨询网(http://www.zgdazxw.com.cn/culture/2019-12/17/content_299535.htm)。

(二) 档案工作发展的需要

《档案法》第 12 条强调,按照国家规定应当形成档案的机关、团体、企业、事业单位和其他组织应当建立档案工作责任制,健全档案管理制度,并在"档案的管理"章节中对档案移交、收集、归档、保管、鉴定、销毁等工作环节的职责给予明确界定。"当前档案监督指导问题指导方法落后,出现'业务指导力量不足、管理混乱'等问题。"[1] 如"收集过程中由于监督指导不到位,导致档案收集范围不明确、收集内容不完整等一系列问题屡见不鲜"[2];鉴定工作环节中"具体鉴定工作的执行者缺失对档案鉴定的思考和创新能力……大多数的档案馆对馆藏档案的鉴定……多半是缓期执行或根本不执行"[3]。法律所规定的档案工作在实践中表现为基础的岗位职责,落实法律责任可以说是档案管理主体的首要责任,而法律责任的落实存在着弹性空间,这个空间受到工作能力、工作态度、工作环境等多种因素影响,档案工作的具体执行由于监督力度不足出现了不同层次的问题,直接影响档案工作质量的优劣。对上述档案具体工作环节的监督能够优化微观层面的档案实践,可以在一定程度上监管指导档案工作业务流程,从而达到问题反馈并提升改进的目的,以提高档案工作质量。

(三) 档案管理主体发展的需要

1993 年"局馆合一"的体制改革使得社会公众走入档案管理部门是"管理者"的误区,淡化了其应有的服务意识,但随着 2018 年"局馆合一"改革的进行,档案管理部门"获得回归社会服务者角色的最佳契机"。[4] 从"管理者"到"服务者"的外在感知角色的转换,促使档案管理主体从"被动服务"转向"主动服务"。这一转变的实现需要较强的"自律性"进行自我管理,以帮助档案馆管理主体实现自我责任的清

---

[1] 金德海、韩仁先、李洁:《新时代呼唤档案事业发展观念创新》,《档案与建设》2018 年第 9 期。
[2] 王羽佳:《基层单位档案收集精准化管控探析》,《北京档案》2020 年第 2 期。
[3] 任汉中:《话说档案那些事(六):看不明白的档案鉴定》,《档案管理》2019 年第 3 期。
[4] 周林兴:《论档案馆的公共价值及实现策略》,《档案学研究》2019 年第 5 期。

第六章 国家综合档案馆责任伦理的实现维度与监督

晰定位与自我监督的明确导向。责任监督对于档案管理主体责任实现的重要程度可通过笔者的问卷数据得以印证，图6-4为笔者回收252份问卷的分值统计，其中49.21%的受访对象认为责任监督对于档案管理主体的责任实现非常重要，34.13%的受访对象认为比较重要，仅有0.79%的受访对象认为不重要。

图6-4反映出档案管理主体的责任监督意识较强，且普遍认可责任监督有助于档案管理主体更好地落实工作责任。《档案法》强调监督"档案工作责任主体及档案人员履职情况"，对违反法律规定的行为予以惩戒，法律责任尚可通过法律规范加以监督和约束，然而道德责任却需要主体以其内在的道德准则进行自我监督。因此，档案管理的责任监督能够实现主体在道德责任范围内的自由，赋予主体适当的权限履行职责，以此促进档案管理主体社会价值的提升。

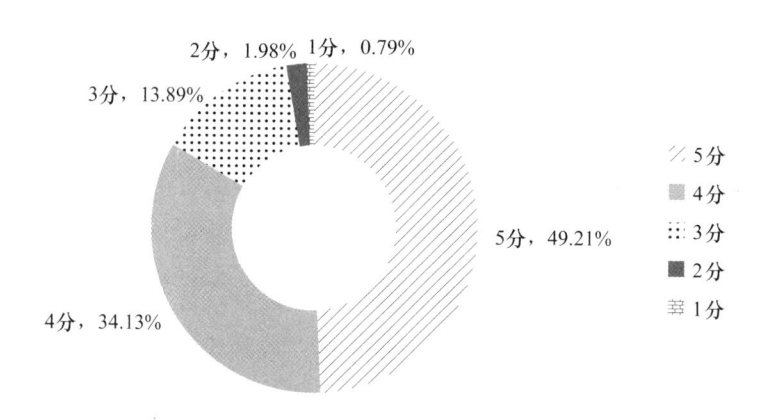

图6-4 责任监督对于档案管理主体责任实现的重要程度

三 责任监督主体及其监督方式

古希腊哲学家柏拉图和古罗马讽刺诗作家尤维纳利斯都曾表达过对城邦护卫者的看法，尤维纳利斯对"护卫者"产生怀疑，而柏拉图则对护卫者表示信任。柏拉图和尤维纳利斯关于"护卫者"给出了两个截然不同的观点，"护卫者"的思想延续至今，其内涵与"监督"有异曲同工之处，结合当代社会环境，护卫者可以是群体，也可以是个体，人人都有守护国家礼法与维护和谐社会秩序的责任。从这一层意义上讲,各项社会管理活动应该接受来自不同群体或个体的责任监督,以维系良好的社会秩序。其中值得关注的是,"护卫者们"如何成为名副其实的"护卫者",在规范自身行为的同时,能否做好监督工作,扮演好监督者的角色,这需要结合不同监督主体的不同监督方式进行分析。

具体到档案管理,笔者运用问卷调查法,首先进行开放式问卷掌握社会公众对于档案管理责任监督的认知,根据回收的 70 份问卷,笔者将档案管理责任监督方式归纳为内部监督与外部监督。内部监督,即国家综合档案馆实行责任制,设立责任考核周期与考核标准,对馆内人员的各项工作责任履行进行综合评判。外部监督,即档案行政监督。从广义上讲,档案行政监督包括来自档案行政管理部门与立法执法、监察审计等部门的监督,也包括来自其他社会力量的监督,为突出社会分工与时代发展要素,本书所称行政监督指前者,即相关行政部门的监督,根据问卷结果,将社会力量监督细分为用户监督、舆论监督与同行监督三种监督方式。结合开放式问卷调查结果,笔者面向国家综合档案馆管理主体进行上述五种监督类型认可度的二次问卷,回收 252 份,调查结果显示,档案管理主体普遍认为五种监督方式对于档案管理责任的履行均能起到较好的效用,其中行政监督效果 > 内部监督效果 > 用户监督效果 > 舆论监督效果 > 同行监督效果(见图 6 - 5,满分 5 分)。

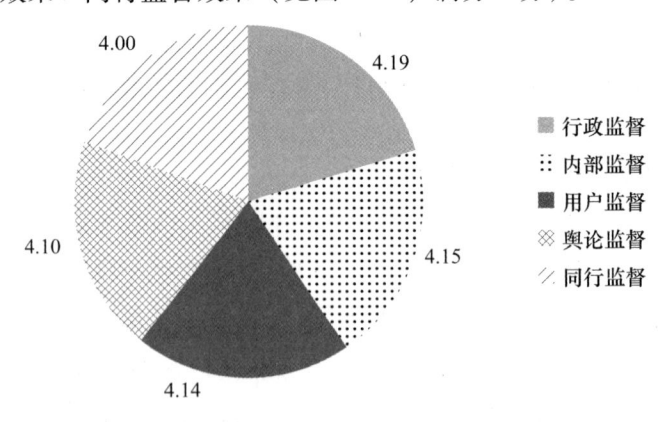

图 6 - 5 档案管理主体对不同监督方式认可度

第六章　国家综合档案馆责任伦理的实现维度与监督 ◇◇

(一) 行政监督

《档案法》第 8 条规定，国家档案主管部门主管全国档案事业，对全国的档案事业实行统筹规划，组织协调，统一制度，监督和指导。《档案法》赋予档案主管部门对全国档案事业的监督权利，同时在新增第 42 至第 47 条中，赋予档案主管部门对档案规章制度、档案工作环节、档案保管设施和管理条件、档案工作责任主体及档案人员履职情况等方面的监督检查权限，在依线索进行监督检查过程中，享有查阅、询问、记录等权利，履行执法检查职责时有权采取的相关措施，依法处理存在档案安全隐患或档案违法行为的权利。《档案执法监督检查工作暂行规定》（国家档案局令第 4 号）第 3 条规定，国家档案局和县级以上档案行政管理部门是国家贯彻并监督执行档案法规的机关，依法行使档案执法监督检查权，并依法对违反档案法规的行为进行查处。第 5 条规定档案执法监督检查机构的具体职责，包括宣传《档案法》等法律法规并监督法律法规的执行情况，对违反法律法规的处理，交流本行政区执法监督检查经验等。第 8 条规定档案执法监督检查应与档案业务工作密切结合，检查的内容和重点应根据档案法规实施的情况具体确定。这在一定程度上，明确了档案行政管理部门监督执法的强制性与权威性，监督与执行方式建立在法律规定基础上，依法进行档案行政监督检查。具体流程可参考图 6-6。

此外，档案管理部门还应接受纪检监察、督查等专业监督控制部门的责任监督，与相关部门商定合理的监督方式及监督执行指标。虽然档案司法监督一度处于空置状态,[①] 但近年来不少省市的档案行政管理部门与司法部门进行合作，如天津市档案局联合市司法局，邀请多名人大代表，组成 3 个联合检查组，开展执法监督检查;[②] 西宁市人大教科文卫委、市司法局、市档案局组成联合检查组，对湟源县档案局、城中区

[①] 邵荔：《对档案行政执法监督的思考》，《档案管理》2011 年第 2 期。
[②] 胡荣华：《天津开展联合执法检查推动整改任务落实》，2020 年 1 月，中国档案咨询网（http://www.zgdazxw.com.cn/news/2020-01/10/content_301049.htm）。

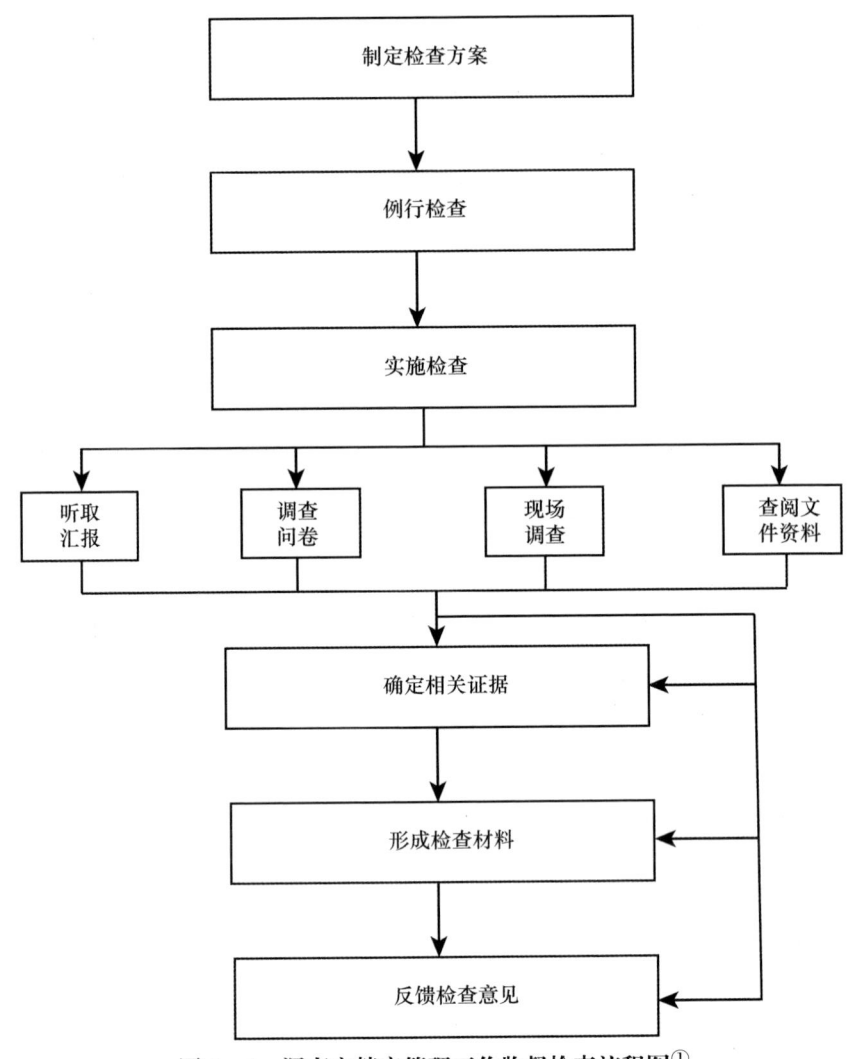

```
                ┌──────────────┐
                │ 制定检查方案  │
                └──────┬───────┘
                       ↓
                ┌──────────────┐
                │   例行检查    │
                └──────┬───────┘
                       ↓
                ┌──────────────┐
                │   实施检查    │
                └──────┬───────┘
         ┌────────┬────┴────┬────────┐
         ↓        ↓         ↓        ↓
      ┌──────┐ ┌──────┐ ┌──────┐ ┌────────┐
      │听取  │ │调查  │ │现场  │ │查阅文  │
      │汇报  │ │问卷  │ │调查  │ │件资料  │
      └──┬───┘ └──┬───┘ └──┬───┘ └───┬────┘
         └────────┴────┬────┴────────┘
                       ↓
                ┌──────────────┐
                │ 确定相关证据  │←──┐
                └──────┬───────┘   │
                       ↓           │
                ┌──────────────┐   │
                │ 形成检查材料  │←──┤
                └──────┬───────┘   │
                       ↓           │
                ┌──────────────┐   │
                │ 反馈检查意见  │───┘
                └──────────────┘
```

图6-6 渭南市档案管理工作监督检查流程图[①]

档案局、市卫生健康委员会等6家单位开展档案行政执法检查。[②] 人民法院、人民检察院，公安、国家安全、司法、监察、审计等行政机关及

[①] 渭南市人民政府：《对档案管理工作进行监督检查》，2021年5月7日，渭南市人民政府网（http://www.weinan.gov.cn/gk/hzjc/sjbl/545220.htm）。

[②] 赵静：《西宁对涉改单位开展执法检查》，2020年1月，中国档案咨询网（http://www.zgdazxw.com.cn/news/2020-01/10/content_301042.htm）。

第六章 国家综合档案馆责任伦理的实现维度与监督

其工作人员，在执行监督监察过程中发现有档案违法行为的，应及时与有关档案行政管理部门联合执法，共同规范档案管理秩序。

（二）内部监督

内部监督主体主要指档案管理部门的自我监督，其监督主体可以是馆内的职能部门，也可以是档案管理个体，监督方式体现于上级对下级定期监察、同级部门间相互监督，个体间的相互监督与自我监督，有条件的档案馆也可考虑设立专门的监察小组或聘请档案专家参与档案工作责任考核。根据《档案法》中档案行政管理部门对档案管理的监督范围，笔者将内部监督内容归纳为3个方向，档案管理主体责任落实情况、档案管理软硬件设备设施使用情况及档案管理情况。参照档案行政管理部门的监督监察范围，档案管理内部监督可根据职能部门进行责任报告书的撰写，落实责任人；参照相关标准，定期检查相关档案管理设备；定期检查档案管理情况，以月份、季度或年度为单位进行检查结果公布。同时档案管理各职能部门负责人负责监督各个环节，主体之间相互督促，实现档案管理微观层面的监督管理。档案管理内部监督重在责任指标的确定，责任指标应能全面覆盖档案管理各项环节、各个角落，同时应考虑不同地区、不同类型档案管理部门的差异化指标拟定。档案管理内部监督，能够优化档案管理质量，落实档案工作责任。

（三）用户监督

用户监督指的是档案利用者或潜在利用者对档案管理各项事务进行监督。档案利用者是档案管理的受用主体，利用者所关注的是档案管理部门所提供的服务是否符合自己的预期，档案服务是否满足了自身需要，包括档案管理部门为其提供的档案资源利用效果，及其在利用服务过程中的情境体验，档案利用者的监督能够直接或间接地反映出档案管理各项责任落实情况。2016年3月国家档案局发布的《国家档案局关于简化优化档案公共服务流程清理各种证明的通知》中强调"畅通群众投诉举报渠道，完善举报受理、处理和反馈制度，及时解决群众反映的问题"。《档案法》第46条规定，任何单位和个人对档案违法行为，有权向档案行政管理部门和有关部门举报。法律法规为用户监督搭建了权利保障平台，用户监督的主要形式是评价反馈，以实名或匿名的方式向档案管理部门提出建议，也可以设置档案服务回访机制，事后监督了解档案管理存在的问题。通过用户监督，增强档案管理部门与用户之间的双向沟通机制，有利于档案管理部门在意见反馈中不断改善与提高，实现"他律"到"自律"的良性过渡。

（四）舆论监督

舆论监督是各类主体对档案管理部门责任履行状况，尤其是出现责任履行不到位或滥用职权等情况时，借助传统媒体和新兴媒介平台，对其责任失衡的披露以及后续行为影响等方面进行监督。传统的媒体舆论监督一般是指借助报纸、电视、广播等对档案管理过程中出现的问题进行揭露，以此引起档案管理部门的重视，督促其及时进行整改。"这一类传统舆论监督因具有一定的政治属性，所以监督力度不是很大，处于天然的弱势。"[1]"但随着第五种权力的横空出世——网络通讯"[2]，以其强大的传播力，广泛的民众参与度，赋予了舆论监督新的价值。从某种程度上讲，舆论监督是媒体监督的延展，将监督方式从传统媒介延伸至网络平台，将监督权利由媒体组织转移给了社会公众，特别是在社交媒体平台炙手可热的当代，高速的信息传播、自媒体活动范围的加大，增强了舆论对组织的影响。在舆论的影射下，各行各业将经营理念纳入管理思维，注重维护组织在社会公众中的正面形象，档案管理部门作为组织管理的一个细胞，显然也需要接受这种新形式的监督，以提高档案管理部门的社会影响力。

（五）同行监督

档案管理部门因其管理对象与相关部门有所交叉，并且在各行各业协同发展的理念下与相关单位有所合作，《档案法》第18条规定，博物

---

[1] 韩立新、霍江河：《"蝴蝶效应"与网络舆论生成机制》，《当代传播》2008年第6期。

[2] 刘畅、张卓倩：《从"在场困境"到"缺场悖论"——反向全景敞视下的"第五种权力"》，《广州大学学报》（社会科学版）2009年第12期。

第六章　国家综合档案馆责任伦理的实现维度与监督

馆、图书馆、纪念馆等单位保存的文物、文献信息同时是档案的，依照有关法律、行政法规的规定，可以由上述单位自行管理。档案馆与上述单位应当在档案的利用方面通过交换复制件或目录、联合办展、共同研究、编辑出版等方式互相协作。因此，来自同行的监督表现为与合作单位之间的平等监督、相互督促。同行监督主要发挥相互交流监督经验，提出可借鉴的指导性建议或关注双方或多方互联互动的实施与落实情况。一直以来，不同层级、不同类型的档案管理部门之间以及档案管理部门与其他企事业单位，特别是图书馆、博物馆、文物馆等部门合作紧密，共同开展档案资源建设、档案文化宣传等工作，在管理上相互监督可以起到共同发展的作用。在一定程度上，虽然同行监督带来的压力并不大，但是这种"柔性监督"由于交流的平等性，不仅可以促进档案管理责任监督的执行，同时有利于档案管理部门维系良好的社会公共关系。

四　责任监督实现途径

档案管理责任监督的实现是一项较为复杂、较为漫长的过程，笔者通过与档案管理主体访谈获悉，制约档案管理责任监督实现的原因集中在人员、意识、环境、社会四个方面。首先，责任监督的落实重点在于人，而人的问题本身即是复杂的问题，从管理者来看，责任要求是否明确影响到整个组织的责任监督运行，从档案管理主体来看，思想认识、业务能力、协调配合等方面的差距也将影响责任监督的推行。同时，受到权利分配不均、传统思维禁锢等因素的影响导致监督存在失公失正的现象。其次，意识层面，目前监督制度不完善，对已有规章制度理解不到位、专业监督人员缺乏、业务衡量标准缺失等现象导致监督边界模糊，而责任监督贵在持久，不应存在为监督而监督的"形式主义"。再次，从环境来看，截至2018年底，全国共有国家综合档案馆3315个，[①] 各级

---

① 国家档案局：《2018年度全国档案行政管理部门和档案馆基本情况摘要（一）》，2019年9月，中华人民共和国档案局（http://www.saac.gov.cn/daj/zhdt/201909/2a5d923fbf064858bb93f3bd95982523.shtml）。

各类国家综合档案馆在人员配置、目标任务、资金配备等方面情况不同，建立责任监督体系的实际困难较明显。最后，档案管理部门责任定位尚不明确，责任监督也难以开展，监督立法难度较大，是目前责任监督面临的最大问题。因此，设计兼顾效率与公平的责任监督机制、明晰责任监督主体的权责关系，以及激发档案管理主体的责任意识是目前实现责任监督较为有效的途径。

（一）构建责任监督机制

如前文所述，档案管理责任监督来自内部和外部两个方向，目前外部监督主要是行政监督、同行监督、用户监督、舆论监督，这四种不同类型的监督方式具有各不相同的主体、作用范围与特征，互为补充。但是，外部监督主体分散且对于档案管理的各环节并不熟悉，其监督多为基于法律规范的执行情况以及主体主观判断，导致对责任履行的判断过于保守或人格化，因此，源于档案管理部门的内部监督可以在一定程度上弥补外部监督的不足。从内部监督来看，根据档案管理的业务流程以及各业务部门的职能，设置灵活的责任评价标准与标准化的责任指标，将责任监督贯穿于各环节的始末，形成闭环监督，最终达到外部监督与内部监督相协调的系统化运行。当外部监督和内部监督达到协调一致时，档案管理主体的责任落实也将达到最佳状态，继而实现档案管理主体自我监督的内化标准（见图6-7，其中监督方式与职能部门仅各选五个作为示例）。"自我监督"是责任监督机制的内在要求与动力，也是监督机制运行的理想目标。通过个体法律责任与道德责任双向驱动，提高档案管理主体的责任意识与自我管控意识，自下而上地追求档案管理"善治"状态。

（二）明确责任监督主体的权责关系

档案管理责任监督主体包括档案行政管理部门、档案管理部门、档案利用者、相关合作部门等不同领域的主体。上述主体在对档案管理进行责任监督时侧重点不同，监督依据与监督内容也不尽相同，因此，明晰各主体间的监督权责关系及监督机理，以发挥责任监督的效

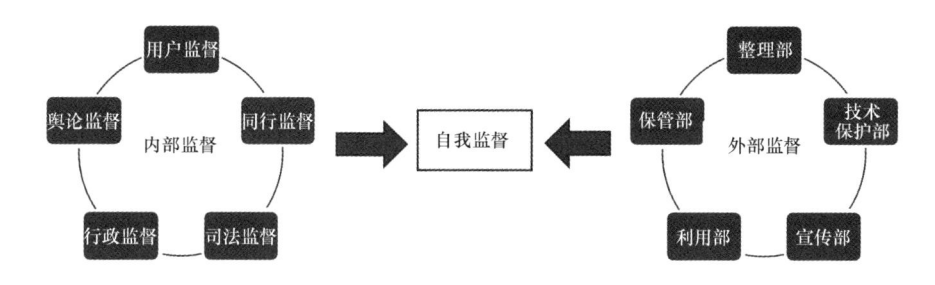

第六章　国家综合档案馆责任伦理的实现维度与监督

图 6-7　档案管理监督责任机制

力。图 6-8 以国家综合档案馆责任监督为例，分析责任监督主体对档案管理的合作监督机理。国家档案局作为全国档案事业的最高行政部门，协调全国档案事业，监督指导、统一领导地方档案行政管理部门。各类档案行政管理部门对同级档案馆具有行政监督的权利，在履行其监督职能时通常包括档案管理具体业务的监督检查，发挥"前端控制"的作用，还包括对档案法律法规的宣传、执行情况的监督检查。档案管理部门在发挥岗位职能与社会职能的过程中，为社会各领域、社会公众提供档案服务，以及与相关单位开展资源共建共享合作的同时，接受同行监督、群众监督与舆论监督，在相互监督与约束间，实现监督公平与透明，再作用到档案管理部门进行责任反馈与改进。

（三）增强档案管理主体的责任意识

"意识的作用在于接受来自外界与身体内部的情报，以其自由的可动的能量控制快乐的情绪。"[1] 档案管理主体责任意识的增强有助于其自觉履行责任、自觉接受监督，并时刻进行自我鉴定，规范自身行为，对现阶段档案管理责任监督机制的运行起到事半功倍的作用。主体的责任意识培养需从法律责任意识与道德责任意识两方面着手进行。

法律责任意识以尊法敬法为前提，这要求档案管理主体能够切实尊重法理，保持对《档案法》及档案法规的敬畏之心，由崇敬法律向信仰

---

[1] 冯契：《哲学大词典》，上海辞书出版社 1992 年版，第 1675—1676 页。

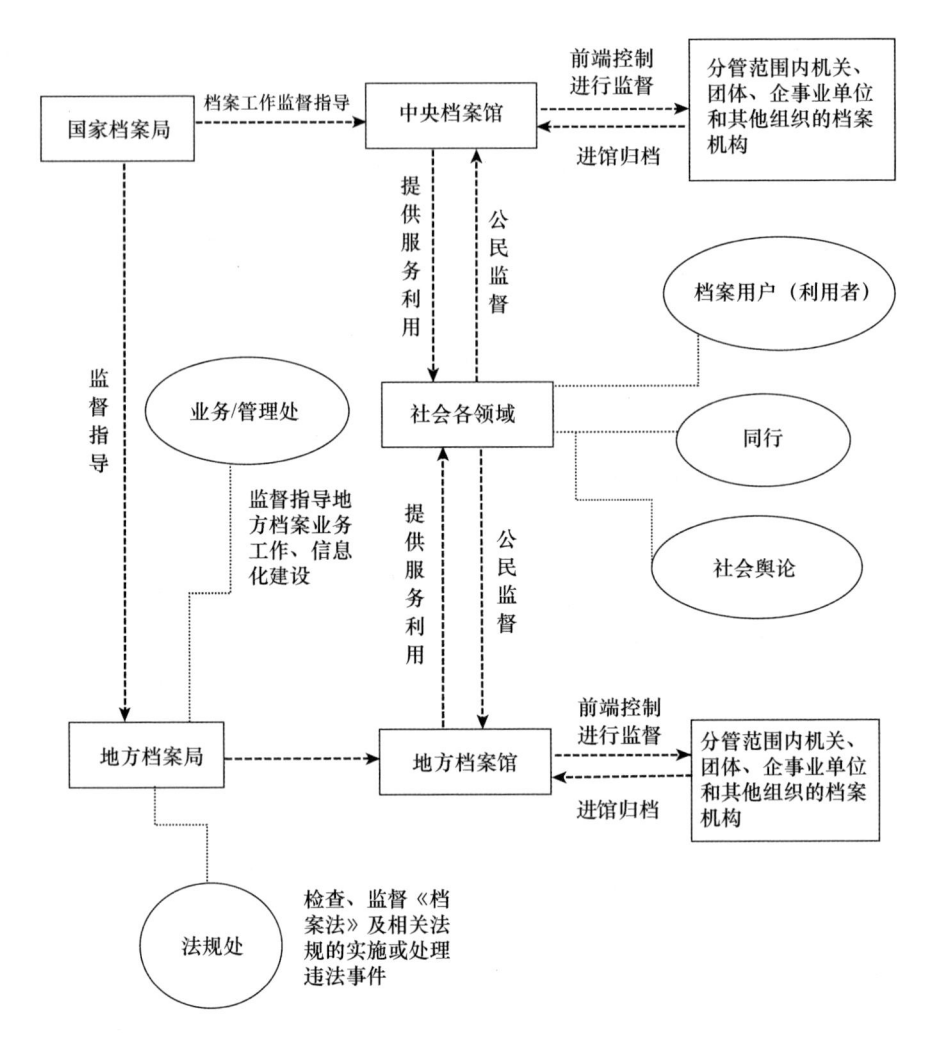

图6-8 责任监督主体的权责关系

法理转变。明代后湖黄册库曾是"法甚详而禁甚密矣",一度治理得井井有条,但后来里长、甲首、老人、监造官员、书手"团局造册",罔顾法规之事层出不穷。所谓"以史为鉴",当代档案管理主体应该在知法懂法的前提下,学会重法,因对法律权威性的恐惧而遵守法律,视为不敢违法,这种情况下,法律的威慑力是有局限性的。而转变思想,以行业法律法规为信仰而尊崇,可视为不想违法,无形中增加了法律规范的作用范围与灵活度。

道德责任意识强调的是档案管理主体能清楚地认识到档案管理的社会责任属性,道德责任高于法律责任,法律责任是道德责任的前提。道德责任意识是利"他"思维,要求档案管理主体跳出传统意义上的档案管理枷锁,用发展的眼光、长远的眼光审视所从事的档案职业、所肩负的事业发展使命,改变偏安一隅的职业心态,站在档案利用者、社会公众的需求角度重新定位岗位职责。在监督立法困难重重的时刻,由外至内的监督说到底还是一种制约,由内而外的自我监督道德责任意识培养才是实现责任监督的最佳方式。

第五节 本章小结

社会责任是任何一个社会个体或社会组织都应当承担的使命,国家综合档案馆的社会责任随着档案工作的历史得以传承,在社会发展、时代需求与技术进步的感召下,责任范围逐渐扩大。目前,多数国家综合档案馆的工作方向仍过于传统,在具体的实践工作中以资源管理为主要任务,底线责任完成质量相对较高。在国家政策的引导下,现已逐渐承担起文化责任,特别是在2018年机构改革后,国家综合档案馆以"学术立馆"、"专家立馆"的思想指导档案各项工作,开发馆藏档案资源,征集可利用档案资源,开展电子档案、数据资源、网页资源的研究与实践,挖掘优秀传统文化与革命历史文化,彰显新时代社会主义文化。因此,国家综合档案馆的文化责任履行正处于稳步上升阶段。道德责任是在社会发展、公众档案意识不断提升的情况下,对国家综合档案馆提出新要求,是综合档案馆工作的未来发展方向和实现目标。道德责任的履行需要循序渐进,不能顾此失彼,国家综合档案馆需结合时势,重新定位自身在社会发展中的角色,并且以道德责任的目标引导底线责任与文化责任的履行,加大责任适度空间,更好地履行各项责任。

综上所述,新技术、新事物诞生所带来的挑战,从某种程度上讲也是一种激励,国家综合档案馆在新时代背景下拓宽并加深了发展空间,面对挑战，首先要树立正确的意识，而这种意识正是时代所赋予的责任意识，灵活运用责任思维指导各项工作，不断地深化、追求、履责，同时应建立有效的问责机制与责任评价体系，实现国家综合档案馆存档守史、资政育人、为民服务的工作目标与责任使命。

然而，虽然责任问题在国家重要会议中多次被提及，但责任履行与自觉担当不是一蹴而就的事情，责任监督更是一场持久战。《档案法》增加"监督检查"章节，可以说明档案管理监督已经上升到法律层面，监督立法已是有迹可循，在具体执行中，档案管理责任监督还需要解决档案管理责任评价体系与监督体系的构建问题。就目前来看，从主体层面完善监督机制、厘清权责关系、强化责任意识是较为可行的策略。

第七章 结论

> 档案工作是一项基础性工作，经验得以总结，规律得以认识，历史得以延续，各项事业得以发展，都离不开档案。
>
> ——习近平

档案管理是一项具有历史性与社会性的实践活动，纵观档案管理从古至今的发展轨迹，伦理始终蕴含在档案管理活动中。一方面受到中国传统伦理文化思想精髓的影响，档案管理活动不可能摆脱伦理因素的约束与规范。另一方面，无论管理对象为何物，管理活动始终是通过对人的管理来实现的，档案管理的客体对象虽然是档案资源，但作为管理主体的档案工作者的道德意识直接影响档案管理活动的整体效果。具有社会属性的档案管理活动也要同其他社会个体与群体的行为交互形成各种各样的伦理关系，而且这种伦理关系范围随着档案管理的历史推进逐渐扩大化、复杂化。针对档案管理愈演愈烈的复杂伦理关系，笔者通过概念、形态、规律等理论知识的分析，结合现阶段档案管理伦理现状，试图找出一条能够适应新时代社会宏观管理背景下的国家综合档案馆伦理发展取向，即基于社会层面的档案管理责任伦理，并得出以下结论：

其一，档案管理责任伦理的发展变化受到多元因素的影响，既有外部环境因素，也有内部管理因素。来自社会、人文、科技以及自然等外部环境对档案管理伦理的影响，并不因主体的道德观而有所改变，这就要求档案管理主体主动地调整内在道德认知以适应不断变化的外部环境。而内部管理因素又直接影响档案管理伦理的关系变化以及主体道德认知与道德行为，档案管理主体的道德素养也直接影响着档案管理系统内部伦理规范的形成，在这样一种相互制约、相互影响的关系中，档案管理伦理与档案管理主体道德实现了共同进步。

其二，档案管理责任伦理的演进遵循一定的规律，包括历史发展规律、社会发展规律以及自身发展规律。档案管理是一项历史性的活动，每个历史阶段呈现不同的管理特征，也因此表现出不同的伦理关系与道德难题，档案管理伦理的演进必然要符合历史发展的规律。档案管理也是一项社会性的实践活动，与社会发展相关的各个领域、行业、部门建立不同的伦理关系，遵循社会发展的整体规律，也体现了档案管理伦理规范社会层面的意义。档案管理还是一项系统性的活动，档案管理伦理关系的变化与伦理规范的演变，必然要结合自身发展的目标、方向及其管理价值观。

其三，国家综合档案馆社会职能的履行空间正在逐步拓展。2018年机构改革将档案局与档案馆分离，达到了政事分开的效果，弱化档案行政职能的同时，强化了国家综合档案馆事业单位的服务属性。本次机构改革改变了档案专业人员参公管理的用人制度，有助于档案管理主体提升专业知识与专业服务水平。此外，以专业技术人员的角度发挥档案管理主体的主观能动性，提高国家综合档案馆为社会提供知识服务的主观意识，转变服务伦理思维，运用现代社会的新媒体、新技术等手段整合档案信息资源，提升国家综合档案馆的社会地位。

其四，现阶段的档案管理责任伦理关系正处于承上启下的过渡时期，档案管理伦理道德问题尚未引起学界与业界的关注。档案管理的发展方向与活动目标在社会转型期正朝着为社会公众服务迈进，社会公平共享档案资源成为档案管理的最高善。关乎档案占有、保管、利益、服务的权力与利益分配不仅没有得到调和，各要素之间的矛盾反而更加深化。档案管理工作明显是一种"义"大于"利"的服务性工作，不同主体在自我权力的维护与利益的获取中很容易出现伦理道德问题，如不加以重视，档案服务社会化的终极善便无法实现。

其五，管理与伦理的二重建构对于当代社会档案管理而言，可以有效约束外在群体伦理以及个体内在道德规范。档案管理与责任伦理具有共同的价值指向,就档案管理整体性而言,管理是对道德共同体的行为约束,能够促进主体在群体伦理规范中获得真正的自由。就档案管理个体性而言,每一个管理主体都具有独立的道德能力,而这种能力反映的便是主体的"德行",缺少伦理规范的约束,个体德行即为一种任性的德行,而不是理性的德行。因此,管理与伦理的同构不仅能够起到行为约束的作用,还能满足个体道德向善的修养。

其六,传统意义上的权力伦理与制度虽然仍具有一定的效力,但却不符合现代社会管理理念,彰显社会公共价值与公共利益的社会责任伦理才是国家综合档案馆应该追求的管理境界。档案工作的服务性质决定了国家综合档案馆对社会负有的责任和义务,与社会公众建立一种信任的伦理机制,能够有效处理好各主体之间的伦理关系。责任伦理不仅体现在档案工作对党和国家的责任上,当今时代背景下,责任伦理还要体现为社会公众负责。用理性的思维、责任的意识对档案管理伦理问题进行价值判断与伦理关系的梳理,能够更好地建立新伦理秩序与伦理机制。

从个人、组织、社会、国家到国际间,只要有行为交互的地方,就有权力与利益的交错,也就有伦理道德问题,可以说各行各业各个领域都不可忽视基本的伦理道德问题。档案管理带有极强的社会属性,并且在社会转型期更加关注档案服务社会化,虽然档案管理主体正积极努力地开发档案信息资源,力求做到社会的公平共享,但是伦理道德问题却始终没有被提上理论认知的高度,也未得到应有的关注,实在是令人感到惋惜。

由于笔者能力有限,本书在理论深度与实践认识上均存在诸多不足。理论方面,作为哲学四大核心领域之一的伦理学并不是短时间内就能领悟透彻的,哲学对于每个人而言,都需要终身学习与领悟,因此,本书关于档案管理责任伦理理论层面的研究,仅仅是处于基础性起步阶段,还需要很长的时间去挖掘伦理的理论精华。实践方面,笔者从事专业经历较短,与实践界的互动也处于初步联系与探索阶段,因此在实证研究方面或有所遗漏与偏差,尤其是问卷调查样本数量不多,且不能完全反映差异化的地域特征，导致调研结果不能全面反映现阶段的档案管理责任伦理实际情况，并且没有深刻揭露出由主体特征不同引起的道德观差异。

然而，通过对这样一个具有理论与实践双重价值选题的初步研究，激起了笔者对档案管理伦理问题的研究热情、明确了自身研究方向。在日后的学术科研过程中，笔者将不断加强自身的理论造诣，充实档案管理伦理问题理论研究。与此同时，积极地走进档案实践界进行多方调研取证，完善实证研究的缺口，做到理论研究的深化与细化，同时注重档案管理责任伦理实践应用的适用性。

参考文献

中文专著

包利民、[美] M. 斯戴克豪思：《现代性价值辨证论——规范伦理的形态学及其资源》，学林出版社 2000 年版。

蔡元培：《中国伦理学史》，东方出版社 2012 年版。

陈永生：《档案工作效益论》，中国档案出版社 1995 年版。

程东峰：《责任伦理导论》，北京大学出版社 2008 年版。

程炼：《伦理学导论》，北京大学出版社 2008 年版。

丁海斌：《档案学的哲学与历史学原论》，辽宁大学出版社 2011 年版。

冯契：《哲学大词典》，上海辞书出版社 1992 年版。

冯友兰：《中国哲学简史》，生活·读书·新知三联书店 2013 年版。

甘邵平：《应用伦理学前沿问题研究》，江西人民出版社 2002 年版。

高兆明：《制度伦理研究——一种宪政正义的理解》，商务印书馆 2011 年版。

龚天平：《追寻管理伦理——管理与伦理的双向价值解读》，中国社会科学出版社 2004 年版。

国家档案局：《中国档案年鉴 2008》，中国档案出版社 2010 年版。

胡鸿杰、吴红：《档案职业状况与发展趋势研究》，中国言实出版社 2008 年版。

黄霄羽：《社会转型期档案利用政策研究》，光明日报出版社 2011 年版。

李德顺：《价值论——一种主体性的研究》，中国人民大学出版社 2013 年版。

李德顺、孙伟平：《道德价值论》，云南人民出版社2005年版。
李德顺：《我们时代的人文精神：当代中国价值哲学的建构及其意义》，北京师范大学出版社2013年版。
李楠明：《价值主体性——主体性研究的新视域》，社会科学文献出版社2005年版。
李杨新：《档案公共服务政策研究》，世界图书出版公司2011年版。
刘国能：《体系论——中国档案事业体系》，中国档案出版社2001年版。
刘雪丰：《行政责任的伦理透视——论公共行政人员的道德责任》，湖南师范大学出版社2005年版。
刘云柏：《管理伦理学——管理精神的价值分析》，上海人民出版社2006年版。
罗国杰：《中国伦理思想史》（上卷），中国人民大学出版社2008年版。
罗国杰：《中国伦理思想史》（下卷），中国人民大学出版社2008年版。
毛宏升：《当代中国监督学》，中国人民公安大学出版社2003年版。
石浒泷、林清澄、贾玉德：《档案哲学》，中国档案出版社1997年版。
田秀云、白臣：《当代社会责任伦理》，人民出版社2008年版。
王英玮：《知识经济时代档案部门的生存与发展策略》，中国人民大学出版社2011年版。
吴荣政：《中国档案事业发展的社会文化探源》，中国档案出版社2008年版。
俞世伟、白燕：《规范·德性·德行——动态伦理道德体系的实践性研究》，商务印书馆2009年版。
张斌：《档案价值论》，中央文献出版社2000年版。
张康之：《寻找公共行政的伦理视角》，中国人民大学出版社2002年版。
张康之：《公共行政中的哲学与伦理》，中国人民大学出版社2004年版。
张康之：《行政伦理学》（第二版），中央广播电视大学出版社2007年版。
张康之：《公共管理伦理学》（修订版），中国人民大学出版社2009年版。
张康之：《论伦理精神》，江苏人民出版社2010年版。
张应杭：《管理伦理》，浙江大学出版社2006年版。

周林兴:《公共档案馆管理研究》,世界图书出版公司 2012 年版。

周雪恒:《中国档案事业史》,中国人民大学出版社 2011 年版。

中文译著

[德] 黑格尔:《法哲学原理》,范扬、张企泰译,商务印书馆 2014 年版。

[德] 马克斯·韦伯:《经济与社会(下卷)》,林荣远译,商务印书馆 1997 年版。

[德] 伊曼努尔·康德:《纯粹理性批判》,李秋零译,中国人民大学出版社 2004 年版。

[德] 伊曼努尔·康德:《实践理性批判》,韩水法译,商务印书馆 2009 年版。

[德] 伊曼努尔·康德:《实践理性批判》,李秋零译,中国人民大学出版社 2011 年版。

[法] 卢梭:《社会契约论》,何兆武译,商务印书馆 2008 年版。

[法] 孟德斯鸠:《论法的精神》,严复译,上海三联书店 2009 年版。

[古希腊] 柏拉图:《理想国》,郭斌和等译,商务印书馆 2012 年版。

[古希腊] 亚里士多德:《尼各马可伦理学》,廖申白译,商务印书馆 2003 年版。

[荷兰] 斯宾诺莎:《伦理学》,贺麟译,商务印书馆 1981 年版。

[美] 彼得·杜拉克:《21 世纪的管理挑战》,刘毓玲译,生活·读书·新知三联书店 2000 年版。

[美] 彼得·德鲁克:《德鲁克管理思想精要》,李维安等译,机械工业出版社 2009 年版。

[美] 丹尼尔·A. 雷恩:《管理思想的演变》,李柱流等译,中国社会科学出版社 2004 年版。

[美] 赫伯特·西蒙:《管理行为》,杨砾等译,北京经济学院出版社 1988 年版。

[美] 拉瑞·托恩·霍斯默:《管理伦理学》(第 5 版),张初愚等译,中国人民大学出版社 2005 年版。

［美］理查德·P. 尼尔森：《伦理策略——组织生活中认识和推行伦理之道》，付宝会等译，中国劳动社会保障出版社2005年版。

［美］马斯洛等：《人的潜能和价值》，林方主编，华夏出版社1987年版。

［美］乔治·弗雷德里克森：《公共行政的精神》，张成福等译，中国人民大学出版社2003年版。

［美］特里·L. 库珀：《行政伦理学：实现行政责任的途径》，张秀琴译，中国人民大学出版社2001年版。

［美］威廉·K. 弗兰克纳：《伦理学》，关键译，生活·读书·新知三联书店1987年版。

［美］雅克·蒂洛·基思·克拉斯曼：《伦理学与生活》（第9版），程立显等译，中国人民大学出版社2005年版。

［美］约翰·罗尔斯：《正义论》（修订版），何怀宏等译，中国社会科学出版社2011年版。

［美］詹姆斯·雷切尔斯：《道德的理由》（第5版），杨宗元译，中国人民大学出版社2009年版。

［英］戴维·罗斯：《正当与善》，林南译，上海译文出版社2008年版。

［英］亨利·西季威克：《伦理学方法》，廖申白译，中国社会科学出版社1997年版。

［英］休谟：《道德原则研究》，曾晓平译，商务印书馆2001年版。

中文期刊

曹刚：《论道德理性》，《唐都学刊》2003年第2期。

曹刚：《法治和德治的边界》，《玉溪师范学院学报》2004年第2期。

曹刚：《从道德诚信到法律诚信——兼及道德运行机制的一点思考》，《道德与文明》2004年第3期。

曹刚：《伦理学、应用伦理学和法伦理学》，《学习与探索》2007年第3期。

曹刚：《道德能力是构建和谐社会的价值基点》，《思想政治工作研究》

2007年第6期。

曹刚：《当代伦理学发展的三维向度》，《中国人民大学学报》2010年第3期。

曹刚：《论善与应当》，《伦理学研究》2013年第1期。

曹刚：《责任伦理：一种新的道德思维》，《中国人民大学学报》2013年第2期。

曹劲松、陈延斌：《试论信息伦理的特点与本质》，《伦理学研究》2004年第3期。

曹劲松、宋惠芳：《信息伦理原则的价值取向与责任要求》，《江海学刊》2004年第5期。

曹玉：《档案工作责任建设对策分析》，《中国档案》2011年第1期。

曹玉：《公共管理视阈下档案管理的实践范式研究》，《档案与建设》2012年第7期。

曹玉：《我国当代社会档案资源分布及管控之道》，《档案学研究》2014年第1期。

陈洪美：《前档案行为伦理性的特质及行为主体伦理构建要义》，《九江职业技术学院学报》2011年第4期。

陈辉：《基于市民社会视角的社会档案信息资源建设对策思考》，《档案学研究》2010年第5期。

陈辉：《人性化管理辨析》，《理论探讨》2012年第1期。

陈辉：《公共性：现代档案工作科学性与有效性的基石》，《档案学研究》2012年第2期。

陈明：《档案记忆观理论与实践成果研究述评》，《档案天地》2019年第11期。

陈望衡：《审美与社会幸福》，《广西师范大学学报》（哲学社会科学版）2014年第4期。

陈忠海：《论档案立法原则的伦理精神》，《档案学通讯》2008年第3期。

陈祖芬：《档案职业伦理问题研究》，《档案管理》2007年第5期。

程东峰：《角色论——责任伦理的逻辑起点》，《皖西学院学报》2007年第4期。

褚巍伟、葛鸽：《档案文献编纂中信息伦理建设问题的思考》，《兰台世界》2013年第5期。

四川省档案局：《山崩地裂灾难突袭——汶川大地震档案系统灾情实录》，《四川档案》2008年第3期。

丛晓波：《契约：社会幸福的理念建构——兼论社会幸福的伦理基础》，《社会科学战线》2014年第7期。

邓丽敏、曹刚：《论正义的形态和功能》，《伦理学研究》2010年第5期。

范伟伟、刘丽苹：《道德教育视角下的儒家伦理与关怀伦理之比较》，《道德与文明》2013年第4期。

傅登舟：《档案管理伦理剖析》，《档案学研究》2003年第1期。

高国希：《道德理论形态：视角与会通》，《哲学动态》2007年第8期。

高惠珠：《论当代信息伦理学视阈中的"责任"伦理》，《贵州社会科学》2007年第12期。

郜翀、李红英：《伦理委员会审查项目档案资料规范化管理探讨》，《中国医学伦理学》2012年第4期。

韩立新、霍江河：《"蝴蝶效应"与网络舆论生成机制》，《当代传播》2008年第6期。

韩升、李善营：《公共管理伦理的理论与实践》，《新疆社会科学》2006年第6期。

胡鸿杰：《我国档案机构改革与档案职业发展》，《浙江档案》2019年第5期。

胡鸿杰：《新中国档案学研究70年回顾与展望》，《档案管理》2019年第6期。

黄霄羽：《档案社会化服务的概念解读》，《档案学研究》2013年第3期。

蒋冠、洪海：《档案职业伦理刍议》，《山西档案》2007年第2期。

焦国成：《论伦理——伦理概念与伦理学》，《江西师范大学学报》（哲学社会科学版）2011年第1期。

教军章：《行政伦理的双重维度——制度伦理与个体伦理》，《人文杂志》2003年第3期。

金德海、韩仁先、李洁：《新时代呼唤档案事业发展观念创新》，《档案与建设》2018年第9期。

康蠡、周铭：《生态文明建设中国家综合档案馆的责任及实现》，《云南档案》2015年第6期。

李财富、杨晓晴：《档案服务社会化的伦理解读》，《档案学通讯》2010年第1期。

李建华、刘仁贵：《伦理与道德关系再认识》，《江苏行政学院学报》2012年第6期。

李建群、杨畅：《政治伦理视域中的公民意识》，《哲学研究》2013年第7期。

李扬新：《我国档案公共服务政策研究》，《档案学通讯》2009年第2期。

刘畅、张卓倩：《从"在场困境"到"缺场悖论"——反向全景敞视下的"第五种权力"》，《广州大学学报》（社会科学版）2009年第12期。

刘昆鹏：《档案文化传播的轨迹、转向与发展趋势》，《黑龙江档案》2019年第5期。

刘丽：《略论西方传统伦理道德关系的演变》，《沈阳师范大学学报》（社会科学版）2014年第4期。

刘祖云：《论"十大行政伦理关系"》，《社会科学》2006年第9期。

刘祖云、高振杨：《当代中国行政伦理建设：背景、环境与境遇》，《南京农业大学学报》（社会科学版）2010年第1期。

麻纯新：《加强档案馆职业伦理建设》，《中国档案》2009年第9期。

马秀艳：《解放思想——开创新时代档案文化宣传新篇章》，《第十六届沈阳科学学术年会论文集》（经管社科），沈阳，2019年3月。

马仁杰、汪向东、杨晓晴：《关于档案信息伦理建设若干问题的思考》，《档案学通讯》2008年第1期。

马仁杰、张浩：《论社会转型期档案信息化与档案信息伦理建设》，《安徽大学学报》（哲学社会科学版）2011 年第 1 期。

倪丽娟：《责任社会与责任档案信息资源开发》，《档案学通讯》2007 年第 4 期。

倪丽娟：《基于职业认知的档案职业发展审视》，《档案学研究》2015 年第 1 期。

倪丽娟：《从历史记录管理到社会记忆建构——档案馆参与社会记忆建构本质规定性分析》，《北京档案》2019 年第 10 期。

匿名：《浅谈档案工作人员职业道德》，《湖南档案》1988 年第 2 期。

潘玉民：《论公共档案馆的文化责任》，《档案学研究》2010 年第 1 期。

骈园园、史辉：《档案信息传播方式的历史演进分析》，《档案天地》2017 年第 6 期。

钱毅：《机构改革背景下档案机构专业能力的建设》，《档案学通讯》2019 年第 5 期。

秦键：《论档案职业伦理体系的构建》，《档案与建设》2008 年第 11 期。

任汉中：《话说档案那些事（六）：看不明白的档案鉴定》，《档案管理》2019 年第 3 期。

尚艳秋：《现代图书馆中庸管理艺术》，《内蒙古科技与经济》2012 年第 3 期。

邵荔：《对档案行政执法监督的思考》，《档案管理》2011 年第 2 期。

沈顺福：《论责任伦理的基础》，《齐鲁学刊》2019 年第 5 期。

盛志喜：《网络环境下档案信息伦理问题成因与对策研究》，《山西档案》2008 年第 2 期。

孙观清：《档案工作者的社会责任》，《档案学通讯》2007 年第 5 期。

孙观清、黄新荣：《再谈文件档案工作者的社会责任——兼与姜龙飞先生探讨》，《档案学通讯》2008 年第 5 期。

孙季萍：《中国古代权力监督制度评析》，《政治与法律》2001 年第 5 期。

孙志海：《重构价值哲学：从价值判断出发》，《现代哲学》2015 年第 1 期。

覃兆刿：《价值目标与伦理重构——关于档案馆社会化服务的功能与效能研究》，《档案学研究》2005年第5期。

添志鹏：《记忆再生产视角下档案资源开发的思路与策略》，《档案与建设》2019年第11期。

王冬桦：《为伦理与道德的概念及其关系正本清源》，《首都师范大学学报》（社会科学版）2011年第2期。

王君学、牛丽莉：《论中庸适度原则在图书馆管理中的应用》，《青岛大学师范学院学报》2004年第3期。

王庆节：《道德感动与伦理意识的起点》，《哲学研究》2010年第10期。

王晓朝：《从至善走向共善》，《江苏行政学院学报》2013年第1期。

王羽佳：《基层单位档案收集精准化管控探析》，《北京档案》2020年第2期。

魏英敏：《中西伦理学理论形态、道德范畴之比较研究》，《广西大学学报》（哲学社会科学版）2000年第3期。

夏跃虎、徐小庆：《孔子责任伦理思想的价值评价》，《郑州航空工业管理学院学报》（社会科学版）2013年第1期。

熊富标：《道德治理内涵的演变与良性伦理秩序的构建》，《华中师范大学学报》（人文社会科学版）2015年第3期。

徐椿梁、郭广银：《伦理的世界：人与价值存在的二维解析》，《学术界》2013年第7期。

徐海静：《公共档案馆的社会责任研究》，《浙江档案》2014年第11期。

徐拥军：《机构改革后档案工作面临的问题与对策》，《档案学通讯》2019年第5期。

薛丹阳：《浅谈公共档案馆社会责任》，《兰台世界》2015年第5期。

杨冬权：《在全国档案安全体系建设工作会议上的讲话》，《档案学研究》2010年第3期。

杨贺男、唐伟：《制度与德性：公共行政伦理的二重维度考察》，《理论导刊》2010年第8期。

张建梅：《基于信息伦理视域的档案从业者职业素质培养》，《档案学研究》2011年第1期。

张世林：《档案所有权理论与实践问题研究》，《北京航空航天大学学报》（社会科学版）2011年第5期。

张照余、蒋卫荣：《档案信息化过程中的信息伦理研究》，《浙江档案》2006年第4期。

周德海：《论黑格尔法哲学理论体系中的道德和伦理概念》，《中共济南市委党校学报》2011年第4期。

周德海：《论道德和伦理概念及其相互关系》，《唐都学刊》2012年第2期。

周怀红、于永成：《伦理秩序的合理性》，《学术论坛》2003年第6期。

周林兴：《对档案馆员职业伦理建设的思考》，《兰台世界》2012年第1期。

周林兴：《文化强国战略下公共档案馆的社会责任及实现机制研究》，《档案学研究》2014年第4期。

周林兴：《论档案馆的公共价值及实现策略》，《档案学研究》2019年第5期。

邹家炜：《继承革命先辈的精神遗产》，《档案学通讯》1981年第4期。

邹渝：《厘清伦理与道德的关系》，《道德与文明》2004年第5期。

学位论文

蔡娜：《信息时代我国档案馆的社会定位与精神重塑》，硕士学位论文，四川大学，2006年。

陈燕：《公平与效率——一种经济伦理的分析》，博士学位论文，中国人民大学，2005年。

韩望喜：《论伦理美》，博士学位论文，中国人民大学，1993年。

简莹莹：《公共档案馆社会责任研究》，硕士学位论文，福建师范大学，2011年。

蒋彦：《从制度伦理角度反思我国社会转型时期道德建设的途径》，硕士学位论文，中国人民大学，2004年。

廖申白：《马克思恩格斯对"人"的问题的解决及其科学伦理观的形成》，硕士学位论文，中国人民大学，1987年。

刘细莲：《"新公共行政"的伦理观研究》，硕士学位论文，中国人民大学，2005年。

任洁：《高校档案管理人员职业道德建设研究》，硕士学位论文，长春理工大学，2012年。

卫建国：《服务伦理——一种经济伦理的探讨》，博士学位论文，中国人民大学，2003年。

肖兵：《对马克思恩格斯关于人的全面发展学说的伦理思考》，硕士学位论文，中国人民大学，1987年。

徐燕：《政府信息公开与档案开放利用中的信息伦理建设》，硕士学位论文，安徽大学，2012年。

张利平：《社会保障中的伦理问题研究》，博士学位论文，中国人民大学，2005年。

周蕾：《论弱势群体的伦理关怀》，博士学位论文，中国人民大学，2009年。

朱海林：《伦理关系论》，博士学位论文，中国人民大学，2008年。

中文网站

北辰区档案局：《北辰区档案局召开2016年岗位目标责任书签状会》，2016年3月，天津市档案方志网（https://www.tjdag.gov.cn/zh_tjdag/gwxx/xxdt/bsxx/details/1593423300032.html）。

北京市档案馆：《北京市档案局（馆）各处室职责》，北京档案信息网（http://www.bjma.gov.cn/bjma/300478/301148/301191/index.html）。

福建省档案馆：《福建省档案馆机构编制情况》，2020年6月，福建省档案信息网（http://www.fj-archives.org.cn/dazw/jggk/jigjj/）。

国家档案局：《2018年度全国档案行政管理部门和档案馆基本情况摘要（一）》，2019年9月，中华人民共和国档案局（http://www.saac.gov.cn/daj/zhdt/201909/2a5d923fbf064858bb93f3bd95982523.shtml）。

胡荣华：《天津开展联合执法检查推动整改任务落实》，2020年1月，中国档案咨询网（http：//www.zgdazxw.com.cn/news/2020-01/10/content_301049.htm）。

检察日报：《山东一档案局工作人员盗卖特藏字画 因岗位没油水》，2015年11月，中国新闻网（http：//www.chinanews.com/sh/2015/11-09/7612283.shtml）。

天津市档案馆（天津市地方志编修委员会办公室）：《内设机构》，天津档案方志网（http：//www.tjdag.gov.cn/tjdag/zwxx60/jggk66/jbzn/index.html）。

渭南市人民政府：《对档案管理工作进行监督检查》，2021年5月7日，渭南市人民政府网（http：//www.weinan.gov.cn/gk/hzjc/sjbl/545220.htm）。

赵静：《西宁对涉改单位开展执法检查》，2020年1月，中国档案咨询网（http：//www.zgdazxw.com.cn/news/2020-01/10/content_301042.htm）。

郑树义：《三峡移民档案抒怀》，2019年12月，中国档案咨询网（http：//www.zgdazxw.com.cn/culture/2019-12/17/content_299535.htm）。

中国档案报：《关于〈南京大屠杀档案〉入选〈世界记忆名录〉的报道》，2015年10月，中华人民共和国国家档案局（https：//www.saac.gov.cn/daj/yaow/201510/ef5d83dad24045028fa809d43190fc33.shtml）。

中国档案学会：《中国档案学会介绍》，中国档案学术网（http：//www.idangan.cn/intro.html）。

中国第一历史档案馆：《档案纵览》，中国第一历史档案馆馆藏概况（http：//www.lsdag.com/nets/lsdag/page/topic/Topic_1918_1.shtml?hv=）。

外文专著

David Ross, *The Right and the Good*, Oxford：The Clarendon Press, 2003.

Edwin Hartman, *Organizational Ethics and the Good Life*, New York：Oxford University Press, 1996.

Elena S. Danielson, *The Ethical Archivist*, Chicago：The Society of American Archivists, 2010.

Heather MacNeil, *Without Consent: The Ethics of Disclosing Personal Information in Public Archives*, Lanham: Scarecrow Press, 1992.

Immanuel Kant, "Groundwork of the Metaphysics of Morals", in Practical Philosophy, *Cambridge: Cambridge University Press*, 1996.

Karen Benedict, *Ethics and the Archival Profession: Introduction and Case Studies*, Chicago: The Society of American Archivists, 2003.

Margaret Procter, Michael Cook, Caroline Williams Edited, *Political Pressure and the Archival Record*, Chicago: The Society of American Archivist, 2005.

Randall C. Jimerson, *Archives Power: Memory, Accountability, and Social Justice*, Chicago: Society of American Archivists, 2009.

Richard J. Cox, *Archival Anxiety and the Vocational Calling*, Sacramento: Litwin Books, 2011.

Richard J. Cox, *Ethics, Accountability, and Recordkeeping in a Dangerous World*, London: Facet Publishing, 2006.

Verne Harris, *Archives and Justice: a South African Perspective*, Chicago: The Society of American Archivist, 2007.

外文期刊

Becky Norton Dunlop, "Conservation Ethics", *Society*, Vol. 43, No. 3, Mar. 2006.

Douglas Cox, "National Archives and International Conflicts: The Society of American Archivists and War", *The American Archivist*, Vol. 74, No. 2, Oct. 2011.

Glenn Dingwall, "Trusting Archivists: The Role of Archival Ethics Codes in Establishing Public Faith", *The American Archivist*, Vol. 67, No. 1, Apr. 2004.

Gregory E. Kaebnick, "Information Ethics", *The Hastings Center Report*, Vol. 43, No. 2, Mar. 2013.

Harlan, Edgar R., "Ethics Involved in the Handling of Personal Papers", *The Annals of Iowa*, Vol. 16, No. 8, Apr. 1929.

Jeannette Allis Bastian, "A Question of Custody: The Colonial Archives of the United States Virgin Islands", *The American Archivist*, Vol. 64, No. 1, Apr. 2001.

Michael Cook, "Professional Ethics and Practice in Archives and Records Management in a Human Rights Context", *Journal of the Society of Archivists*, Vol. 27, No. 1, Apr. 2006.

Michael Holverstott-Cockrell, "The Need for Information Ethics", *Library & Archival Security*, Vol. 14, No. 2, Aug. 1998.

Pamela Innes, "Ethical problems in archival research: Beyond accessibility", *Language & Communication*, Vol. 30, No. 3, Jul. 2010.

Philip M. Linsley, Richard E. Slack, "Crisis Management and an Ethic of Care: The Case of Northern Rock Bank", *J Bus Ethics*, Vol. 113, No. 2, Mar. 2013.

Wendy M. Duff, Andrew Flinn, Karen Emily Suurtamm, David A. Wallace, "Social Justice Impact of Archives: a Preliminary Investigation", *Archival Science*, Vol. 13, No. 4, Dec. 2013.

后　　记

本书是在我博士毕业论文基础上进行的修改，并成稿出版。从博士论文的撰写到书稿的后期修改，经历了论文选题、资料收集、整理分析、反复论证、评审答辩、深度调研、数据分析、书稿修改等一系列过程，在此过程中，笔者得到了很多人的帮助，感受到了档案人的温暖与情怀。

首先要感谢我最敬爱的导师胡鸿杰教授，曾经带着一份执着放弃了一些机会，也曾两度出现在人大的考博现场一心只为进胡门，从严格意义上讲，我并不是宿命论者，但也相信缘分这东西。老师的学术声望自不必多说，而曾坚定我入胡门之心的是老师的博文，字里行间流露出的是老师的高风亮节、诙谐幽默。三年的在校生活，老师对学生的爱不仅体现在学术论文与学术交流的指导与鼓励上，还体现在对生活、就业、能力拓展等方面的支持与帮助。毕业之后，老师依然做我工作道路上坚强的后盾，给予我最大的支持。老师学识渊博、思维敏捷、胸怀宽广，无形中启发、感召、带动着我步步前行，这是一种只有入了胡门才能真切体会到的殊荣与骄傲。特别感谢老师对本书的指导，从篇章结构到段落字词，甚至标点符号无不渗透着老师的辛劳与汗水，老师在元旦假期之际仍然为我的论文劳心劳力，当收到老师对我论文的反馈之时，一份感动与愧疚油然而生。在感谢老师的同时，也祝老师健康快乐，桃李芬芳。

感谢我最亲爱的硕士导师，黑龙江大学倪丽娟教授与陈辉教授，请允许我称他们为倪妈妈与陈爸爸。曾经在无意间选择了档案这个专业，却没想到能走到今天，感谢两位启蒙老师在各方面给予的肯定与鼓励。

倪妈妈不仅仅是我的导师，更是我生活上的楷模，一直以来无论是学术科研，还是生活情调，我都以倪妈妈为榜样，我想这就是导师最大的魅力。陈爸爸治学严谨，眼里容不得半粒沙子，今天的我得益于陈爸爸当初的严厉教诲，千言万语都无法表达这份感激。倪妈妈与陈爸爸为学生做的事情，几天几夜也讲不完，世事多变，而我对倪妈妈与陈爸爸的亲情只会随着时间的延续愈酿愈浓。

感谢中国人民大学哲学院曹刚教授。起初固执地认定了档案管理伦理这个选题，虽然一直对哲学很感兴趣，但却没有具体的关注方向，极度缺乏伦理方面的营养，四处打听后得知曹老师是应用伦理方面的权威，于是搜了课表去蹭课，所以说初见曹老师是在课堂。我特别崇拜上课不拿任何材料的老师，似乎感觉所有的知识都早已深深地刻在他的大脑里，遇到这样真学问型的老师，我就特别喜欢去听。曹老师人品好，爱说笑，给我这个零基础学生补了很多专业知识，也在论文开题至写作的全过程予以指点。虽然我还处在伦理问题研究的起点，但是感谢曹老师为我提供各种学术交流的机会，带我走近档案学与伦理学跨界融合的交界点。

感谢美国匹兹堡大学理查德·J.考克斯教授，非常荣幸收到考克斯教授的邀请，博二上学期在学校的资助下获得出国访问的机会。在美时间虽然不是很长，却也收获了很多经历与经验，而这其中最大的收获就是我的外教导师。考克斯教授性格直爽、豪放热情，在学术上更是直言不讳，我想只有跟这样的导师才能见识到真正的国外档案界。考克斯教授也是国外档案界为数不多的档案理论研究者，对档案管理伦理的研究更是比较早且研究深，无论是在美期间还是回国之后，乃至考克斯教授退休后，他始终点拨我、鼓励我坚持将伦理这个研究方向做下去。

说到此，还要感谢加拿大著名档案学教授 Terry Cook，Cook 教授是最先对我的选题给予肯定的人，也对我前期的准备与研究工作给予指点，并且对该选题寄予厚望。虽然我与 Cook 教授只是往来了几封邮件，但是于我而言，能够得到国际知名档案学者的肯定，进一步提升了我对档案管理伦理问题的研究激情，也坚定了我的学术信心。此后不久，Cook 教授因病逝世，这样简短的几封邮件成为了我收到过的最珍贵的礼物。

后　记

感谢中国人民大学信息资源管理学院冯惠玲教授、张斌教授、王英玮教授、张美芳教授、黄霄羽教授、王健副教授、刘越南副教授、谢丽副教授，各位老师和蔼可亲，在讲课过程中传授了很多宝贵的知识与经验的分享。也感谢各位老师在博士入学面试、综合考试、开题、预答辩、答辩等各个关键节点的悉心指导，助我顺利完成学业的同时也成就了本书。

感谢哈尔滨档案馆马宏伟主任、辽宁省铁岭市城建档案馆张艳华馆长、曾就职于上海市崇明县档案馆的冯文语馆员、天津市档案馆张石中级馆员、天津市北辰区档案馆周持馆员在我问卷调研期间的支持。感谢中山大学陈永生教授、广州市国家档案馆田炳珍馆长、青岛市档案馆杨来青馆长、文档服务中心高主任、福建省档案馆马俊凡馆长、信息技术处卓然老师、天津市档案馆周利成研究员在我实地调研期间的调研接待与耐心解答。此外，还要感谢辽宁省档案馆、广东省佛山市档案馆、山西省晋城市档案馆、上海市崇明县档案馆等多地档案馆参加本书三次问卷调查并留下宝贵意见的匿名档案工作者。

特别感谢各位匿名评审专家以及百忙之中审阅并参加我的博士论文答辩会的专家。感谢各位专家对本论文给予的肯定，并提出宝贵的修改建议，正是因为有了这些修改建议，才得以修改完善本书。博士论文不仅是本书的修改底稿，也是我研究方向的起点，对我日后的学术研究具有非凡意义。

继博士论文完成后的书稿修改过程中，我要感谢天津师范大学档案学系已退休教师汪兵副教授从传统文化入手，为本书稿修改提出的重要参考建议。同时感谢黑龙江大学任越教授、河北大学锅艳玲副教授对本书从论文到书稿的全过程帮助。感谢参与书稿新增内容所需的问卷调研与数据分析，以及部分内容撰写与书稿校对的天津师范大学档案学专业魏莹莹、王俞菲、王婉鑫、宋一娜以及天津师范大学图情专硕张慧颖五位同学。

最后还要感谢为我辛苦操劳近三十年的父母，没有你们的养育、教诲、支持、鼓励，便没有我的今天，也正是因为你们这种无声、无形的默默付出与投入，才让我人生的每一步都是那么顺利。更要感谢我天使般的女儿，助我这位新手妈妈能够快速地在工作与家庭中找到平衡点。

回首三年的博士生活，五年的工作路途，点点滴滴历历在目，可以说本书代表着我三年博士以及五年新入职工作的一段珍贵记忆。回想起刚入职时的"四新"形象，即新妈妈、新主妇、新职工、新老师，如今俨然已经适应了工作环境、工作压力、家庭生活的我，正在开启新一段的学习、科研、工作、生活相互协调的旅程，相信这个过程是美好且有收获的。

写在最后的话，便是要感谢中国社会科学出版社刘艳副编审对本书出版全过程的指导与帮助，感谢为本书精心校对、排版、修改与设计的所有编审老师。与此同时，还要感谢阅读本书的读者朋友们，书中有不足之处，请您多指教。我仅希望能够以此书结交更多志同道合的学者共同围绕档案管理伦理相关问题进行深入探讨与研究，为档案学术与档案管理实践贡献绵薄之力。

2021 年 4 月

于天津师范大学管理学院